親権と子の利益

親権と子の利益

川田　昇著

信山社

はじめに

一九七〇年代の終わりに、私は、後掲の「親の権利と子の利益」という論稿（本書I第一章に収載）において、民法における離婚後単独親権の原則のもとで、親権者とならなかった親につき事実上親たる地位を否定しておきながら、親としての当然の義務だからとして養育費の負担を迫り、親権者となった親に対しても親として当然の権利だからと説いて親権者とならなかった親との子の面接交渉を承知させるといったことが行われていること、そして、そのような措置がまかり通っていることが、子の奪い合いなどの親権に関する紛争を激化させる原因のひとつをなしていることを指摘した。そして、このような事態を解決するためには、養育費の負担を監護に関する権利義務のなかにとりこむとともに、親権者にならなかった親に対しても、子の監護教育に関与しうる一般的な権利義務を承認すべきことを提唱した。

私は、その公表直後に、在外研究のため一年間滞在したイギリスにおいて、上に述べた問題関心を抱きつつ、日本とは違うもう少し乾いた親子関係を見聞したことが一つの動機となって、イギリスの親権を歴史的に跡づける研究を開始した。そして、帰国後は、この研究をまとめ、一九九一年の夏からの再度のイギリスでの在外研究に出発するまでの間に、一連の論稿の形で、基本的部分を完成させていた。

再度の在外研究は、一九八九年児童法（Children Act, 1989）が施行される直前の時期にスタートし、ロンドン在住のほとんどを、児童法に関する資料・文献の収集とささやかな地方当局への聴き取り調査に費やした。これは、親権の権利性を正面から承認することを考える私の立場について、そのような主張が、親権濫用の一形態とみられる児童虐待を防止するという目的からは有害なのか、有害なものとならないためにはどのような理論的整合が必要かを考える機会となった。そして、帰国後に、神奈川大学が発行する評論誌の編集部からの求めに応じて、「苦境に立つ児童保護──一九八九年イギリス児童法をめぐって」（本書Ⅳ第一章に収載）を公表した後、九七年には、拙著『イギリス親権法史──救貧法政策の展開を軸にして』（一粒社）の公刊を果たした。そして、この著書が、一九九八年に「第一〇回尾中郁夫家族法学術賞」の名誉ある受賞の対象となり、これに気を良くして、前述した二度目の滞在英中に考えたことについて、この著書での主張に関連させて「日本の親権法を考える──『イギリス親権法史』研究から得たもの」（本書Ⅰ第二章に収載）としてまとめてみた。

他方で、これまでの私の関心は、イギリスにおける面接交渉権を中心とする子の監護の問題についての研究から始まったが、二度目の滞在の間に成立した児童扶養法（Child Support Act, 1991）への着目から、離婚後の子の扶養の問題が新たな関心として私の中に育っていた。そして、一九九六年以来、児童扶養法の解明に没頭し、一九九一年法の問題点、同法の見直し、さらには二〇〇〇年の新法成立に至る過程について、主に議会資料を丹念にたどる作業を続けてきた。そして、その作業の一応の完成に伴って、前述の私のそもそもの関心にそって、わが国における離婚後の親権と子の養育費の問題を論ずる「離婚後の子の養育費の確保――子の権利としての養育費の確立を目指して」（本書Ⅱ第二部）をまとめた。

本書は、以上のような論稿のまとめた形での公表を主たる目的とするものであるが、その間に著した『「子のための」養子』を収載したほか、民商法雑誌の求めに応じて書いた子の虐待に関する審判例を私の最近の関心を示すために最後に掲げておくことにした。

二〇〇五年一月

川田　昇

目　次

〈初出一覧〉

Ⅰ　第一章　「親の権利と子の利益」谷口知平ほか編『現代家族法大系3親子・親権・後見・扶養』(有斐閣　一九七九年)

第二章　「日本の親権法を考える」――『イギリス親権法史』研究から得たもの」比較法制研究23号（国士舘大学　二〇〇〇年）

Ⅱ　第一部

第一章　「イギリスにおける離婚後の子の養育費の確保――一九九一年児童扶養法の性格」神奈川法学第三一巻第一号（一九九六年）

第二章　「イギリスにおける児童扶養政策の再構築」神奈川法学三四巻二号（二〇〇一年）

第三章　「二〇〇〇年児童扶養法の成立――イギリスにおける児童扶養制度の新たな展開(一)・(二)」神奈川法学三五巻一号（二〇〇二年）、三六巻二号（二〇〇三年）

第二部　「離婚後の子の養育費の確保――子の権利としての養育費の確立を目指して」遠藤浩先生傘寿記念『現代民法学の理論と課題』第一法規（二〇〇二年）

Ⅲ　「『子のため』の養子」星野英一編『民法講座7　親族・相続』(有斐閣　一九八四年)

Ⅳ　第一章　「苦境に立つ児童保護――一九八九年イギリス児童法をめぐって」神奈川大学評論一五号（一九九三年）

第二章　「被虐待児童の児童養護施設への入所を承認した事例」民商法雑誌一二五巻一号（二〇〇一年）

〈初出一覧〉

「代理によるミュンヒハウゼン症候群と児童虐待（入所承認）」民商法雑誌一二八巻三号（二〇〇三年）

「児童福祉施設収容承認（ＭＳＢＰが疑われた事例）」民商法雑誌一二九巻四・五号（二〇〇四年）

I　親権と子の利益

第一章　親の権利と子の利益

一　はじめに

民法は、未成年の子の父母は婚姻中は共同して親権を行なうものとし（八一八条）、離婚するときはその一方を親権者と定めなければならないとする（八一九条一項二項）。そして、この規定にもとづき単独親権者が指定されると、他方の親は親権者でなくなるというのがこれまでの通説であった。(1) このため、非親権者の子に関する権利義務については、長い間一般にこれを否定するか、あるいは少なくとも無関心であったということができる。

しかしながら、最近ことに、子の監護をめぐる父母間の紛争が増大するにつれて、非親権者についても、何らかの権利義務を考慮せざるを得ない状況が生まれてきているものと思われる。(2)

たとえば、父母の間で子を奪いあうといった紛争が量的に増大し、かつ次第に激しさを加えてきた背景として、しばしば、核家族化の進展、子の出生率の低下、男女平等・共同親権の観念の普及など様々なことが指摘されるが、(3) 離婚後の非親権者が事実上親たることを否定されるに等しい法的地位におかれることが、親権・監護権への固執を招き親権者の指定・変更等の事件を増大させ、かつ解決困難なものにしている一原因といえなくもない。また近年裁判所は、この種の紛争の解決基準として、「子の利益」を強力に前面に押し出しつつあり、今後もその方向への進展が望まれるが、非親権者が紛争の一方当事者となるケースにおいて、非親権者の権利義務を不明確にしたまま、裁判所の「後見的」役割を盾に大上段から子の利益のみを強調しても、右の傾向の定着にとって決して好ましいとはいえないであろう。(4)

他方、非親権者がその子と文通をしたり面会したりするいわゆる面接交渉権が近時にわかに注目されはじめたが、これを承認する場合も、これが子の監護に関する問題であるにもかかわらず、これを親権の一部としてみる論者は少ないし、(5) また子の養育費の負担の問題にしても、親権とは別であるとするのが今日ほとんど異論をみない通説となっており、(6) これらの権利義務はいずれも親としての当然の権利義務として位置づけられてきている。しかし、非親権者の一般的権利義務が否定されていながら、これらの権利義務のみが無制約に強調されることが、それらの権利義務の今後のあり方として望ましいといえるか疑問である。非親権者を親権関係からまったく排除してしまうことが、かえって無責任に面接交渉権を主張させ、あるいは「親権者は同時に監護教育の費用負担者たるはず」という「常識」(7) を流布させるという逆説的結果を生み出しているということができるからである。

本章は、このような状況にもかかわらずこれまでほとんどかえりみられることがなかった非親権者の法的地位について検討を加え、これに一定の権利義務を承認しょうとする試みである。問題自体が大きいうえ、私自身の非力ゆえに思わぬ誤りを犯しているやも知れず、また論ずべき問題も数多く残しているが、一つの問題提起として、未熟・未完のままあえてここに問うことにした。大方のご叱正を期待する次第である。

(1)　我妻栄・親族法（一九六一年）三三〇頁、阿部徹・民法講義7（一九七七年）二四八頁など。

(2)　石川稔「子の監護・保育をめぐる家庭と国」現代の家族（ジュリ増刊）二二九頁（一九七七年）は、非親権者の権利一般が法的に不明確なために種々問題が生じていることを事例をあげて指摘する。

(3)　野田愛子「未成年の子の監護・養子縁組をめぐる紛争の処理と展望」ジュリ五四〇号四七頁（一九七三年）など。

(4)　たとえば、単独親権者が子を再婚相手（継親）と養子縁組させた後の非親権者による親権者変更申立について、多くの審判例（盛岡家審昭和三八件一〇月二五日家裁月報一六巻二号八一頁、金沢家審昭和四四年六月三日家裁月報二二巻三号八四頁　など）は、子が共同親権に服するに至ったことが子の福祉に適合するとの理由のみでこれを排斥するが、そのように非親権者の主張を無視して形式的に「子の福祉」をいってみても、一般的な納得は得られず、この種の紛争の続発は防げないであろう。

(5)　佐藤義彦「離婚後親権を行なわない親の面接交渉権」同志社法学二一〇号五五頁（一九六八年）、

野田愛子「面接交渉権の権利性について」家庭裁判所の諸問題（上）二〇九頁（一九七〇年）など。

（6）西原道雄「親権と親の扶養義務」家裁月報八巻一一号一五頁以下（一九五六年）、中川善之助・新訂親族法（一九五九年）四九八頁以下、我妻・前掲三三二頁など。

（7）明山和夫「離婚後の子どもの権利保護」ジュリ五四〇号四四頁（一九七三年）。

二　非親権者の法的地位と子の利益

1　非親権者の法的地位

離婚後親権者とならなかった親は、親権者の地位を失うとするのが通説である。したがって、たとえば単独親権者が死亡等によりその親権を喪失した場合に、通説は、親権を行なう者がないとき（八三八条一号）に当たるとして後見が開始するという[1]し、他方、親権者でない者が、親権者変更手続（八一九条六項）によって、なぜ再び親権者となりうるかの点についても、非親権者もその子の親であるからという以上には説明しようとしなかった。そして右の前者の場合について、後見の開始といっても、生存する父または母を後見人に指定すればよく、親権者の責任を後見人のそれより軽減する民法のもとでは、父母を後見人にすることにより合理的な規制のもとにおく方が子の利益になるという説明すら与えられている[2]。

しかし、そうだとしたら、右の後者の場合につき民法は、「子の利益のために必要があると認めるとき」に、なぜ、後見が開始するとしないで、親権者の変更とするのかの疑問に逢着する。子の利益のための必要をみたすには他方の親より適格な者は存在するはずだし、前者の場合と同様の理由で、父母も後見人とした方がよいからである。民法がこの場合もなお親権者の変更として、子の監護の適格者を両親の間だけで相対的に判断させている以上、一般に非親権者も特別な法的地位におかれているものと解さざるを得ないのである。

近時、単独親権者の死亡等により他方の親権が復活するという主張が唱えられ、これを根拠づけるため、親権を帰属と行使とに分けて、非親権者も親権の行使を停止されるだけで親権そのものが消滅するわけではないとする説が有力になりつつある。(3) 右のような非親権者の法的地位を説明できる点では優れた説といわなければならない。

しかし、さらに進んで、たとえば非親権者自身に親権者変更の申立が認められているのはなぜであろうか。もちろん条文を文字通り解せば、「子の親族」(八一九条六項)に当たるからであるし、また右の申立人の意思が審判を拘束するものではないとされている。(4) しかし、その申立が認容されれば自ら親権者となりうる者を、他の親族とは同視できないのであり、やはり非親権者も、親権の行使は停止されてはいるが、依然、親権者変更の申立という形での、行使しうる権利を有しているものと評価しうるのである。(5) しかし前記有力説も、親権復活の説明以上には出ず、そのような非親権者の権利義務についてまで考慮を及ぼさない点で、これまでの通説と変りがないといえる。

以上のように、民法の解釈上からいっても、離婚後の非親権者が一般的にいかなる権利義務を有するかについて、これを明確にする必要があったのであり、にもかかわらず、これまで学説はほとんど無関心であったということができるのである。

2　単独親権と子の利益

今日、親権はもっぱら子の利益のためのもの、子の福祉のためのものであるとする点ではまったく異論がない。では、民法が離婚の際に共同親権から単独親権への移行を規定することは、子の利益という観点からどのような意味をもつといえるのであろうか。

この離婚の際の共同親権から単独親権への移行を規定した民法の立法趣旨については、新法改正当初、立法関係者から、離婚後の共同親権は、「理想論としてはともかくも、実際論としては、実行が困難であろう。父母が離婚すれば、居住を異にするだろうし、子はそのいずれかに引取られているだろうから、その父母が協議しなければ、親権を行使し得ないということは、子にとって甚しく不利益であろう(6)」という説明が与えられ、今日でも同様の説明が繰り返されている(7)。

このように共同親権から単独親権への移行が、単に父母が生活を共同にしなくなったことによる共同行使の困難という「実際論」を理由とし、そのかぎりでの子の利益がいわれるのだとしたら、単独親権への移行により他方の親の権利義務まで消滅させる必然性はなく、またそのことが子の利益にかなうとはいえないのである。たとえば後見人について、わが民法は、これを一人に限っており（八四三条）、その理由として一人の方が能率があがるからだとされるが、親権者についてもこれと同様には解しえないのである。

思うに親権者は、子に生を与えることにより自らその地位を引き受けた者であるとともに、その子に対する愛情ゆえに一般にその最適任者とみられ、しかも子の健全な成長発達にとって両親が必要であるがゆえに共同親権者としての地位についた者ということができるのであって、離婚によって常に親の愛情への一般的信頼が失われるとか、子にとって片親の方が利益になるとかいえないかぎり、常に能率だけを考えて一方の権利義務を消滅させることはできないはずである。

もっとも、離婚の際の父母間の不和・葛藤は子にとって不幸なことが多く、離婚はその好ましからぬ共同親権の法的清算であって、父母の親権はそこで一応消滅し、単独親権は新しい条件のもとでいわば原始取得されると解する説[8]もあるが、長期的にみれば、日常の監護行為についてはともかく、非親権者に子に対する愛情と献身への願望があり、それが子の健全な発育にとって必要なかぎり、親がこれを注ぎ、子がこれに浴しうる途を開くことの方が子の利益にかなうものというべきであろう。また、近時、精神分析医学の成果としていわゆる継続性のガイドラインということが強調され、離婚後の監護の共同行使となるような結果が排されることが多いが[9]、これも具体的な場面での「子の利益」の判断のための一基準にすぎず、これによって直ちに片親の方が子の利益になるとはいえないのである。

以上のように子の利益という観点からみれば、民法は離婚による単独親権への移行を規定しながらも、日常の監護行為など実際上の親権行使の不都合がないかぎりで非親権者に権利義務を承認し、これを明確にすることについて、解釈上考慮すべきことを要請しているものということができるのである。

もっとも通説は、七六六条により、非親権者を監護者に定めうると解しており、その限りで解釈上非親権者に一定の権利義務を認めているから、それでもなお非親権者の権利義務一般について考える必要があるかが一応は問題となる。そこでまず、監護者制度について検討を加えておくことが必要となろう。

（1）中川（善）・新訂親族法五四四頁、柚木馨・親族法（一九五〇年）二二八頁など。
（2）谷口知平「親権（後見）」家族問題と家族法Ⅳ三〇九頁（一九五七年）など。
（3）〔山本正憲〕注釈民法(23)一三頁（一九六九年）、〔鈴木ハツヨ〕判例コンメンタールⅦ親族法三五四頁（一九七〇年）など。
（4）最決昭和四六年七月八日家裁月報二四巻二号一〇五頁。
（5）石川「子の監護・保育をめぐる家庭と国」前掲二一九頁もこれを「親権者変更申立権」と位置づける。
（6）我妻栄・改正親族法相続法解説（一九四九年）一〇七頁。
（7）〔山本〕前掲三二頁、〔鈴木〕前掲三六四頁。
（8）明山和夫「離婚後の親権と監護」民商五三巻二号一四四頁以下（一九六五年）。
（9）たとえば、島津一郎「子の利益とはなにか」判例評論一七八号一一七頁以下（一九七三年）。

三　監護権の分属

1　監護者制度の機能

近時、「子の立場から考えて両親が協力して監護教育にあたる状態は最も望ましい」として、この理想を離婚後も実現しようとする立場から、監護者制度の活用を説く論者が次第に増え[1]、最近、親権と監護との分属が要請される場合として次の五つをあげ、それらをいずれも肯定すべきだという主張がなされている[2]。すなわち、⑴父母双方ともに監護する能力・資格を欠いている場合（第三者を監護者とする場合）、⑵現に監護に当たっていて、また能力・資格に問題がないにも拘らず、親権者となることを希望しない場合、⑶監護をゆだねられた親が、子の発育段階との関係で、差当り監護・教育に当たっても問題は少ないし、また必要であるが、長期的にとらえるとき、監護者として適格性を欠き、他方の親が右を補う資格・能力を備えている場合、⑷深刻な親権争いがあり、実力で子を奪い合うといった抗争が現にあって、それを親権と監護を分属させることで解決しうる場合、⑸現に実力抗争が発生しているわけではないが、親権者変更の申立が繰り返されるとか再三交渉が行なわれるような形の紛争が子の成長後まで続くことが予想され、この予防のため親権と監護の分離・分属が有効な場合、がそれである。

右の場合のうち、⑴はこれまでも一般的に承認されていたし、⑶も監護者制度のもつ最小限の意義として認められてきたところであって、(3)右の論者がこの制度の一層の活用を説くことの意義は、⑵・⑷・⑸の場合にもこれを利用するべきだとの主張にあるといえる。要するに、一方が親権者を希望しないためとか、紛争自体を終結させるためとかのように、両親が協力して監護・教育にあたる状態を積極的に現出せしむる目的で親権と監護の分属を行なう場合でなくても、父母双方が子の監護に当たりうる資格・能力を備えるかぎりこれを認めるべきだとする主張とみることができる。(4)

しかし他方、監護者の権限が拡大強化されている今日、右のような活用により他方の親に監護が分属された後にいったい親権者に具体的にどれほどの権利義務が残るのであろうか。親権と監護の分属が問題となった最近の裁判例についての右の論者の分析によると、(5)それら裁判例があげる監護をしない親権者の役割は、子に対して指導・助言を行なうこと、そのために面接交渉をすること、監護者の監護・教育が適切であるかを見守り、場合によっては適切な措置をとること、学費等の経済的援助を与えること等であるという。右の論者自身、「これらは親権者なるが故の権利義務であろうか」(6)との疑問を呈しているごとく、面接交渉をし、学費等の経済的援助を与えることは、今日の通説的見解によれば、親としての当然の権利義務であるとされるから、このことを前提とすれば、結局、親権者とされた親の権利義務は、監護者の監護・教育を見守り、場合により適切な措置をとるということにすぎないのである。

たしかに、離婚後の父母の協力による監護という理想を実現するには、このような権利義務を監護に当たらない親にも与える必要はあろう。しかしそのためなら、現実の子の監護の適格性を厳密に問うことは不要であって、今日監護に不適任な親が親権者にとどまるような監護の分属を否定する建前の監護者制度の活用によることは不適当といわねばならない。ましてや、この制度の活用によると、そのような権利義務しかもたない親の方が親権者と呼ばれるのであるから、これを活用することは親権の空疎化を促進するという弊害をもたらすことになる。(8) 現に、右の論者自身、「子の福祉を実現するために、子と父、子と母とを変則的にせよ結びつけるきずなを、親権という権威的、権利義務の総体的表現のありかを示す地位的表現の中に求めてよい」として、右の空疎化をかえって正当化せざるをえなくなっているごとくである。しかし、たとえ「家父長的意味での権威と同視してはならない(9)」と断わったうえであってもそのような親権における権威というものをもち出してまでこれを肯定することには疑問を禁じえない。

また、右の主張には、父母間の親権争いの終結自体が目的として含まれ、「それが子に安定した養育環境を得しめうる点で、子の利益が肯認しうる(10)」とされているが、前述のように、今日の親権争いの激化について、親権者になれないことがあたかも親たることを否定されるかのような結果が承認されていることに一原因を見出すことができるとしたら、右のような空疎化された権利義務の帰属が、どこまで実質的な解決に資することになるのか疑問である。(11)

このようにみてくると、今日ではむしろ、監護・教育ということを親権の本質とみながら非親権者に監護教育権を包括的に分属させている監護者制度の存在自体が問い直されなければならないし、またそのような制度に、非親権者に権利義務を与える唯一の途を見出そうとしていることを問題としなければならないように思われる。

2　監護事項の分担

父母間での親権と監護の分属によって親権者を名目的地位におくことがさけられないとすれば、親権は子の監護を現実に遂行しうる親に付与するものとし、七六六条にいわゆる子の監護者とは、父母以外の第三者に限ると解すべきであろう。

もっとも、親権を包括的なものとして単独親権者に帰属させることがそもそも問題なのであるが、それは、監護者制度を非親権者に権利義務を与える唯一の途として、監護者とならなかった非親権者を無権利の状態におくことからくる問題なのであって、非親権者にも子に関する一定の権利義務を承認することにより、多くは解決されるはずである。

ただ問題として残るのは、たとえ非親権者に対しいかなる権利義務を承認するにしろ、離婚後の単独親権者の指定を規定する八一九条の存在からいって、非親権者の子に対する直接的な親権行使までも認めることは困難であるから、その点をどのように考慮するかということである。離婚後の父母の協力による監護という理想の実現が、種々問題をはらむ監護者制度の活用に求められるのも、それが親権者を名目的地位におくとはいえ、親権者になお子に対して直接に何らかの権利義務の行使を認めうるためと考えられる。

そうだとしたら、現実に子の監護を遂行しうる親を親権者に指定しても、なお親権の一部を他方に分属させうる途を開いておく必要があろう。ただこれまでのように、監護権そのものを与えるのでなく、監護に関連した他の何らかの権利義務を分担させるのである。そして、七六六条にいう「監護について必要な事項」の決定が、まさにこれに当たるものと解しうるのではなかろうか。

右に分属さるべき親権が具体的にいかなる権利義務を指すかは問題だが、私はかねてから、面接交渉権および子の養育費の分担は、親権の一部と考えており、これらは、右の分属さるべき親権の一部の代表的な例として位置づけられるのである。(12)なお、以上によって非親権者がそれら監護事項を委ねられた場合のその権限の根拠は、親権を帰属と行使に分ける前記の説に従って、親権行使がその範囲で存続ないし復活すると解すべきであろう。

では、以上のような親権（監護事項）の一部分属のほか、非親権者は一般的にいかなる権利義務を有するとみるべきであろうか。

（1）荒木友雄「親権と監護の分離分属」ジュリ六六一号一一八頁（一九七八年）、畔上正義「親権者と監護者との関係について」ケース研究一三五号一九頁以下（一九七三年）など。なお、明山「離婚後の親権と監護」前掲一五五頁以下参照。

（2）荒木・前掲一一七頁以下。

（3）当初の学説には、監護者の指定が必要な場合として、父が親権者となり子が乳幼児のとき、子が親権者と不和で同居を欲しないとき、親権者が不在がちで監護の実をあげえないときなどの例をあげ、子の監護に「明らかに不適任な」親も親権者にとどめたうえでの監護の分属を考えるもの（福島四郎〕註釈親族法（上）二五三頁（一九五〇年））もあったが、これは父が親権者たることを前提に母は監護者にとどめるかの印象を免れず、かかる場合に監護者とされる母はむしろ親権者とすべきだと批判され（神谷笑子「離婚後の子の監護」家族法大系Ⅲ一九頁（一九五九年））、実務上も母が親権者になる事例が増加するに伴い、この制度の意義は減少したとされる一方で、なお、母の利益を積極的にはかる制度として、父に親権者としての監護能力があるときも、母に多少でもその能力があれば、母を監護者にしてその権利を確保させることができる点に、今日もその最小限の意義が認められているように思われる。

（4）　当初、「監護」には教育は含まないとする学説（中川善之助「親権」民法演習・一二八頁（一九五九年））も有力だったが、今日ではむしろ、親権を身上監護権と財産管理権に分け、「監護」には前者についての一切の権利義務を含むとする説が一般的承認を受け、しかも親権はその範囲で停止し、さらには、身分行為の代理につき監護者に同意権を与える説（我妻・親族法一四四頁以下）が有力になっている。

（5）　荒木・前掲一八八頁。

（6）　荒木・前掲一八八頁。

（7）　注19参照。

（8）　有地亨「未成熟子にたいする監護教育義務」民商四六巻三号四四六頁（一九六二年）は、親権と監護の分属自体に対しても、「監護教育に関する法的責任を放棄し、親権の具体的内容としては、財産管理権を主として分担する者をなお親権者と呼び、この者に身分行為についての代理、同意権をあたえるのは、容易に親権に父権的性格を与える契機となりうる」と批判する。

（9）　荒木・前掲一一八頁。

(10) 荒木・前掲一一八頁。また明山・前掲一五八頁も、「乱れた紛争に早く終止符を打って当事者を再出発せしめ、子供の養育の安定した場面を工面することこそまさに『子の利益』であるといわねばならない」とする。
(11) 明山・前掲一五八頁も、「自ら監護しない親権者は、監護を除いて一体親権として何が残るかというように不満を伴うのが実状に近いことである」という。なお明山は、監護者の権限の範囲を縮小することでこの問題の解決をはかろうとするが、もともと離婚後の父母の協力による監護の実現という目的でなく、「親権者と監護者とが止むなく分離せざるを得ない事態」を法認する制度として監護者制度を位置づけることからいって、当然とも思われる。
(12) 川田昇「面接交渉権」民法の争点（ジュリ増刊）三七一頁（一九七八年）参照。

四　非親権者の一般的権利義務

1　親子間の権利義務関係としての親権

従来、親権を親子間の権利義務関係としてとらえることには、一般に否定的であったということができる。すなわち、親権が親子間の権利義務関係として、ことに第一義的には子の権利によって義務づけられている、と説明したところで、子自身にはその権利を実現する力はなく、事実上親はその義務を懈怠し、あるいは自己の利益のためにこれを行使できるのであって、そのうえ親権も親の子に対する権利となる以上、そのような懈怠ないし行使も親の特権であるかのように考えられるところから、むしろ、親権が親子間の権利義務たることを否定し、子を権利義務の主体ではなく、もっぱら保護の対象とする、というのがその考え方であった(1)。

しかし子どもの権利を積極的に確認する現代の人権思想のもとでは、親権は子の権利に対応した権利義務関係として再構成することが要請されており(2)、従来の考え方が、親権は親の権力でなく、子の福祉のために行使すべき親の職務であって、その意味で第一次的に親の義務であるとする観念を浸透させることに大きく貢献したことを正当に評価しつつも、やはり、父・母・子三者の人格的独立を前提として、それら相互間の権利義務関係を明確にしておくべきであろう。このことはまた、大きく変容しつつある夫婦・親子の関係に合理的な行動規範を提供する意味でも重要なことと思われるのである。

ことに非親権者の権利義務の内容を問題とするには、婚姻中の共同親権者たる父母のそれぞれが子との問にいかなる権利義務を有するのかを明らかにしておくことが必要であろう。なぜなら、離婚後の非親権者は、親権者に指定されなかった時点で新たな権利義務を取得するとは考えられないから(3)、この問題は、父母が離婚して家庭が分解することによって、その父母が婚姻中に共同親権者として有していた権利義務が、父母のそれぞれに分離し、かつ現実の監護の遂行にみあったものとしての変形を受けながらもなお存続しているものとしてみなければならないからである。

では、共同親権者としての父母は、子に対しいかなる権利義務を有し、さらに、離婚後親権者の指定があると、他方の親はいかなる形でそれを有することになるのであろうか。以下、これについて私見を展開することにしよう。

2　権利義務の二義性と非親権者の監視権

今日親権は子の権利に対応するものとしてその存在を位置づけなければならないことは前述の通りである。そして子の権利は、第一次的に親に向けられるから、親権はまず義務的なものである。この場合に親権者は、具体的に子に対して二重の意味で義務を負うものと解すべきであろう。すなわち、親権者たる親は、子の監護・教育の遂行自体を義務づけられているとともに、その監護・教育の遂行につき、子の権利の実現にかなう内容を与えることを義務づけられているのである。親権者は、ただ漫然と子の監護・教育にあたるというのでなく、子の基本的人権の確認された今日では、積極的に子の福祉をはかるべきであるとされることからいって、当然といえよう。

　親権における義務が以上のような二重の意味をもつことに対応して、親権における権利も二重の意味をもつことになる。すなわち、一は、親権者は親権遂行の権利、具体的には、監護・教育の遂行につき子に対してその指示に従うよう求める権利を有するという意味で、他は、監護・教育の内容につき、何が子の権利に対応したものかを決定する権利をもつという意味で、親権は子に対する権利なのである。もちろんこれは親権者と子の間の関係に限定した場合について考えられるので、親権者が親権遂行およびその内容決定について第三者から濫りに干渉を受けないという意味で、また、子の権利の実現が十分でない場合に国家に対してその助力を求めうるという意味で、親権は第三者に対する関係でも権利たる意義を有しているというべきであろう。

なお、これらの権利義務関係は、婚姻中の共同親権者たる父母と子との問の一個の関係として存在するのでなく、父と子、母と子のそれぞれの間の関係として存在しているが、ただ共同行使の原則のもとに、一個のものとして行使されているとみるべきであろう。

しかし、父母が離婚した後も婚姻中と同様に共同親権の行使を認めることは、ことに日常の監護行為に関しては困難が伴う。そこで、父母の一方が単独親権者となり、他方は親権の行使を停止されることになる。しかし、ここで停止を受けるのは、前述の権利義務のうち、現実に子に対して親権を遂行すること自体に関する権利義務である。すなわち、非親権者とされた親は、子の監護・教育にあたる義務はないし、他方、直接子に対してその指示に従うよう求める権利もない。

しかし親権の行使を停止せられた非親権者も、子に対して愛情を有するかぎり、これを子に対して注ぎ、また子もこれに浴しうることを法的に保証する必要があることは前述の通りである。それ故、親権行使につき子の権利の実現にかなうような内容を与える義務および何が子の権利実現に対応したものかを決定する権利は停止されないものと解すべきであろう。しかしながら、右の権利義務は、実際の親権行使がある場合にはじめて現実のものとなるものであるから、子に直接向けられた親権行使が停止されている非親権者にとっては、義務の面はそのままでも、権利の面は、子との間での権利たる意味を事実上失うことになる。しかし、この権利行使も子の権利に対応する右の義務にうらづけられている以上、常に現時の親権行使の前提として働き、その意味で現時の親権の行使者すなわち単独親権者に対し向けられることになる。つまり今やこの権利は単独親権者に対する権利に変形して存続し、いわば親権者の親権行使に対する一種の監視権となるのである。(4)

離婚に際して親権者とならなかった親は、この監視権にもとづいて、子の監護に関して親権者に対し種々の権利を行使できることになる。すなわち、第三者たる監護者の指定・変更、前述の面接交渉などの監護事項の新たな自己への分属などを含む一般的措置について、親権者に協義を求め、これが調わないときは、家庭裁判所に対し、監護についての相当な処分の決定（七六六条二項）を求めることができる。さらに、親権を自己に変更すべき旨の申立も認められるが(5)（八一九条六項）、これについては、未成年者の人格形成に深刻な影響を与えるところから、現行法上、監護に関する処分の場合と異なって家庭裁判所の関与を必須とするが、ただこれが非親権者の親権者に対する権利たるところから、乙類審判事件として調停手続を経るものとされていると解すべきであろう。(6) なおこれらの申立が家庭裁判所にもち出されたときは、家庭裁判所は、父母の間の「子の権利」が何であるかの判断の調整を求められることになるのであるから、その決定の基準は、当然のことながら、「子の利益のために必要がある」かどうかということになる。

なお、この申立等は、右にみたように一種の親権行使としてなされるのであるから、理由なく申立を繰り返し、再三協議を求めるなど、子の利益を逆に著しくそこなう場合には、八三四条を準用して、家庭裁判所がその監視権を喪失させうるものと解することにより、その適切な行使を期待しうるのではなかろうか。

さらに非親権者は、右の監視権の承認と同様の趣旨から、一五歳未満の子の縁組・離縁の代諾、同様の子の氏の変更など、本来親権者の権限に属する事項に関しての同意権を有するものと解すべきではなかろうか。(7)

(1) この考え方は、旧法時代に穂積重遠・親族法(一九三三年)において唱えられ、今日も有力な支持を得ている(青山道夫・家族法論I(一九七一年)一九三頁、我妻栄＝有泉亨・民法3(一九七八年)一七四頁など)ものだが、親権の義務性が子の権利に対応する義務でなく、国家社会に対する義務であるとするところから、今日、公的義務説と呼ばれる。この説の主眼は、親権の権力性を徹底的に否認するために、それが親子間の権利義務関係たることを否定することにおかれているといえる。

(2) 中川良延「親権者の監護・教育義務」民法学7一六六頁(一九七六年)。

(3) 前述のように、単独親権者については離婚後親権を原始取得すると説く考え方(明山「離婚後の親権と監護」前掲一四四頁以下)もある。

(4) 共同親権の行使中にかかる権利は潜在的に父母双方に帰属していたとみることもできよう。

(5) この申立権は、親権者が子を再婚相手と養子縁組させた後でも奪われるものではなく(注4参照)、「子の利益」を基準に　その適否が判断されることになろう。

(6) なお、非親権者が親権者変更の手続を経ることなく事実上子を手許にとどめる場合は、親権者からの子の引渡請求が問題となるが、監視権を有する非親権者を第三者と同様には解しえないから、これを親権行使の妨害排除請求として民事訴訟事項と解する余地はなく、右の申立は、まさに七六六条の監護に関する処分として、当事者の協議または審判・調停の対象となると解すべきであろう。

（7）　近時、監護者に代諾縁組の同意権を与える説が通説的立場（我妻・親族法一四五頁、〔中川良延〕注釈民法(22)Ⅱ五六四頁（一九七一年）など）を占めつつあり、判例（京都地判昭和四七年六月二四日下民二三巻五・六・七・八合併号三三五頁）も存するが、本章のように監護者を第三者に限ると解すると、従来の扱いで監護者となりえた父母との間に権限の落差が生ずることになるが、本文のように非親権者にもこの権利を認めることでこの問題は解消する。ただ、その場合に非親権者の所在不明等のときが問題となるが、本章のように、同意権も一種の親権行使としてなされるものと解するときは、八一八条三項が準用され、所在不明または表意不能のときは同意は不要と解することができよう。

〔追記〕　本章の公表時からみて、社会的背景は随分と変化していると思う。しかし、この論文で提起していることは、今日でも通用するし、またその後に著した本書所収の論文も、本章の問題提起を前提に展開されているので、表現など若干の手直しはしたものの、ほとんど公表時のままで本書に登載することにした。

第二章　日本の親権法を考える

――『イギリス親権法史』研究から得たもの――

一　はじめに

第一章「親の権利と子の利益」は一九七〇年代の終わりに公表したが、その当時、英米において、離婚後の共同監護が実施されるようになり、日本でもその導入が議論され始めていたが、私は、わが国において欧米流の離婚後の共同監護を実現するためには、その前に、父、母、子という三者の間に明確な権利義務関係を確立し、離婚に際しても、また離婚後も、両親が対等の立場で、子の利益の視点にたって監護教育の問題を総合的かつ合理的に判断・決定できる基盤を築くことが重要であると考えていた。それゆえ、親権について、親としての当然の義務であるとか、自然法上の義務であるとか、その内容を画定するについて主観的になりやすい基準を排することこそが、その当時、私の関心の中心にあった。

ところが、この提唱にいち早く注目された佐藤隆夫教授は、「親である以上、離婚後も親の地位と親権者の地位は当然法理的に一体」であり、「子の幸福を親権法の根底におくのであれば、離婚後も親の義務の共同親権を理論の前提に」すべきであるとして、「離婚後の共同親権論」を対置させ、「親であれば、子が成年に達するまで当然子を監護教育することが、親であるゆえんであり、それが親権として法理上形成された」ことをその根拠として強調されたのであった。(1)

確かに、離婚後の子の保護を図るためには、このような共同監護とか、「共同親権」とかにより、両親の責任を強化することの方が常識的であった。そして、同じく私の提唱に対峙する形で、佐藤教授の主張を積極的に支持する佐藤義彦教授は、最近においても、民法が「父母は親権者であるか否かにかかわらず、監護教育する義務を負担していることを前提としていると理解すべき」ことを強調している。(2)しかも、近時の一般的な傾向としても、親権や監護権を考えるについて、その根底に親子の自然の関係を据えた議論が増えつつあるようにさえ感じられるのである。(3)

本章は、親権をめぐって生ずる今日の諸問題に対し、果たして以上のような親権についての常識的理解をもって十分対処できるのかについて考察し、これから親権をどのように考えるべきかについて若干の提唱を試みることを目的とする。

なお、以上に述べた疑問を抱きつつ、前述した拙稿の公表直後に在外研究のため滞在したイギリスにおいて、日本とは違うもう少し乾いた親子関係を見聞したことが一つの動機となって、拙著『イギリス親権法史―救貧法政策の展開を軸にして』(一粒社・一九九七年)の研究が始まっている。そこで、本稿の目的にとっての一つのケーススタディでしかないことを承知のうえで、同書で明らかにしえたところを要約的に述べることから始めることにする。なお、同書からの引用その他については、煩を避けるため、頁数は掲げないこととする。

二　『イギリス親権法史』で明らかにできたこと

1　親の監護教育義務は、近代の産物であること

『イギリス親権法史』は、親子に関する法ないし政策の形成およびその展開を、救貧法政策の展開と重ね合わせて考察している。というのは、ハリソン（J.F.C. Harrison）によれば、イギリスでは、一九世紀に至るまでの数百年間は、支配階級に属するごく少数の者以外は、生きるために働かなければならない、そして「貧困者という定義づけはできないけれども、常にいろいろな理由から生活苦に陥る可能性に曝され、その場合にもし生計の手段がなければ、救貧法に頼る」ような、一般的に、「労働貧民（labouring poor）」と総称される人々からなっており、救貧法はこのような人々を対象とする社会政策的な法体系として機能していたこと、しかも、同時期において、コモンローとエクイティという二つの法体系のからみ合いのなかで、家族法というべき法分野は形成されていながら、労働貧民にとってはまったく無縁の存在であった一方で、救貧法体系には家族のあり方に影響を及ぼす多くの法準則が含まれていたのであり、救貧法は、まさに労働貧民にとっての家族法の機能をも有していたからであった。

近代的な救貧法の出発点となったエリザベス救貧法（Elizabethan Poor Law 1601）は、住民から救貧税を集め、これをファンドとする貧民救済を定めていた。そして、その救済方法としては、労働能力者には就労強制、労働不能者には金銭その他による直接救済を採用していた。就労強制による救済としては、救貧税から購入した原材料を貧民に与え、その仕事に対する給金を払う方法が考えられていたが、子どものためには、特に徒弟の斡旋が用意された。当時、徒弟になるには親方に対する一種の授業料としてのプレミアムの支払を要したから、これを救貧税からまかなおうというのであり、教区徒弟制度（parish apprenticeship）と呼ばれていた。

ピンチベックとヒューイット（Pinchbeck and Hewitt）は、この教区徒弟制度のもとで、親が扶養できないことを要件に、親の意思を無視して子の徒弟就労が強制されていたことに着目して、この制度を、子の「適切な処遇や訓練に対する責任」を果たせない親に対する制裁としての親権剥奪的制度とみていた。つまり同法には、その意味で、親権の存在が前提とされていると理解したのである。

しかし、私は、この制度は、当時存在していた「子どもは働くことが可能であるかぎりいつでも親から独立すべきだ」という観念の実現であったとみる。すなわち、右の観念のもとでも、当時、職人規制法（一五六三年）によって就労が法的に強制されるのは一二歳以上の者であったから、親に子を扶養する能力があるかぎりで、子は一二歳までは事実上親からの独立が延期されていたのであり、この間に子の独立の要請を顕在化させる契機は親の扶養不能であったし、この場合に公的な援助を与えるとしたら、子が働ける限りでその独立を助力すること以外にはなかったのである。これが、親の扶養不能を要件として、親の意思と無関係にもう一つの要件である「役に立つ」子に徒弟斡旋をする教区徒弟制度にほかならなかったのである。

もっとも、エリザベス救貧法における直系親族間の扶養義務の規定から、同法は、祖父母、父母、子からなる三代家族をイメージし、貧民の家族の立て直しと維持を図るための家族責任を奨励していたとする見解もある。しかしこの規定も、労働無能力者に対する救貧税からの救済の費用を、生活共同をもたない親族に対する責任分担（求償）を強制するための根拠規定となっただけであり、この規定から、少なくとも現に生活共同を有する親子の扶養を強制することは想定されていたわけではなかったのである。

以上のように、エリザベス救貧法においては、「役に立つ」子どもは、就労強制の原則のもとで独自の救済対象として徒弟斡旋を受けていたのであり、子の処遇は、救貧法政策上は家族ないし親に帰せられるべき責任とは考えられていなかったのである。それゆえ、同法における家族は、単なる独立した労働力の集合体として、構成員相互の法的な紐帯とか、子に対する親の責任といった近代的な意味での親権の観念は存在しなかったと考えることができるのである。一九六〇年代に、今日の家族社会史の興隆を促したアリエス（P. Aries）は、中世の社会においては、「子ども期の観念」は存在しなかったとして、子どもは、身体的に独立するとすぐに大人たちと仕事や遊びを共にし、親子間の愛情などの感情は、家族の生活にとっても、家族の均衡にとっても不必要であったことを主張した。そのような共同体を中心とする生活のなかでは、子どもはいわば共同体責任に包み込まれていたのであり、上述のように、エリザベス救貧法において親権の存在が前提とされなかったのは、まさに、アリエスが主張する子に対する責任の中世的な実態の残存と、貧困問題の解決を教区という中世的共同体の連帯意識に委ねようとしたエリザベス救貧法の意図とを反映したものにほかならなかったのである。

なお、中川善之助博士は、「家長権の衰微」の度合いをメルクマールとして、「家のため」から「親のため」へ、そして「子のため」へと、有名な親子法の発展図式を描くが、そこにおいて、家長が家族員全体を統制支配していた時代には、「子自身も、家族員として家長の支配に属し、その父の支配に服しなかった」からとして、親子法成立の前提を欠く段階のあることを認め、「親子法は比較的近世の産物として生まれた」としていることが注目される。これは、親子法が、決して親子関係の発生とともに古いものでないことを主張し、その人為性を言い当てたまさに卓見とみるべきであり、本書は、エリザベス救貧法の段階について、「父の支配」を「家族意識」の欠如の段階と読み替えたうえで、この見解を支持するものである。

2　近代的親権の観念は、家族の社会的支援拒絶の論理であったこと

次に、親が子の監護教育について責任を負うという近代的な親権観念が、イギリスではどのように形成ないし確認されたかを見る。

一八世紀末の産業革命は、綿工業における工場制度の採用に始まった。しかし水力が動力源であるための立地条件からくる労働力調達の困難、機械のリズムに合わせた労働の未発達等から、教区徒弟制度が注目され、南部諸州の教区から多数の子どもが工場労働者として送り出され、これを契機に、子どもは産業革命初期の貴重な労働力となった。他方で、一八世紀末のナポレオン戦争下の窮乏問題をきっかけにして、主に農業労働者に対し、パンの価格と扶養する子の数による定率の賃金補助が救貧税から与えられる、いわゆるスピーナムランド制度が各地に広まった。

子が増えれば賃金補助も増えるという体制は、労働力の増殖には貢献したものの、労働者の勤労意欲を損ね、この体制の打破が、資本主義の本格的展開を前に緊急に解決されなければならない課題となったのは当然であった。マルサス（R. Malthus）の『人口論』は、この時代的課題に応えるべく書かれたものであり、家族責任を自覚する労働者を作り出すために、子どもの社会的価値を否定し、その養育は自然法によって親に課せられた責任であることを強調して、救貧法の廃止による子の養育の共同体責任からの追放を主張したのであった。

マルサス主張の救貧法廃止自体は実現されなかったものの、家族責任を自覚した労働者の形成という目的は、一八三四年新救貧法の救済システムのなかに結実した。同法は、賃金補助、家族手当等の「院外救済（out-door relief）」を禁止したうえ、救済は労役場収容に限り、しかも家族をもつ者について、家族一体の収容を建前とした。

このような救済の狙いについて、新救貧法の制定を勧告した王立調査委員会の報告書は、従来の救済方法が、家族について、メンバー相互の依存や関心を失わせ、各自が自己のみの餌を求める家畜のような状態にしたことを指摘したうえで、家族を一体として救済することを通じて家族の愛情や徳義の回復を図るべきことを強調した。すなわち、救済資格の有無を自らに選ばせる「労役場テスト」により労役場に収容し、収容された貧民には、救済よりも独立の方がましと実感させて労働市場に駆り立てるということを狙った「劣等処遇（less-eligibility）」の原理のもとに、独立労働者の生活の最低限を超えないレベルでかつ苦痛と屈辱にみちた処遇を用意するものとし、そのうえで、一体として取り込んだ貧民家族については、おそらくは家族意識や家族責任を刺激するため、家族メンバーをそれぞれ分離して収容し、特に子どもに対しては、家族意識の自覚を促す教育を与えることがもくろまれた。

しかし、子どもを共同体責任から追放し親の責任のもとに帰属させるというマルサスの提起した国家的テーマが、新救貧法のもとでよりいっそう具体化されたのは、同法施行一〇年後の一八四四年に行われた教区徒弟制度改革においてであった。

当時なお、児童の就労形態は徒弟が主流であり、多くの子どもを抱える貧しい親にとって、プレミアムの心配もなく徒弟斡旋をしてくれる救貧法下の教区徒弟制度は頼もしい存在であった。しかし、この救済方法は、前述の院外救済禁止にも、家族一体救済の原則にも反しており、しかも、子の職業教育は親の責任にかかわる問題であるうえ、徒弟斡旋に伴う親子関係の分断は家族責任の自覚を妨げる可能性があった。この教区徒弟制度の改革が、その推進役であったフィリップス・ケイ

（後のSir Kay-Shattleworth）の「当局による徒弟のケアは、親が子の福祉のために自然に行使するケアに劣り、公共の後見のもとに置かれた児童は、もしも親が自然の義務を果たしたならば与えられたであろう道徳的・社会的状態よりも低いものしか与えられない」、「貧民の子に、食べさせ、衣服を着せ、住まわせ、有用な職業訓練をほどこすことは、親に対し自然に課される責任であり、これに介入することは誤りである」という主張に先導されて遂行されたのは、当然の成り行きであった。

改革の具体的内容は、徒弟斡旋の対象を孤児・棄児に限ることを原則とし、親のいる子が対象となるのは、労役場に収容中の家族の場合に限り、しかも斡旋に際し本人および親の同意を要するというものであった。救貧法の救済下にない家族を徒弟斡旋の対象からはずし、救済を選んだ家族に対し斡旋する場合でも、親子双方の同意が必要というのであり、まさに、国家は、家族が救済から独立するかぎり親子間に干渉しないし、家族の立て直しを公言する救貧法救済を受けていてさえ、なお親子間への干渉には当事者の同意を不可欠なものとすることを意味していたのであった。

こうして、子どもを共同体責任から追放し親の責任のもとに帰属させるという国家的テーマは、家族責任が自然法の原理として強制なくして人々に自覚されるというマルサス以来の強い確信に支えられながらも、単に子の監護教育への国家の助力を奪うのではなく、いわばこれを阻害する「困窮」に対する救貧法救済に門戸を開きつつ、なお、救貧法に縁のないかぎり、家族の自由を保障するという家族政策によって実現されることが期待されていたということができるのである。

これは、子の監護教育を中核とする近代的な親権の観念の確認と、これに対する非干渉主義の宣言であったということができ、この観念が、いつ救済に頼るかわからない労働貧民に対し、直接間接の救済体験を通じて教化されるはずであり、救貧法は、まさに彼らにとっての「親権法」となったということができるのである。とはいえ、子の監護教育が親の責任だと説かれたとしても、これまで救貧法や共同体の支えを頼りにしてきた多くの労働貧民にとっては、まさに支援を奪われること以外の何ものも意味しなかったのであった。

3　養育の自然的義務の強調は、国家の家族介入に根拠を提供したこと

新救貧法における国家の非介入原則による親権の尊重は、家族責任の意識を欠いた親たちによる子の搾取・放置・虐待といった親権の濫用状況を生じさせ、このことが、まず、救貧法を通じての国家の家族介入を招いていくが、その過程についてはここでは考察の対象としない。

他方、労働者の生活の向上に伴って、子の監護教育を親の権利義務とする近代的親権観念は、徐々に普及していったものの、救貧法救済下にない貧困家族における子の虐待・放置を防ぐために、この観念のより一層の普及を図る必要があった。しかし、この観念をもつことは、自然法の原理として個人の自覚に待つべきものであり、積極的に教化するとしても、あくまで「市民社会」自身の手によるべきなのであり、国家の強制に委ねることは許されることではないとする強い信念が存在していた。それゆえ、一八七〇年代に、親の犠牲となる子どもの保護が大きく問題にされるようになったときに、その事態への対処は、当然のこととして私的な慈善団体の役割とされた。このこと

は、たとえば、一八八九年に至ってさえ、この年に成立した児童虐待防止法が、子に深夜労働、大道芸、物乞い等も含む児童虐待を犯罪として処罰することを規定する一方で、犠牲となった子どもの保護手続きにおいて、虐待の情報に基づく家庭内の立ち入り、児童の安全な場所への隔離などの行動には、原則的に警察官を関与させず、裁判所の指名する民間人によるべきことを規定していたことに見ることができるのである。

当時の児童保護活動の担い手は、一八六〇年代末から七〇年代初めに教会関係者によって設立されたバーナード・ホームに代表される児童保護団体であった。そして、その活動のやり方は、「救出十字軍（Crusade of Rescue）」というカソリック系児童保護団体の名称が象徴するように、児童を悪い環境から「救出（rescue）」することであった。それは、犠牲になっている子どもを、「救出」と称して親から分離することを意味し、そのやりかたは、相当強引でもあったが、国家でなく、慈善組織がやっていること、つまり社会自身の行為として、社会はきわめて寛容であった。

他方、当時、雨後の筍のように結成された多数の慈善組織が、貧民に思い思いの慈善救済を施すと町が乞食であふれることを恐れて、これらを組織化して慈善活動をコントロールすることを目的に、「慈善組織協会（Charity Orgaisation Society）」が設立された。この協会の特徴について、ローズは、「個人主義と自助の厳格な強要、最小限な役割以外の国家援助の拒否、援助に値する貧民と値しない貧民の区別、というヴィクトリア人がもっていた貧民に対する態度のうち最悪なものをすべてを縮図にした」ようだとしているが、彼らは、貧困は道徳的堕落の結果という伝統的な立場から、慈善活動を通じて貧民に道徳を教え込むことに力を入れた。しかも、活動の中で彼らの説くことは自然法の原理であり、やがて誰でもが自覚するはずという強い確信に支えられていたため、目指す結果が得られないことが、自己の活動の限界を感じさせるより、むしろ、自然法が通用しない改善不能な人間、すなわち社会の手には負えない「残りかす」がいるという主張を生み出すことになっていった。そして、やがてこれに対する国家の直接的介入の必要性が強調されるようになるのであった。

ロンドンの労働者の生活調査により、賓困の原因が、個人の道徳的堕落よりむしろ低賃金や不規則な雇用にあることを見出し、「貧困の発見」者とされるチャールズ・ブースでさえも、最初の報告書（一八九八年）においては、「何かを学ぼうとしない人、朝も起きられない人、スローな人、落ち着きがなく長期の雇用を耐えられない人、知能の弱い人など、病気以外の理由で仕事の能力に欠けた人々が存在する」ことを指摘し、失業というのは、そのような「不適格者についての階層としての選別」なのであり、「失業者のほとんどは、全体として最不適格者たちだ」としている。まさに「残りかす」の発見であった。そして貧困問題というのは、そのような不適格者が無理に仕事にありつこうとして、その上位の階層の人々に職を失わせ、低賃金を余儀なくさせることであって、その唯一の解決策は、日々の生存競争からそれらの階層を完全に一掃することだとした。ブースは、その人々を移住させ、生活を保障するための特別施設（労働コロニー）の開設を提案し、わずかな人々に対する国家の干渉を通じて、究極的には他の人々の生活に対する国家干渉を不要にできる、と主張したのであった。

ブースの主張は、前述の「残りかす」に対する国家規制の必要性という認識に対して、社会調査を通じて「科学的な」根拠を与えたものということができる。そして、この時期に、親権剥奪立法が相次いで成立しているが、たとえばその一つである児童監護法（一八九一年）の法案審議の中で、その中心的推進者が、ブースの著書を引きながら、「児童を救済する唯一の望みは、その親から子を引き離し、良好な生活のもとに育てることだと書かれていると思われる」と発言し、実際にはブースが一言も触れていない事柄にもかかわらず、ブースの主張が、児童保護のために、国家の手で親から子を引き離すことの正当化の理由として読み替えられていたのであった。親権の自然的義務性の強調が、国家による家族介入に根拠を提供したことは明らかである。

三　わが国の親権の本質論に関する感想めいた若干の問題提起

1　自然法的親義務論から出発することの危うさ

民法八二〇条は、「親権を行う者は、子の監護及び教育をする権利を有し、義務を負う」と規定する。この規定から、今日では、一般に、親権は、親の権利というより、子の福祉のために存する「親義務」であるとされる。そして、この義務が一体だれに対する義務かについて、古くから、親の子に対する私法上の義務とする「私法義務説」と、国家社会に対する義務とする「公的義務説」

の対立があるものの、近年、「子どもの権利」が強調されるにともなって、私法義務説が優位を占めつつあり、しかもこの立場の論者は、この義務について、親子の自然的関係に由来するものとしての特徴を強調する点で一致しているように思われる。そこで、この観点から近時の親権論について、少しく検討することにしよう。

(1)　養育者の義務履行の確保

今日、公的義務説の批判のうえで、私法義務説にたつことを自認する論者は、親権の義務性が親子の自然的関係に由来することを強調することによって、養育者の義務履行を確実なものにすることをねらっているように思われる。ただし、その目的到達のプログラムの違いから、①親という身分を生涯不変であることを強調するいわば親身分生涯論と、②親権の権利性を全面否定し、親義務そのものであることを強調するいわば親権利否定論の二つの立場に分けることができる。

①　親身分生涯論

前述のように、離婚後の共同親権を提唱して、この立場を代表する佐藤隆夫教授は、また、次のようにも述べる。すなわち、「日本では家族の近代化が革命的であったため、親権の近代化もなお正しく社会では理解されていないと思われる傾向があること、また反面親が自分の主張の前に、子を見捨てかねない傾向があり、親権の権利性は、むしろこうした世相に奉仕しかねないとさえ考えられる（たとえば、親の蒸発現象、子捨て現象、親のエゴイズムからの親権争奪、そうかと思うと親権放棄など）。すなわち、家族が近代化し、個人主義化した家族社会であれば、わたくしは、まず子に対する親義務の確立こそ法理上根本的に当然の要請であろうと考える」(4)と。親子の自然関係から導かれるあるべき親の姿を強調して、その逸脱を非難するのであり、前述した、一種の「残りかす」論である。そして、これによって、親権の義務性についての親の自覚を促し、その履行を確実なものにしようとしていることは明らかである。

前述の両佐藤教授が強調する親の地位は離婚があっても不変とする命題は、イギリスにおいて、今日でもしばしば引用されるサッチャー首相の「parenthood is for life（親たることは生涯のもの）」という言葉に通じるものである。これが強く反映された法律とされる児童扶養法（Child Support Act 1991）は、離婚して、あるいは非婚のまま子を抱える母親が、子の父親から養育費を受け取っていない場合に、独立行政法人の児童扶養エイジェンシィが、父親を捜索し、一定の公式で算定された子の養育費を、強制的に取り立てることを定めている。支払われるべき養育費の額は、子の年齢ごとに一律で、これを支払った結果、父親が生活保護に頼ることにならないギリギリの線まで取り立てられることになっているのである。そして、養育費の取り立ては、母親が生活保護を受けている場合が最優先され、「子の養育費が税金で賄われながら、父親が責任を免れているのは不公平だ」ということが同法の立法理由のひとつとして強調された。しかしこれはまさに国家支出の削減が目的だという非難を浴び、労働党政権下で見直し中である。このようなやり方を徹底すれば、収入の少ない者に、事実上離婚や再婚を禁止するという結果さえ起こりかねず、子の養育は父母の私的な問題とする考え方が強く反映されていることは確かである。親身分の生涯性の強調は、このような方向をもたらす可能性はある。父親の私的責任（自己責任）の原則をどこまで貫徹させるかは、子の保護の要請との兼ね合いをも考慮に入れた社会全体のあり方にかかわる大きな問題であって、このような単純な衡平論では割り切れないはずである。(5)

②　親権利否定論

米倉明教授は、同じく、親の義務の履行を確実なものにしようとする意図のもとに、親の権利を全面的に否定しようとする。すなわち、同教授は、子どもの権利条約後に要請される「親権概念の転換」の必要性を強調して、「親権は、名実ともに義務であり、しかも親権者の子に対する債務である」とする構成を提唱する。(6)そして、公的義務説を批判する文脈においてではあるが、親は、「子から頼まれたわけではないのに子に出生をもたらしたのだから、だれよりも先に、その子に対して監護・教育の義務を負う」ことを指摘する一方で、(7)「勝手放題のことをする親権者」の出現に備えて、「一般人の行為規制という観点から」、「子を権利者、親権者を義務者とする自然法上の権利義務関係が成立すると構成」することを主張するのである。(8)

少しく気になるのは、米倉教授の親権における権利性の完全否定には、「子の権利」の実現が意図されたはずであるにもかかわらず、子の権利自体のイメージがまったく浮かんでこないことである。そればかりか、たとえば、長期の里親に、本来の親と並んで、親権を認めるべきだとする主張の法的構成として、「順位を付した併存的債務引受」(9)の概念をもちだすなど、子の権利の実現が、財産上の債権の取り立ての問題とのアナロジーで語られているようにみえることである。

同教授の親権の権利性の否定の重点は、子の権利の実現というより、むしろ親権者を国家の前にまったく無防備にして登場させることにあると考えてよいようにみえる。もちろん、同教授は、国家の介入は当然「例外的」であり、かつ「ミニマムにとどまるべき」ことを強調はするものの、たとえば、子の就学義務について、「教育の重要性にかんがみ、公的立場から親権者にとくに義務を課する」ものと説明するなど、すでにある国家介入には概して寛容である。[10] そして、たとえば、児童福祉法にもとづき子を児童相談所等に強制入所させる措置について、「親の委託に基づく」といういかにも不自然な構成をとるが、これについても、子どもの虐待等があると、「福祉行政の観点」から知事が親の法定代理人になるとして、そのような委託関係の成立が擬制されるのであり、[11] 親の権利を否定する目的は、まさに、子の利益についての判断をあげて国家に委ねるため、としか思えないのである。

(2)　国家の不当介入の防波堤──第一次的義務者論

中川良延教授は、上記(1)の論者とは異なり、子どもの権利を強調する立場からの親権の再構成を試みる。そして、一方で、私法義務説について、子の監護教育における社会や国家の支援・干渉の不可欠性から目を背けたまま私法の枠内に止まることを批判し、[12] 他方で、公的義務説について、子どもの権利の積極的な確認なくして国家に対する義務を強調することによる戦前におけるような国家の教育権の招来の危険性を指摘する。[13]

そこで、中川教授は、「子ども自身の成長発達にたいする権利の存在を積極的に確認すること」

を起点に、「親と国とはともに子どもを教育する義務を負っている」と構成し、しかも、この両者の義務の関係について、「両親の義務は第一次的かつ包括的であるのに対し、国の義務は補充的・代替的である」ことを、「当然の違い」として強調する。[14] そして、親の義務については、「基本的には、子に生を与えたことにより親が自ら引き受けた責任」であるとして、親の義務を自然的責任から切り離さないことが、国家の優位を防ぐための防波堤となることを示唆するのである。[15]

しかし、このように、親の義務の第一次性を強調して、親権に対する国家の不当な介入を防ぐことは、他面で、国家や社会からの支援を遠ざけることになることにも注意しなければならない。たとえば、一九八九年に成立したイギリス児童法（Children Act 1989）は、国家の非干渉の原則を宣言し、従来の干渉主義的な態度を改めて、子の養育に対する両親の大幅な自治を認めている。しかし、その反面として、地方当局の用意する各種のサービスを受けられる子どもは、「要保護児童（children in need）」に限定されている。つまり、子の養育に対するサービスは、親の養育が失敗あるいは行き詰まったときにのみ提供されるにすぎないことになっているのである。[16]

2　子の養育の現状

今日、子の養育の問題で深刻化しているのは、家庭の養育機能が著しく減退したことと、それとも関連して、家庭内の子どもの虐待や放置が増えていることである。今後の親権のあり方を考えるについて、それらの実態を踏まえる必要があることは言うまでもない。

子の養育の現状について詳細を述べることはしないが、養育機能の減退の最大の原因は、養育支援のネットワークの喪失であることはしばしば指摘されるところである。つまり、核家族化あるいは地域社会の疎遠化により、かつての養育網（親族ネットワーク・地域コミュニティ）が拡散・希薄化し、育児ひとつとっても、祖母や近隣からの「経験の知」は得られず、育児書のような「情報の知」に頼らざるをえなくなっており、そのことが子の養育のみならず今日の多くの子どもをめぐる諸問題の直接、間接の原因となっているのである。また、少子化傾向のなかで、子ども自身が、かつてのように姉や兄として弟妹の育児に参加するというような経験をえられないまま親となるための父母自身の育児能力の減退もありうるのである。さらには、高度経済成長の中で、子育ては、消費活動化し、子どもは投資財から消費財に変化し、いわゆるエンジェル係数の上昇を招くとともに、そのことが、「子どもへの愛」の証しのように考えられ、「しつけ」といった教育的配慮が希薄になっているのである。

このように、子の養育について、家族を孤立化させ、その負担を過重させている一方で、育児の私事性ないし自己責任が強調される結果として、逆に、家族を密室化させ、子の虐待や放置が生ずる危険を生み出していることもしばしば指摘される。児童相談所が虐待を理由に受理した相談件数は、平成二年に一、〇〇〇件余だったものが、平成一〇年には六、九〇〇件となっている。これには、発見者の通告義務の形骸化など、さまざまな問題があるものの、虐待が発見され、子どもが児童相談所に収容された後でも、所長に「親権の代行」が認められていないこと（児福四七条参照）を理由に、親の取戻しの主張の前に屈服せざるをえず、子どもに悲惨な結果を与えた場合が少なくなかったとされる。この問題について、いかに親権の義務性を強調し、あるいは、「親権は子の利益のためにのみ行使されなければならない」ことを主張してみても、ほとんど無力であることは明らかであり、その主張の前提として、親権について親子の血縁ないし自然関係に根拠を求めてきたことが、おそらくは、上のような親権者の主張を事実上絶対的なものとし、毅然とした対応を躊躇させているものと考えられるのである（もっとも、平成一二年五月に、「児童虐待の防止に関する法律」が成立し、「児童虐待の防止及び児童虐待を受けた児童の保護の観点から」、当該児童との面会または通信を制限することができる旨規定された（児虐一二条））。

3　「公的義務説」のもう一つの読み方

公的義務説の立場を初めて体系的に主張したのは、穂積重遠博士であった。博士は、「従来は親権を権利の方面から観察したが今後はむしろ『親義務』として義務の方面から観察した方がよいと思ふ。即ち親は適当に養育教育する義務があるのである。さふいふとすぐにそれでは養い育てて貰ふのが子の権利となって面白くないといふ非難があるかもしれないが、義務に対応する受益者が必ず権利者であると考へるのが抑々囚はれた話で、親が子を育てるのは子に対する義務といはんよりはむしろ国家社会人類に対する義務と観念すべきである」とした(17)。

これを批判する米倉教授は、「親権は子（受益者）の利益のためにのみ行使されなければならない。そうであるなら、親権はその名称に反して義務であり、親権者は義務者であり（義務者とは受益者＝権利者の利益をはかる者というべきである）、反面において子は権利者というべきであろう。こう解することが、『権利』（『権利者』）、『義務』（『義務者』）の通常の用語例にも合致するはずである」と述べる[18]。しかし、この論法でいけば、当時の状況のもとで、穂積博士は、「子の権利」と呼ぶことが、「通常の用語法にも合致する」どころか、むしろ「面白くない、といふ非難」が予想されるところから、名称としてそれを避けただけであり、その意味では「子の権利」は否定されていなかったということができるのである。

そして博士は、親権の義務性を国家社会人類に対する義務とすることについては、「親権は親のための権利義務ではないから、子の監護教育は親をして行はしめるのが最良の方法たるは勿論ながら、必しも親のみに一任せらるべきでなく、次代の国民の発育につき国家が重大の利害関係を有することが意識されると共に、親権は多少の制限干渉及び援助を国家から受けることとなる」としている[19]。すなわち、子の監護教育は、「次代の国民の発育」という社会の存続にかかわる問題として、国家が自らこれに関して一定の責任を引き受け、親権に対する干渉や援助をするに至ったというのであり、「親権の社会性」を示すための構成であったことは明らかである。

同じく公的義務説の立場から、我妻栄博士は、親権は「子の哺育・監護・教育という職分」であり、この「職分」は、「他人を排斥して子を哺育・監護・教育する任に当たりうる意味では権利であるにしても、その内容は、子の福祉をはかることであって、親の利益をはかることではなく、またその適当な行使は子及び社会に対する義務だとされる」と述べ[20]、「国家」を除外した社会に対する義務であり、同時に子に対する義務であるとしている。

我妻博士は、この「職分」という用語の中に、穂積博士と同様の親権の社会性の意味を込めようとした。そのことは、すでに一九五〇年代中葉に、啓蒙書においてではあるが、「子を育てるということは、もはや親の専売、親の専属の仕事ではない。すべての国民の努めるべきことである。国家及び地方公共団体の責務である。親は、国民の一人として、また、国家及び地方公共団体の協力者として、その子を心身ともに健やかなものに育て上げなければならない。……新法のもとにおいては、親が子を育てるということは、社会にたいする義務であり、社会とともになすべき義務」であると述べ[21]、子の監護教育を「すべての国民の努め」として、親の専属性からの解放と国家の責務の発生とを導いていることからうかがうことができる。この場合の用語法からして、当時、施行されて間もない児童福祉法を念頭においたものであったことが推測されるものの、いわば民法の解釈論として述べられていることは、注目してよいであろう。また、親の義務について、これを「社会に対する義務」、「社会とともになすべき義務」とするだけで、この時点ですでに「国家」に対する義務が除外されていたことも注目に値する。

さらに博士は、この主張の具体例として、親子心中の場合をあげて、「子を自殺の道連れにするあわれな母親にたいして、われわれのなすべきこと」として、「封建的な親の気持ちだとか、子を私有物とする態度だといって非難するだけではたり」ず、「その母親をして、なるほど自分と一緒に死ぬよりも社会に育ててもらったほうが子のために幸福だろう」ということを、「事実を持って認識させる」ことを説いているのである。(22)

以上のことは、今日私法義務説が正当性を主張する根拠として「子どもの権利」を持ち出し、公的義務説が子どもの権利を否定するか、少なくともこれを相いれないかのように説くことは、明らかに誤りであるといわなければならない。

4　養育支援の視点からの親権の構成

今日、親権のあり方を考えるとしたら、やはり子どもの権利から出発すべきであろう。しかし、これまで私法義務説がいう子どもの権利は、ほとんど親の義務を引き出すための枕の意味しかないうえ、その義務性について親子の自然関係に基づくことを強調することは、今日においては、むしろ子どもにとって有害でさえあるようにみえる。親子関係の自然性を説いていわば自然法の通用しない親の規制を図ることによって実現される子どもの権利ではあまりに空しいというべきである。そうではなく、子の養育の確保に関して、親だけでなく社会全体が関心を向け、保護を必要とする子どもに対しては周囲が手を差し延べ、またそうすることに確実なサンクションが働くような子どもの権利が想定されるべきであり、そのような社会こそ、子どもの養育の権利が保障されている社会というべきなのである。

そのような意味での子どもの権利を構築するとしたら、わたしは、親子間の自然性を強調して子どもを運命的絆に閉じ込めてしまうのではなく、むしろ、イギリスの哲学者アーチャード（David Archard）が提言するように、子どもは、「可能な限り最良の養育を受ける権利（the right to the best possible upbringing）」をもつことの承認から出発すべきであろうと考えている[23]。もちろん、子どもにこのような権利を認めたからといって、子は生まれると、最良の養育者のもとに配属され、以来、成長に応じて可能な限り最良の養育者に次々と引き継がれながら育てられるものと考えるわけではないし、論理必然的にそうなるわけでもない。つまり、子の健全な発達にとって、養育者との間に安定したかつ持続的な愛情関係の形成は不可欠である以上、まずは生みの親が養育者として選ばれ、その関係が持続されることが、「可能な限り最良の養育を受ける権利」の実現となるであろう。ただし、その養育者からの分離が、子にとってベストと判断されるときは、直ちに、安定した養育の供給が可能である代わりの養育者のもとに移される、ということがセットとなっていることが必要であり、その点にこの権利の特徴を考えるべきであろう。

すでに述べたように、これまでの親権論では、私法義務説の立場を中心にして、親に権利を認めることを諸悪の根源のようにみて、親の権利に対して常に消極的であり、これを完全に否定する立場さえ登場してきたのであった。しかし、権利を与えると問題を起こしやすいすから権利を否認するというのは、近代法のもとにおいてはあまりにも無茶な議論というべきである。後述するように、親権者の権利は正面から認められるべきであり、ただチェックが必要なのは、その濫用であり、ことに最近では権利を笠に着た子に対する虐待行為である。そして、そのために親権関係において否定されるべきものがあるとしたら、親の権利一般ではなく、アーチャードも言うようにむしろ親権行使のプライバシー性ではないかと考えるのである。

確かに、プライバシーを保障することは、人間関係の親密さを維持するために必要であろう。しかし、それは夫婦とか、恋人とかいった大人同士の関係についていえることであり、事実として対等な関係ではありえないうえ、子の側で相手を選ぶことも、離脱することもできない養育関係において、親の権利行使にプライバシーを保障することは、まさに養育者の勝手放題と、その秘匿を可能にすることにほかならないのである。親権は社会的な職分として、子の養育は公開の中でなすべきであり、決して秘密でなければできないというものでもないのである。

前述のように、育児能力の減退は、決して個人の非を責めることによって解決できる問題ではない。近くに、祖母等の育児のプロもいない、周りの支援もない状態の中で、あるべき親の像を説かれても、養育に当たるものは、萎縮し、秘密化し、孤立化するだけである。このことが子どもの虐待につながる大きな原因になってもいるといわれる。そして、このような私的な育児が破綻し、行き詰まったときに、ようやく国家や社会の支援ないし介入が始まり、親とくに母親たちを失敗者として攻撃するのでは、問題は永遠に解決しないであろう。

親は、育児の初心者であり、支援を受けるのがあたりまえとして、私的な育児の円滑な遂行、あるいは養育機能の回復を帰すことのできるような、いわば育児支援の普遍化といった体制を急速に実現すべきである。そのためには、養育はむしろ監視の中におかれるべきなのである。監視の中の養育といっても、ちょうど車のドライバーが、大きな意味では監視の中で運転し、それによって一定の交通秩序が守られているように、子の養育に社会の支援が直ちに結びつくためにも、またこれが児童虐待に向かうことを防止するためにも、とられてもよいのではあるまいか。

そこで、最後に、親権を法的にどのように構成するかであるが、まず、親がなぜ子の養育者に選ばれるのかという親権の根拠を考えてみよう。

子どもが親の私有物であるからという理由は今日否定されるし、血縁関係があるとか、自ら生んだ以上当然であるとか、自然的関係を根拠にすることについては、すでに批判してきたところであり、これも根拠とはなり得ない。

しかし、子どもの権利条約以降、親が養育に当たることが、子の利益に合致するからだという主張が強くなりつつある。たとえば佐藤義彦教授は、「未成年の子がなぜその父母の親権に服するとされたのかを考えてみると、その基礎には、児童の権利に関する条約がいうように、子にとっては、その父母の下で監護教育されることがもっともその子の福祉に合致するという思想があったのであろう」とする(24)。しかし、親が養育者に選ばれること自体について、はじめから子の利益であると考えるべきでない。経験上、親が子の養育に当たることが子の利益になることは確かだとしても、そうならない場合も少なからず存在するのであり、親の養育が子の利益になることを一般化することは、「可能な限りの最良の養育を受ける権利」の実現の妨げになる点で、血縁・生殖を重視する考え方と変わりがないといえるからである。

そうだとしたら、むしろ、親による養育が、子の利益になることが多いから、とりあえず親が養育者に選択されたと見るべきであろう。その意味で、親は、法の最も無難な選択によって養育者になったというべきなのである。つまり、親権は、法的な、あるいは社会的な職務として法によって与えられたもので、親子間に自然の関係が存在するが故の必然的な選択に基づくものではない、という考え方を徹底させるべきなのである。

そして、そのような職務に就いた者として、これを遂行するための権利義務は、親子の間に当然認められるべきである。その職務に就いていることが適切かどうかは、客観的に判定されるべきであるが、これまでがそうであったように、親権者が、何でもかんでも権利を否定されてしまうとしたら、日常生活において、何が子の利益かの判断に迫られたとき、一体どうしろというのであろうか。「近ごろの親はだめだ」とする風潮をあおって、当の親たちの自信を喪失させ、画一化された指針を求めるように仕向けろというのであろうか。子をどのように育てるか、何が子の利益か、等々は、多様な価値観をもつそれぞれの親の判断に任せるべきなのである。そして、それを子に対して指示する権利、子がこれに従う義務は当然に伴うことになるのである。ただ、これは機能的な権利として、子どもの成長ないし年齢とともに縮少していくと考えなければならないであろう。

このように主張すると、今日問題となっている、「しつけの喪失」、「自己中児童の増大」、「学級崩壊」等々の促進を危ぶむ声が聞こえてきそうである。しかし、このような事象は、むしろ、従来の親権論が親権の私事性を強調し、社会の支援体制の喪失状況を放置してきことの結果であるような気がしてならないのは、私だけであろうか。

(1) 佐藤隆夫「親権の本質（離婚後の共同親権）現代家族法理への一提言」判時一〇七八号一三頁以下。
(2) 佐藤義彦「離婚後の子の監護教育・面接交渉」ジュリスト一〇五九号八五頁。
(3) たとえば、米倉明「親権概念の転換の必要性——親権は権利なのか義務なのか——」加藤一郎先生古希記念『現代社会と民法学の動向』（一九九二年）三六一頁以下。
(4) 佐藤隆夫・親権（一九八一年）九頁。
(5) 本書五七頁以下参照。
(6) 米倉明・前掲論文。
(7) 同右三六九頁。
(8) 同右三七〇—一頁。
(9) 同右三九三頁以下。
(10) 同右三七三頁以下。
(11) 同右三九七頁以下。
(12) 中川良延「親権者の監護・教育義務」民法講座5（一九七六年）一六五頁。
(13) 中川良延「親権と子どもの教育を受ける権利」北大法学一四巻三・四号四三九頁。
(14) 同右一六五—七頁。
(15) 同右四四五頁。
(16) 本書三〇四頁以下参照。

(17) 穂積重遠・親族法（一九九三年）五五一―二頁)。
(18) 米倉・前掲三六四頁。
(19) 穂積・前掲五五二―三頁。
(20) 我妻栄・親族法（一九六一年）三二六頁。
(21) 我妻栄「家庭生活の民主化」『民法研究X』（一九五五年）八八頁。
(22) 同右八六頁。
(23) D. Archard, Children Right & Childhood, Routledge, 1993, p. 106.
(24) 佐藤義彦・前掲八五頁

Ⅱ　離婚後の子の養育費の確保

第一部　イギリス児童扶養法

第一章　一九九一年児童扶養法の成立

一　はじめに

子どもはだれも、両親から養育（care）を受ける権利をもつ。両親は一般に、子が一人前になるまで養育する法的および道徳的義務を負う。

両親は別れてもよい。両親が家族として一緒に暮らさないことがあってもよい。両親の離婚といった事態により、両親の関係に変化はあっても、その事態が、子に対する両親の責任に対し、いかなる変化ももたらすことはできないのである。

養育費の支払いは、両親が子に対する責任を果たす一つの重要な方法である。この白書は、イギリスにおける子どもの養育費のための新しいシステムに関する政府の提案について説明する。この提案は、男女関係が破綻したときに子どものために解決されなければならない問題点に取り組む一連の施策の一部をなすものである。

一九九〇年一〇月に、子の養育費支払いのシステムに関するイギリス政府の提案とその説明を内容とする二巻からなる「子どもが第一に（Children Come First）」と題する白書が公表され、社会保障大臣など所管の国務大臣が連署する「はしがき」は、右の言葉ではじまっていた[1]。

この提案は、子の両親が別れて暮らす場合に、子の養育に直接携わらない親からの子の養育費の支払いを確実にすることを目的として、後に詳述するように、子の養育費の額を法定の公式により画一的に査定し、これを徴収し、さらには強制する権限さえもつ行政機関を設置し、これを裁判所の自由裁量を基礎に展開されてきた従来のシステムに取って代わらせようというものであった。そして右の引用は、①子は養育を受ける権利を有すること、②親はこれに対応して子を養育する道徳的・法的責任を負うこと、しかも、③この親の責任は離婚によっては変更されないこと、という三つの命題をあげており、それらの命題が右のような提案の根底にある理念として、ここにおいて確認されたものとみることができるのである。そしてこの提案は、翌年二月に法案化されて議会に提出され、同年七月に児童扶養法（Child Support Act 1991）としてほとんどそのまま実現されることになった。

わが国でも、家族法改正問題において、主として離婚法を破綻主義の方向に徹底させることに関心が向けられるに伴って、離婚後の子の養育費の履行の確保は一つの焦点となっている[2]。もちろん右の概観からも明らかなように、イギリスの児童扶養法は、この問題を私法の場に置いておくことをあえて否定し、公権力の介入による解決を選んだものであって、わが国の民法改正問題にとって直接参考になるわけではない。しかし、右の「はしがき」にあげられた理念は、わが国でも離婚後の子の扶養のみならず広く監護・教育の問題を考える際に同様に強調されるところであり(3)、これをどのように具体化するかということがわが国の今後の課題となっているということができるから、イギリスにおいて右の理念がどのように理解され、それがどのような方向においてこの新しい制度に具体化されていったかを探ることは決して無用な考察ではなかろう。本稿は、そのような視点から一九九一年イギリス児童扶養法を概観し、それがどのような考え方にたち、いかなる制度として組み立てられたか、そしてこの制度が子どもや家族にどのような影響を与えることになるのかを考察し、わが国における課題を考えるについての材料を提供することを目的とする。

(1)　Children Come First: The Government's Proposals on the Maintenance of Children, 2 vols, Cm 1264, HMSO, 1990. 以下白書（White Paper）として引用する。
(2)　下夷美幸「養育費履行確保制度の設計」ジュリスト一〇五九号（一九九五年）七六頁は、「積極的な破綻主義離婚の採用には、その前提として、養育費履行確保制度の確立が不可欠」とする。
(3)　たとえば、佐藤義彦「離婚後の子の監護教育・面接交渉」ジュリスト一〇五九号八二頁以下。

二　児童扶養法成立の背景

1　「親責任」の強調

一九七九年に、サッチャー首相は、国家の役割の引き揚げ（rolling back）および家族の安定と自助努力を蝕む福祉政策の変革を約束して政権についた。そして一九八五年には、社会保障のコストを下げ、貧困化を個人の責任としつつ、給付の有害な影響に惑わされない「責任家族」を構築することをめざす社会保障の見直しを打ち出し、これを一九八六年社会保障法として結実させた(1)。

一九八九年には「児童法（Children Act 1989）」が成立し、同法によって、子を養育する主たる責任が親にあり、親としての地位はこの責任にもとづくことを確認する「親責任（parental responsibility）」の概念が採用された(2)。同法が目的とする児童の保護の問題をめぐっては、その制定過程において、ロー・コミッションをはじめ、政府の諸機関、議会の特別委員会など、さまざまな場での議論が尽くされているのであって、そのことからしても、その制定自体を単純に右のようなニューライトの政治的ないし政策的なプログラムの流れの中のみに位置づけることはできないであろう。しかし、少なくとも右の「親責任」の概念についてみれば、それが、同法において、国の責任を単に親責任を補完するだけの位置に押し下げる構造を有しており、その点で、彼らの課題である国家の役割の引き揚げに呼応していたということができるのである(3)。また親責任が、子を養子に出したとき以外は、たとえ離婚をしても両親に分属されて存続していく点で、「親たる地位は生涯のもの（"parenthood is for life"）」というサッチャー首相の有名な言葉を具現していたということができる。そして政府自身も、この概念がそのような意味において機能することを期待していたことは確かであった。(5)

児童法が議会を通過して間もない一九九〇年の一月に、サッチャー首相は、ある児童保護団体での講演において、「親の一方が、婚姻から離れるだけでなく、子について扶養をしない、関心も示さないというのでは、著しく不公平な負担を他人がかぶることになるだけである。所得補助（Income Support）を要求する母親の五人のうち四人近くが父親から養育費を受け取っていない。いかなる父親もその責任（responsibility）から逃れさせるべききはなく、まさにこのことが、不在の父親（absent father）を追跡するシステムを強化し、養育費をもっと効果的に取立てうる措置を政府が模索している理由なのである」と述べて、児童扶養法制定の構想を示唆したのであった。(6) この首相発言は、政府がこの法律の制定に対し、父親からの養育費の取立てによって、社会保障給付の一つである所得補助のための支出を削減するという効果を期待していたことを明らかにしてくれる。しかし、この首相発言を追いかけるように、保守党幹事長のケネス・ベイカー（Kenneth Baker）が、「父親が子の養育に貢献することを当然のこととするためばかりでなく、自分のやったことの結果から男がたやすく逃れることを許容する文化を壊しはじめることが肝心なのである。子を養育する母親を父親が援助するのを確かなもととすることは、そのための一環である」と述べていたように、(7)

それは、むしろ社会の非監護親に対する寛容な態度の破壊を意図するものであり、まさに家族内の私的責任を強化するための「親責任」の確立にとって不可欠なプロセスとして位置づけられていたことは明らかであった。

ところで、ここで問題とされているひとり親家族（one parent family, lone parent family）は、六〇年代の後半の急激な増大とともに社会の関心を集め、六九年にはこの問題を調査する有名なファイナー委員会（Finer Committee: Committee on One Parent Families）が設置され、破綻主義離婚法（Divorce Reform Act 1969）の施行（七一年）後の離婚数の劇的な増大を目のあたりにしたうえで、七四年にその調査報告書を提出したのであった(8)。そして報告書は、このひとり親家族について、「婚姻破綻は、今日逃れられない生活事実である。性的関係を規制し、子どもたちの養育と社会化を用意し、そして財産の承継を確実にする制度としての家族の安定性維持できるかどうかは、一つには、婚姻に失敗した配偶者に新しい結合を確立できるようにする機構の存在の有無にかかわる。それゆえ、ひとり親家族は婚姻の制度と無関係な存在なのではなく、そのノーマルな働きにとって不可欠な産出物なのである」という位置づけを与えたうえで、ひとり親家族の積極的な保護を謳ったことは周知のとおりである(9)。

かくして報告書は、当然のことながら、夫婦の離婚後の子の養育費問題についても大きくとりあげ、父親は再婚して第二の家族をもっていることが多く、現在の所得補助に相当する補足給付（Supplementary Benefit）を支給した社会保障当局は、制度上は「責任ある親族（liable relative）」たる父親に対しその償還を求めうるはずであるにもかかわらず、その実現が困難であること、また母親が裁判所の扶養命令を得ても、補足給付を超える額を受け取ることはほとんど期待できないこと、さらに命令自体に実効性のなかった例も少なくないことなど、当時の実情を明らかにした。そのうえで報告書は、養育費問題の「困難さの根源は、最初の家族をサポートするについての男の意思ではなく、その能力の問題なのである」と結論づけ、[10]国家が、すべてのひとり親家族に対し、補足給付より高いレベルで支給する保証養育手当（Guaranteed Maintenance Allowance）の制度を新たに創設すべきことを勧告したのであった。

この勧告はまさしく、ひとり親家族の養育問題について、父親には現に生活している第二の家族の維持のために所得のすべてを費やし、最初の家族であるひとり親家族に対しては国家が社会保障システムを通じて援助すべきだとする考え方に立つものであった。[11]その後の財政事情の悪化により勧告どおりの制度は実現されなかったものの、当時の寛容社会（permissive society）と呼ばれた時代状況を背景に、以来この考え方が、ベイカーが「文化」と表現するほどに、社会の支配的な態度となり、「親責任」の確立を志向する政府にとって、破壊すべき障害物となっていたのであった。まさに、こうした政治的な意図に牽引されながら、首相発言のあった同じ年の一〇月に、前記白書は公表されたのであった。

2　旧来の扶養システムとその問題点

白書は、まずこれまでの子の扶養に関するシステムを概観したうえでそのもとで生じた問題点について述べている。[12] 以下にその概要を示そう。

これまで、子の養育費は、裁判所の扶養命令（maintenance order）にもとづいて支払われ、あるいは強制されてきた。命令の申請は、高等法院および県裁判所に（通常は、離婚手続きの一部として）、あるいは治安判事裁判所に、子を養育する親からなされるのが普通である。そして子を養育する親が所得補助を受けている場合には、社会保障大臣が治安判事裁判所に申請することもできる。しかし、両親の私的協議、あるいは養育をしていない親と社会保障省とのあいだの任意の合意にもとづいて支払われることもある。

治安判事裁判所は、一九一四年以来、取立ておよび強制のサービスを用意する。高等法院および県裁判所の命令は、取立てと強制のために、そして支払い額の変更のために、治安判事裁判所に登録される。社会保障省の取立ての強制も、裁判所に頼るのが原則である。

裁判所の命令は、当事者の一人の変更申請が認められたとき、あるいは当事者同士の私的な合意によって変更される。社会保障省と非監護親の間に合意があるときは、一年毎に見直しがなされる。

以上のような旧制度のもとで、子の養育費の支払いをめぐって多く問題点が生じていたのであり、白書があげている諸点について、以下に箇条的に掲げてみよう。[13]

a　養育費の決定は、多数の裁判所や社会保障機関の自由裁量にほぼまかされているため、非常なばらつきがあり、最近の例で、同じ週給一五〇ポンドの父親が一人の子に支払う養育費を、五ポンドとされたケースと五〇ポンドとされたケースとがあった。

b　ばらつきがあるにかかわらず、一人の子の養育費は、週一八ポンドという相場（going rate）が形成されている。

c　支払額が比較的低いのは、親の支払い能力からきているということができ、非監護親をグループとしてみると、大多数の勤労大衆より収入が低いのである。そして平均収入を上回る非監護親の養育費の支払額は、実質収入の約一一パーセントしか占めていない。

d　養育費支払義務が存続する期間は少なくとも一三年はあるはずで、その間多くのものが変化する。子の年齢が上がるにつれて、食事や衣服のかかりは増える、親の一方又は双方の収入が変化するし、物価も変わる。それにもかかわらず、養育費の額を自動的に見直しする方法は存在していない。

e　一九八九年に、ひとり親家族の母の三〇パーセント、父の三パーセントしか、定期的な養育費を受け取っていない。

f　一九八九年に、所得補助を受給するひとり親の二三パーセントしか、定期的な養育費を受け取っておらず、一九七九年にこの数字が五〇パーセントであったのと比較して非常に減少していることがわかる。

g　七五万人以上のひとり親家族（全体の約三分の二）が、その生活を所得補助に依存するとともに、ひとり親家族の全収入のうち所得補助の受給金額が占める割合が四五パーセントになっており、ひとり親家族に関連する社会保障支出は、一九八一・八二年の一四〇万ポンドから、一九八八・八九年の三二〇万ポンドに上昇している。

h　養育費の額の査定は、多くは手際よくなされている一方で、何週間も何カ月もかかるものもある。平均的にも、治安判事裁判所の四八日から、県裁判所の一三一日までさまざまである。養育費の査定が離婚の解決の一部だとはいえ、あまりにも長いのである。

i　裁判所で養育費の額が決定されても、未払いとなるケースの割合は高く、支払いを再開させるには、監護親が裁判所に請求を起こす必要があるうえ、再開までには何週間も要する。また社会保障省が提訴した未払ケースで、全額を回収できたのは二三パーセントであり、額にしてわずか五パーセントにしかすぎなかった。

j　ひとり親家族の母の四〇パーセントが就職しており、子持ちの既婚婦人の就労率の五四パーセントと比較すると少ないものの、所得補助を受けるひとり親家族の母の七五パーセントは、現在または近い将来において就労したい希望を表明している。

3　新システムの案出

白書は、以上のような実態ないし問題点を踏まえたうえで、「子どものための養育費を求める人がだれでも等しく利用できる子の扶養システムを確立する」ことが必要であり、しかもその新シス

テムは、次のような諸点の実現を目的とすべきであると主張した。(14) すなわち、

a　親が、余裕のあるかぎり子の扶養に対する法的・道徳的な責任を重んずるようにすること。親がベストをつくしても子を扶養するに足る財源をもたないときに、他の納税者がこれを援助することは正当である。しかし、自分で扶養できる親に代わって、納税者に責任を負担させることは正当ではない。

b　扶養する責任のある親が、第二の家族をつくり、さらには血のつながる子をもうけた場合には、その親にはいずれの子についても扶養する責任があることを承認すること。最初の家族の子と第二の家族の子との利害の間には、公平かつ合理的なバランスが置かれなければならないからである。

c　同じ財政事情にある人は、養育費として同じ額を支払うような、また人々にあらかじめどのような扶養義務が課せられるかが分かるような、一貫性のあるかつ予測可能な結果を生み出すこと。

d　子の養育費が、子の利益を損なう両親の争いを避けうるような、公平で合理的な方法で決定できること。

e　子を養育するコストに真に見合った養育費の支払いを実現すること。

f　事情の変化が自動的に考慮されるよう、養育費の支払いが定期的に見直されること。

g　親は双方とも、子を扶養する法的な責任をもつことを承認すること。

h　親から働こうとする刺激を奪うことなく、親が可能なときはいつでも子の養育のコストを確実に支払うようにすること。

i　仕事を望む監護親のために、準備が整いかつ可能になれば直ちに就労できるようにすること。

j　養育費の定期的かつ期限どおりの支払や迅速な支払いを確実にする能率的かつ効果的なサービスが公衆に提供されること。

k　監護親がすぐ所得補助に頼らないようにし、頼るときでもその期間を最小限にすること。

以上のような諸結果をもたらすために、白書は、次のような諸施策のパッケージを採用することを提案した[15]。すなわち、施策の第一は、子の養育費としていくら支払われるべきかを査定するための「公式（formula）」の定立であり、第二は、不在の親（absent parent）を追跡し、その支払うべき養育費の額を査定し、取立て、そして強制する責任を負う行政機関としての「児童扶養機関（Child Support Agency ―以下ＣＳＡと呼ぶ）」の設置であった。そして、第三の施策は、「仕事を望む監護親の就労の促進」であった。これらの三つの施策について、白書はさらに具体的かつ詳細な提案をし、そのうち前二者はほとんどそのまま児童扶養法のなかに実現されたのである。そこで、次節においては、成立した児童扶養法の規定から新システムの仕組みと、養育費の額を査定するための公式をみることにしよう。

なお、右の第三点については、白書が、当面は社会保障給付に関する諸規則の改正によって達成できるとしていたように、家族クレジットに関する規則の次のような改正を、児童扶養法の施行に先立つ一九九二年四月から実施している。すなわち、家族クレジットというのは、労働時間が週二四時間以上の子をもつ低所得の労働者に対し、毎週一定の現金を支給する社会保障給付の一つであり、改正の第一は、その資格を得るための労働時間を一六時間以上に短縮したことであり[16]、子をもつ母親にパートタイム労働を奨励し、子の養育と就労を両立させることをねらったものである。そして第二に、子の父親から子の養育費を受け取った母親について、所得補助を受ける資格を失わないために労働時間を抑えさせるよりは、むしろもっと働いて家族クレジットを選択するよう仕向けるための刺激として、家族クレジットの支給額の計算において、受け取った養育費の最初の一五ポンドは収入としてみないこととしたのであった[17]。

（1）　本書二九八頁以下参照。
（2）　ナイジェル・ロウ（川田昇訳）「児童法の改革――イギリス的スタイル――一九八九年児童法入門――」研究年報（神奈川大学法学研究所）一二号（一九九一年）一〇五頁以下参照。
（3）　本書三〇八頁以下参照。そこで述べるように、児童法においては、国家の援助ないしサービスの対象を「要保護児童（Children in need）に限定することに対応させて親責任が強調されており、そこにおける国家の家族に対する干渉のみならず保護的役割は、親責任の遂行に失敗があったときにしか登場しない補充的なものに過ぎないのである。
（4）　The Independent, 19 July 1990.
（5）　白書の「はしがき」は、「政府は、家族に正義の実現を図るシステムを見直しそして改革するプログラムに着手した。その見直しの主導原理は子どもの利益であり、それは親責任のうえに強調される。その第一のステップが一九八九年児童法の施行である」と述べる（White Paper, forward.)。

（6） The Independent, 18 January 1990.

（7） Cited in Family Policy Studies Centre, Supporting our Children: The Family Impact of Child Maintenance, 1991, p.6.

（8） Report of the Committee on One-Parent Families, 1974, Cmnd 5629（以下、Finer Report として、引用する)。

（9） Finer Report, Ibid., p. 62.

（10） Ibid., p. 492.

（11） ファイナー委員会を設立した際の政府の諮問事項が、「わが社会におけるひとり親家族の問題を考察し」、「さまざまな種類のひとり親家族の親が遭遇する特別な困難の性格を検討し」、「ひとり親家族に対する一層の支援をどのような観点から、どの範囲まで与えることが適当かを考える」(Ibid., p.1.) というものであったことからも明らかなように、すでに設置当時から社会はひとり親家族に対して同情的であったということができる。これは報告書も認めるように、離婚数の激増がかえって離婚に対する「大きな社会的容認（great social acceptability)」の態度を形成したうえ、当時のひとり親家族がかかえる子は、大多数が離婚や別居によって片親を失ったもので、今日問題とされる未婚の母親から生まれた子の割合は低かったことにもよるであろう。このような状況が、ひとり親家族の母親のみならず、再婚して第二の家族をもつ父親に対する寛容を生んだということができる。

（12） White Paper, paras. 1.1-1.4.

（13）White Paper, para. 1.5.
（14）Ibid., para. 2.1.
（15）Ibid., para. 2.2.
（16）Family Credit（General）Regulations 1987, reg.4. なお、家族クレジットの支給額は、子の数、子それぞれの年齢、家族の収入、貯蓄額によって異なるが、おおよその仕組みをいえば、子の数と年齢により家族収入の最低基準が決められており、貯蓄額三千ポンド以下で、家族収入が右の基準額を下まわる家族に対して、その不足分の約七〇パーセントの金額が、申請にもとづいて支給されるものである。たとえば、母親が二人の一一歳未満の子を養育するひとり親家族（両親のそろった家族でも金額には変わりがない）で、母親に週九〇ポンドの収入のある場合についてみると、基準額は一六九ポンドとされており、収入の不足額は七九ポンドになるから、支給額はその七割の五五ポンドということになる。なお、後述の児童給付は収入額に算定されない。
（17）Family Credit（General）Regulations 1987, Schedule 2, para 47.

三　児童扶養法のあらまし

1　新児童扶養システムの仕組み

(a)　対象となる子と親

この法律は親の子に対する扶養義務を一般的に規定しているわけではない。同法が強制力をもって養育費を確保しようとする子（有資格子（qualifying child）という）は、親の一方または双方が、その子と同一家庭に住んでいない場合の、原則として一六歳未満の子である（s.3(1)）。たとえば子が親以外の者に引き取られ、父母の双方と住んでいない場合も考えられるが、典型的には、両親が離婚をし、母親が子を引き取り、父親は別に暮らすといった場合における子である。もっとも、親とは「子の法律上の母または父」（s.54）とされるから、親がかつて婚姻関係にあったか否かは問わず、たとえば未婚の母がひとりで子を養育しているときもこの場合にあたるし、また親は養親であってもよい。子がこのような有資格子である場合に、親はその子の扶養に対し責任がある（responsible for maintain）ことを宣言する同法の規律のもとにおかれることになる（s.1(1)）。

(b)　扶養責任と養育費支払義務

右のように、同法は有資格子の親は双方とも子の扶養に対する責任があるものと宣言するが、同法によって養育費の支払いを要求されるのは「非監護親（absent parent）」だけである。すなわち、非監護親は、「養育される家庭をもつ子と世帯を同一にした生活をしない親」と定義され（s.3(2)）、「非監護親の扶養の責任は、所定の公式で算定される一定額を定期的に支払うことによって果たされる」とされている（s.1(2),(3)）からである。しかし、子と生活を共にし、ふつう子の日常の養育を用意している監護親（parent with care）に収入があり、それが後述の査定対象所得（assessable income）額を超えるときは、その一定部分が所定の公式に算入され、非監護親の支払額を減ずることになるのはいうまでもない。

なお、子の生活する家庭が、監護親ひとりのいわゆるひとり親家族であるか、監護親が婚姻によってあるいは未婚のカップルとして新たに形成した家族であるかにかかわらず、非監護親の扶養責任にもとづく養育費支払義務は発生する。また、後述のように、社会保障給付を受給する監護親がＣＳＡへの査定手続申請を義務づけられているとはいえ、監護親がその受給者でないことが支払義務の発生を妨げるものでもない。

(c)　子どもの福祉の尊重

児童扶養法の第二条は、「国務大臣または児童扶養官が、本法にもとづく裁量権の行使を要すると判断する場合には、その決定によって影響を受けそうな子どもの福祉を尊重しなければならない」と規定する。この規定は当初の法案にはなく、議会の要求で挿入されたものである。しかし、子どもの福祉が裁判所の「至上の考慮事項（paramount consideration）」と規定する一九八九年児童法（Children Act 1989, s.1(1)）とも、未成年の子どもの福祉に「第一の考慮（first consideration）」が払われると規定する一九七三年婚姻訴訟事件法（Matrimonial Causes Act 1973, s.25(1)）とも異なり、単に児童扶養官の裁量の際の子どもの福祉尊重を謳うだけにすぎないのである。

(d)　養育費取立て手続きの申請

養育費の査定手続の申請ができるのは、前述の有資格子をかかえる監護親を含む監護者（person with care）と、非監護親である(2)（s.4(1)）。この申請をするかどうかはあくまで監護者の自由であり、査定された養育費の取立て、あるいはその強制までも申請することができ（s.29(1)(b)）、これらの査定、取立て、強制の利用に対してそれぞれ当然に手数料の支払いが要求される（s.47）。

しかしながら、監護親が、所得補助、家族クレジットまたは障害者就労手当（Disability Working Allowance）のいずれかの社会保障給付を受けている場合には、この監護親には自動的に申請義務が発生し、その場合の申請は、ＣＳＡが「本法にもとづき、非監護親から子どもの養育費を回収する（recover）行為を正当化する（authorise）」意味をもつことになる（s.6(1)）。つまり、申請は申請者が養育費手続申請書（Maintenance Application Form）に必要事項を書き込み、署名することによって行われるが（s.6(6)）、社会保障給付を受給する監護親（右の四条に基づいて任意に申請する者を「四条申請者（the section 4 applicant）」と呼ぶのに対し、この場合は「六条親（the section 6 parent）」と呼ばれる）による申請書の提出が、ＣＳＡに対する非監護親の捜索、養育費の査定、徴収等の養育費の取立てに必要な情報の提供を意味するだけでなく、授権行為にも当たることになるのである。

もっとも、監護親である母親が、強姦や近親婚の被害者であるとか、その手続きが開始されると子の父親から暴行を受けるおそれがあるというように、「彼女自身または一緒に住む子が害ないし著しい難儀を被る危険が存在すると信ずる正当事由（reasonable grounds）がある」場合には協力を拒むこともできるとされる（s.6(2)）。

申請の義務ある監護親が任意の申請を拒否すると、まず六週間のクーリング・オフ期間が与えられ、さらに、その親が「正当事由」のためのあるいは義務を免れるための口頭または書面の証拠を準備するのに必要な期間としての二週間が経過すると、通常は係官との面談を経たうえで、この者に対する制裁が課されることになる。制裁の方法は、給付上の制裁（the benefit penalty）として知られるもので、支給されている所得補助の中に含まれる本人の個人手当分（後掲第1表参照）から、最初の六カ月間は二〇パーセント、さらに一二か月間は一〇パーセントを減額されることになる。[3]

(e)　児童扶養エイジェンシィ（ＣＳＡ）

ＣＳＡは、児童扶養法が施行された一九九三年四月五日から、全国各地に設置された。ＣＳＡは、前述のように資格ある者からの申請があった場合または監護者が社会保障給付の受給者である場合について、児童養育費の額の査定および徴収をする職責を有する。ＣＳＡの職務は、国務大臣の名において行為する児童扶養官（child support officer）、児童扶養査察官（child support inspector）、そしてその他のＣＳＡスタッフによって遂行される（ss.13-15）。

ＣＳＡは、多くの情報源から情報を得るための、そして養育費を強制するための広範な権限をもち、これらに必要な強制力は、人頭税、地方税の徴収のために用いられているものと同一とされる。ＣＳＡが申請を受理すると、非監護親に対して養育費調査書（Maintenance Enquiry Form）を送付し、査定に必要な情報の提出を求め、これにもとづいて査定を行う。査定に必要な算定式は児童扶養法に規定され、ＣＳＡによる変更は許されない（s.11）。非監護親から査定のための十分な情報が得られないときは、その懈怠に対する制裁を意味する養育費の仮査定（Interim Maintenance Assessment）が行われることになる（s.12）。

養育費の査定がなされると、ＣＳＡによって毎年見直しが行われるし（s.16）、状況の変化があれば、申請資格者が見直しを申請することができる（s.17）。なお、CSAの決定に対する不服申立ての権利も当然に存在する。すなわち、不服申立てにもとづき、まず内部的見直しがなされ（s.18(6)）、次に児童扶養不服審査機構（Child Support Appeal Tribunal）に（ss.20, 21）、最終的には、児童扶養コミッショナーにおいて審査がなされることになっている（ss.22, 24）。なお、この不服審査機構は、CSAの部局ではなく、独立の不服審査サービスという枠組みのもとに設置されている。

非監護親が遅滞に陥ったときは、CSAは遅滞通知（arrears notice）を送付し[4]、遅滞分の支払いの合意（arrears agreement）を交わし[5]、遅滞の利息（interest on arrears）を請求することもできるし（s.41(3)）、さらには、給料天引命令（Deduction from earnings order）を出すことも可能である（s.31）。もし給料天引命令は適当でないと考えられるときは、CSAは治安判事裁判所に責任命令（Liability Order）を求めることもできる（ss.33, 34）。この命令をうることができれば、CSAは、非監護親の財産の「差押（levying distress）」によって（s.35）、またカウンティ・コートの取立て手続き（recovery procedure）の利用によって（s.36）、さらに最終的には治安判事裁判所の収監命令を請求することによって（s.40）、この責任命令の強制を図ることができるのである。

(f)　裁判所の役割

CSAは、子どもの養育費を査定する管轄権をもち、その査定はそれ以前の裁判所の扶養命令に取って代わり、裁判所を通じてなされた過去の何らかの財産上の合意はまったく考慮する必要がない（ss.8,9）。後述するように、以前になされた私的な養育費ないしクリーン・ブレイクの合意もまたこの査定に取って代わられる。しかし裁判所は、児童法第八条の規定する交際命令（contact order）および住居命令（residence order）を含むすべての附帯処分事項の管轄権は従来通り留保する。父性確定の争いがある場合には、ケースを父性宣告（declaration of parentage）の裁判に移管することも規定されている（s.27）。

2　養育費査定のための公式

ＣＳＡは、申請にもとづいて、非監護親が子に対して毎週いくらの養育費を支払うべきかを査定する。査定は、司法手続きに欠けていた一貫性と、したがってその予測可能性とを生み出すために、法定された公式にもとづいて行われ、原則的にＣＳＡの裁量を排除する。その公式は、子どもの養育にかかるコストと非監護親の支払能力の間の公平なバランスに工夫をこらしたとされる。これにもとづいて次の四段階の計算が行われるが、計算に必要な金額は、社会保障給付としての所得補助（Income Support）を構成する手当やプレミアムの額がそのまま用いられる（**第1表**参照）。

◇**第1表**：社会保障給付の週支給額
（1995年4月現在）

＊所得補助（Income Support）	
児童の個人手当	
11歳未満	£15.95
11歳から15歳	£23.40
16歳から17歳	£28.00
18歳	£36.80
成人の個人手当	
単身者	£46.50
カップル	£73.00
プレミアム	
家族プレミアム	£10.25
片親プレミアム	£ 5.20
＊児童給付（Child Banefit）	
第1子	£10.20
第2子以下	£ 8.25

(a)　必要養育費用（maintenance requirement）

必要養育費用とは、子の基礎的な生活必需品をまかなうために必要とされる額である。これは、所得補助の支給額に相当する額から、児童給付（child benefit）に相当する額を控除することによって求められる。たとえば、子をもつひとり親の所得補助は、**第1表**からも明らかなように、児童のための個人手当（child allowance）、親自身のための個人手当（personal allowance）、そして家族がいることによって加算される家族プレミアム（family premium）、ひとり親であることから加算されるひとり親プレミアム（one parent premium）とによって構成されるから、所得補助額はそれらの合計額ということになる。養育のコスト計算の基礎を所得補助相当額として監護者自身の個人手当までそのまま含めるのは、子を養育することが監護親の稼働を妨げているとする認識に立つからである(6)。さらにこの額から児童給付相当額を控除するのは、この分はすべての児童に社会保障給付として一律の支給がなされるからである(7)。そして年齢によって変動する児童の個人手当を除けば、右のそれぞれの金額は一定しているから、子の年齢が同じであればすべての子の必要養育費用は同額ということになる。しかしこの額は、余裕があるかぎり、どの親も支払うべきだとされるいわば目標額であり、非監護親の支払うべき養育費の金額を算出するための出発点になるだけで、すべての児童がこの額の養育費を受け取ることができるわけではない。

(b)　査定対象所得（assessable income）

査定対象所得とは、養育費の額を査定するについてその対象となしうる所得であり、税金や社会保険料などを引いた純所得の額から、いわば親自身の日常の生活に不可欠な支出額（査定免除額

《算定例 ①》

Ｘは，妻Ａのもとに２人の子ａ，ｂを遺して離婚をした。その後，同じく離婚経験者であるＢと再婚し，Ｘは現在Ｂとその連れ子ｃとの三人で家庭生活を営んでいる。Ｘの純収入は週200ポンドで，これがこの家庭の唯一の収入であり，このうち週60ポンドは住宅ローンの支払いに当てられている。Ａが養育費の取立申請をしたとしたら，Ｘはａ，ｂのためにいくらの扶養料を支払うことになるのか。なお，子どもたちはａ，ｂ，ｃとも11歳未満とする。

① 純所得額 **£200.00**
(net income)

② 必要養育費用
(maintenance requirement)

ａ，ｂの個人手当(15.95×２)	31.90
Ａの個人手当	46.50
家族プレミアム	10.25
片親プレミアム	5.20
児童給付の控除(10.20＋8.25)	−18.45
	£75.40

③ 査定免除額
(exempt income)

Ｘの所得補助額	46.50
Ｘの住居費	30.00
	£76.50
	(四捨五入£77)

④ 査定対象所得
(Assessable income)

純所得額	200
査定免除額の控除	−77
	£123

⑤ 計算上の養育費額
(proposed maintenance)

査定対象所得の50%	123×50%
	£61.50
	(四捨五入£62)

⑥ 残存所得額

純所得額	200
計算上の養育費額の控除	−62
	£138

⑦ 所得の最低保障額
(protected income)

ｃの個人手当	15.95
Ｘ・Ｂカップルの個人手当	73.00
家族プレミアム	10.25
Ｘ・Ｂ・Ｃの住居費	60.00
マージン	5.00
	£164.20

⑧ Ｘの家族所得の合計

残存所得額	138.00
ｃの児童給付	10.20
	£148.20

⑨ 最低保障不足額

最低保障額	164.20
Ｘの家族所得額	−148.20
	£16.00

⑩ 養育費支払額

計算上の善育費額	62
最低保障不足額	−16
	£46

（exempt income）と呼ばれる）を控除した額である。右の査定免除額の計算についても所得補助の額が使用され、その者が受給者になれば受けるであろう一律の額に、それぞれの現実の住居費（家賃または住宅ローンの返済額であり、八〇ポンドまたは純所得の五〇パーセントを限度とする）をプラスした額とされる。したがって、たとえば非監護親が独身のままであれば、所得補助を構成する前述の手当ないしプレミアムのうち、本人の個人手当分プラス住居費が査定免除額となり、再婚をし、子をもうけている場合の査定免除額は、本人および子の個人手当に家族プレミアム分を加算し、これに自分とその子の住居費をプラスした額ということになる。子を直接養育する監護親の場合についても、本人および子の個人手当、家族プレミアム、ひとり親プレミアムの合計額プラス自分と子のための住居費を査定免除額として同様に導くことができるものの、現実の純所得がこれより低ければ、計算上は無視される。

なお、ここで注意すべきは、査定免除額には、非監護親の新しいパートナーとその子（継子）の生活費は含まれないし、また控除される住居費もパートナーおよび継子が利益を受ける分だけ減額されるということである。たとえば右にあげた再婚をし、子をもうけている非監護親の例でみれば、算入される個人手当は本人の分だけで、通常カップルに対して支給される額としては算入されないし、児童手当と家族プレミアムもパートナーの連れ子の分は考慮されない。控除されるべき住居費もパートナーだけなら七五パーセントに、その連れ子がいればその人数に応じて一定の割合でさらに減額されるのである。こうしないと、査定対象所得の犠牲のうえに新しいパートナーおよびその

連れ子を利することになるからだとされるのである。(8)

(c)　計算上の養育費額

両親の査定対象所得の合計額の五〇パーセントが、前記の必要養育費用に充当しあるいは付加することのできる分ということになり、その額が必要養育費用の額より少なければ、その額がそのまま支払うべき養育費額になり、多い場合には、さらに一定の公式にしたがって必要養育費用にさらに付加すべき額が算定されることになる。しかし、これらの額はあくまで計算上の養育費額であり、現実に子に支払われる養育費額を求めるには、さらにもう一段階の計算が必要である。

(d)　所得の最低保障額（protected income）

非監護親が新たに形成している家族について所得補助を受けたならば得られるであろう額と住居費と若干のマージンを加えた額が、所得の最低保障額として非監護親の手元に残される。養育費を支払った結果として、非監護親ないしその新しい家族が所得補助や住宅補助を受けることになるのを防ぐためである。(9)そこで、計算上の養育費額をそのまま支払ったとしたら、非監護親の手元に残る所得に、もし子がいれば実子、継子に関係なく児童給付が支給されるから、その分を所得として加算し、この金額が右の最低保障額を下回るときは、計算上の養育費額から最低保障額に不足する額を控除し、計算上最後に残った金額が、子に支払われるべき養育費額ということになるのである。

なお、「すべての責任ある親は、子の養育費に対して何らかの貢献をなすべきである」という原理を貫くためとして、(10)所得補助を受給する非監護親に対しては、所得補助を構成する個人手当の五パーセントの支払いが要求されている（s.43）。

（1）absent parent の語は、前述したサッチャー首相の立法意図からすると、「不在の親」という訳語がむしろふさわしいというべきであろう。しかし、この用語法は評判が悪く、同法の運用状況を調査した衆議院社会保障委員会も、「非監護親（non-custodial parent）」という中立的な名称を用いるべきであったことを示唆し（Fifth Report of the Social Security Committee: The Operation of the Child Support Act, Session 1993-94, HC 470, 26 October 1994, para. 5）、政府も、この用語によって「責任を怠っている親」とか「関係の破綻に責ある親」といった含意のないことを改めて強調している（Department of Social Security, Child Support: Reply by the Government to Fifth Report from the Select Committee on Social Security, Session 1993-94, Cm 2743, para. 2）という経過をふまえて、以後「非監護親」の訳語を当てることにする。

（2）申請できる者のなかに非監護親を含めたのは、養育費の支払いについて税制上の控除を得るためとか、本法施行前の裁判所の命令にもとづく養育費が非常に高額である場合の非監護親自身からの救済のために使われることがありうるからである（David Burrows, The Child Support Act 1991: A Practitioner's Guide, 1993, p.28）。

（3）Child Support Act s.46, Child Support（Maintenance Assessment Procedure）Regulations 1992, regs.35,36.

（4）Child Support（Maintenance Arrangements and Jurisdiction）Regulations 1992, reg.5.

（5）Child Support（Arrears, Interest and Adjustment of Maintenance Assessment）Regulations 1992, reg.5.

（６）白書は、「子が小さいときは、親は働くことができないかもしれない。それは、子が養育を必要とするがゆえに大人が被るコストなのであり、それゆえ子の養育のコストの一部なのであるという（Ibid., para. 3.4)。

（７）Ibid., para. 3.5.

（８）白書は、このことを次のように説明する。すなわち、「多くの児童、多分一〇人中一人くらいが継親家族と住んでいる。継親家族はその子のために安全で愛情あふれた家庭を用意することをめざしているし、継親も継子のための多くの義務を意欲的に受け入れていることは疑いない。しかし、それにもかかわらず、子が、その養育費を、まず第一に自分の自然の親に期待するということは正当である。親の子に対する責任は、その子が継親家族の一員になったときに、決して免除されたり軽減されたりすることはない。それらの自然の親の責任はその子が養育を必要とするかぎり存続するのである。もし継子の分が自動的に責任ある者の査定免除額に含まれるとしたら、査定免除額は増大し、責任ある者の子に支払われる養育費の額は減少するであろう。そうなると継子が自然の子に優先することになる。このことは、共通に一般にいきわたらせるべき順序ではない。政府は、それにもかかわらず、責任ある者が継子の養育費用を査定免除額に含ませることが適切となるような限定された状況を忘れているわけではない。たとえば、子の自然の親が死んだとか、あらゆる追跡の努力にもかかわらず、自然の親が突き止められない場合である」と（Ibid., para. 3.19)。

（９）Ibid., para. 3.23.

（10）Ibid., para. 3.30.

四　児童扶養法の問題点

1　養育費確保と子の利益

白書が「CSAのサービスを必要とする人々のうち、最も優先権を与えられるべきは、養育費をまったく受け取らずに所得補助に依存する親である」(1)と述べているように、児童扶養法の主たるターゲットは、母親が所得補助を受けながら子を養育するひとり親家族であり、そのような家族について、父親からの養育費の取立てにより所得補助への依存をなくすことがねらわれたことは明らかである。

ところが、前述のように、この制度の採用を提案した白書のタイトルは「子どもが第一に」であり、その提案を法案として議会の審議に付した際にも、社会保障大臣は、「法案は、親が子に対する責任を果たすことをできるだけ確かなものにするという明確な原理に基礎づけられている。それは、その責任の一つの重要な反映であるところの財政的調整に一貫性、確実性そして信頼性をもたらすように設計されている。児童法とならんで、それは子どもの利益を保護することに向かう着実な一歩なのである」と主張したのであった。(2)つまり、ひとり親家族に対する社会保障制度による保護の拒否が子の利益を損なうことなく実現しうるのかという実質の問題を問うことなく、政府は、親の養育費の確実な履行が子の利益を促進するものと主張したのであった。

しかし、貴族院では「法案は、子どもを第一におくことを目的にしているとは考えられない。つまり、それは国庫の出費を節約することを目的としているのである」と攻撃されていたし(3)、同じくその後に回付された衆議院においても、「法案の意図が何であれ、それは国家財政を第一におき、子どもを第二におこうとしている(4)」と批判されたのであり、これが法律として成立した後でさえも、そうした非難は根強く繰り返されている(5)。

確かに、この法律が採用した前述の養育費査定の公式のなかにそのような非難が的外れでないことをうなずかせるだけの要因をみいだすことができる。たとえば査定の第一段階としての必要養育費用の算出に所得補助の金額がそのまま用いられることである。必要養育費用を「養育費勘定書(maintenance bill)」と呼ぶ白書は、所得補助の額について、「わが国では、この額が、所得の査定をするについて、社会的に是認され、議会の認可のある基準となり、すでに社会保障制度以外の多くの分野で用いられているし、……定期的に改訂され、支払われるべき養育費の額を最新のものに保つのにも役立つ(6)」としてこの数字を算定に使用すること自体の客観性ないし合理性を強調する。しかし、前掲の算定例①の事案のように、非監護親（X）の所得が低く(7)、計算上の養育費額が必要養育費用にまで達しないという場合においては、その計算はほとんど意味がないのである。しかも、監護親の個人手当まで含めたまさに所得補助支給額そのものを基礎に算出されるこの「養育費勘定書」というのは、監護親が現に所得補助を受給している場合を想定するかぎり、むしろ、非監護親に対し、自らがその家庭を飛び出したことによって国家が蒙った損失を明らかにする「勘定書」の観を免れないのである。確かに、すでに一九九〇年の社会保障法の改正によって、社会保障法のもとでは離婚した配偶者間に扶養義務はないという長い間存続してきた原理を捨てて、子をもつ母親に支給された所得補助を社会保障当局が父親に償還を求めるにつき、母親自身の「個人手当」を含めることが認められようになっていた。(8)しかし監護親が所得補助を受給していないケースにも適用されうる公式において、あえて養育費に母親個人の手当相当額まで含めようとしたところに、右のような、国家の「損失」に対する「償還」の意識の強さをみてとることができるのである。その意味からすれば、そこにおいて非監護親の子に対する義務として語られるものは、国の支出を余儀なくした者が負うべき国家に対する義務にほかならないのである。(9)

さらにいえば、監護親が現に所得補助を受けていた場合に、非監護親から養育費が支払われても、計算例①の事案のように、その額が所得補助額を超えないかぎり、監護親の受ける所得補助の支給額がその分だけ控除されてしまい、養育される子に対して何らの還元もされないのであって、非監護親の義務の履行としての養育費の支払いは、まさに国庫の支出の削減のみに対応しているということができるのである。しかも、支払われた養育費が所得補助の額を超えるときは、母親は所得補助の資格を失うことになるが、多くの人々が強調するように、この資格喪失は、単に所得補助だけでなく、パスポーテッド・ベネフィット（passported benefit）と呼ばれる所得補助受給者に与えられた歯科治療費、処方箋代、学校給食費等の免除措置が受けられなくことを意味するのである。したがって、受け取る養育費の額が所得補助支給額とほとんど変わらない場合には、母親は実質的な収入の減少により最低基準以下の生活を余儀なくされることになるのである。[10]

もっとも、このように、この法律が主要なターゲットとしている所得補助を受けるひとり親家族のケースの場合には、非監護親である父親の養育費の支払いが子の利益にはならず、国庫を潤す結果になるという非難について、衆議院の社会保障委員会の報告書は、それを「思い違い」として、政府の立場を擁護する。そしてこの法律の目的の一つは、「監護親が、所得補助を受給している場合のように所得の一部を失うことなしに賃金労働に就くことが可能になるような確実な所得を用意することなのである」と述べるのである。[11] つまり、母親が所得補助に依存しているかぎり、収入の増加を考えて就職しても、その賃金分は所得補助支給額から控除され、結局収入は増えないことになるのに対し、これが父親からの私的養育費に切り替われば、母親の就労による賃金の取得はそのまま収入の増加となるのであり、このシステムによる扶養料の確保は、まさに生活の向上につながっているというのである。

しかしながら、前述のように非監護親の負担すべきいわば目標額とされる必要養育費用の算定において、子の養育が母親の稼働を妨げているからとして、母親自身の個人手当相当額まで加算しておきながら、ここにおいては母親の稼働による生活向上を主張することは奇妙な感を免れない。しかも、前述の算定例①の事案のように、非監護親Xの所得が低く、計算上の養育費額が必要養育費用にまで達せず、しかもこれをそのまま支払うと手元に残る所得が最低保障額に満たない場合には、継子cを含むXの形成する第二の家族の生活は、住居費を別にすればまさに所得補助支給額のレベルにまで落とされるのであり、非監護親に対しそこまでの義務の負担を強制しておきながら、それが最初の家族の子に対して何らの還元もされず、したがってこれによる生活向上がはかられないことはやはり問題であろう。つまり、養育費の取立てが、最初の家族の子にとっては、単に養育の財源が国庫から父親に変更されるだけで、生活水準は所得補助レベルのままという、単にこれだけのことが、非監護親のみならずその新しいパートナーおよびその連れ子を含む第二の家族の生活をしばしば所得補助レベルにまで落とすことによって行われることを、「子の利益」をもって語りうるのかということである。(12)

とくに前述のようにこの制度について「子の養育を受ける権利」が強調され、「最初の家族の子と第二の家族の子との利害の間の公平かつ合理的なバランスを置く」ことの必要性が主張されるのだとしたら、なぜその考慮が父親と血のつながりのある子のみに及ぼされ第二の家族における継子の利益が無視されるのかは理由に乏しいといわざるをえないのである。子どもの権利の観点から考えるかぎり、子どもは大人社会の競争原理によって左右されない生活を保障されるべきであり、そのことは、子の境遇による生活格差をできるかぎり少なくすることを意味するだけでなく、敗者の生活保障の最低基準を意味する所得補助等のレベルで親の生活を保障することが子の生活を十分に保障したことにならないことを意味するというべきだからである。

2　自然的親子関係の重視

右に見たように、計算例①の事案を想定すると、養育費の査定の公式は、親が別れることによって政府が余儀なくされた支出を、その原因をつくった者に分担させるといった性格が強く現れることになる。しかし、監護親が子を連れて再婚をしたのちに、子の養育費を前夫から取り立てるための申請をするというケースにおいては、まさに養育費の額の査定としての性質がより強く現れてくる。すなわち、計算例①に登場したXの再婚相手のBが、前夫Yに対して養育費の取立てをした場合を計算例②として掲げたが、このような事例においては、養育費が査定されれば、その金額が国庫とは無関係にBに対して支払われるのであり、必要養育費用も、白書がしたように、文字通りcの養育に必要な「勘定書」の提示という説明が妥当するかもしれない。しかし、その意味で、子の養育費の確保という制度の建前のもとで典型的ともいうべき右のような事案は、実は通常ではほとんど起こりえないのである。

というのは、先夫の子を連れて再婚をした妻であれば、以後できるだけ前夫とのかかわりを断ちたいと考えるのが普通だからである。ことに一九八四年の婚姻および家族事件手続法（Matrimonial and Family Proceedings Act 1984）の制定によって、現行婚姻訴訟事件法に、離婚における夫婦の「クリーン・ブレイク（clean break）」の考え方が導入され（s.25A）、以来離婚当事者を身分上も財産上もできるだけ過去の事情から解放し、将来の生活設計に力を注ぐよう仕向けることが図られてきており、この状況のもとで一層そのような傾向が強まっているると思われるのである。(13) それにもか

《算定例 ②》

算定例①と同じ事例において，元の夫Ｙとの間の子ｃを連れてＸと再婚したＢが，Ｙに対するｃの養育費の取立て手続きを申請したとしたら，Ｙは，いくらの養育費を支払うことになるのか。なお，Ｙは一人暮らしをしており，その純収入および住宅ローンの支払額は，Ｘとまったく同じで，それぞれ週200ポンド，60ポンドであったとする。

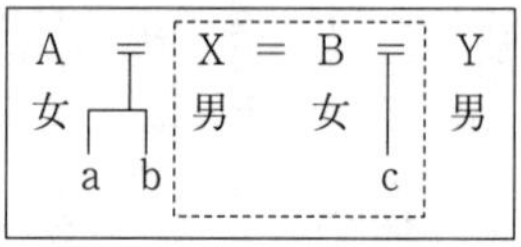

① 純所得額	**£200.00**
② 必要養育費用	
ｃの個人手当	11.95
Ｂの個人手当	46.50
家族プレミアム	10.25
片親プレミアム	5.20
児童給付の控除	－10.20
	£63.70
③ 査定免除額	
Ｙの所得補助額	46.50
Ｙの住居費	60.00
	£106.50（四捨五入£107）
④ 査定対象所得	200
純所得額	－77
査定免除額の控除	£93
⑤ 計算上の養育費額	
査定対象所得の50％	93×50％
	£46.50（四捨五入£ 47）
⑥ 残存所得額	
純所得額	200
計算上の養育費額の控除	－47
	£153
⑦ 所得の最低保障額	
Ｙの所得補助額	46.50
Ｙの住居費	60.00
マージン	5.00
	£111.50
⑨ 最低保障不足額	なし
⑩ 養育費支払額	£47

かわらず、再婚をした妻がCSAに対しあえて養育費の取立ての申請をするということがあるとしたら、一体どのような場合が想定できるであろうか。

前述したように、非監護親が再婚により第二の家族をつくった場合でも、最初の家族の子に対する扶養責任は消滅しないばかりでなく、その子の養育費の査定の対象となる所得を確定するについて、新しいパートナーとその連れ子の生活費のための支出は無視されるし、査定の対象から免除される住居費も、新しいパートナーとその連れ子に利益となる分が減額されるのであって、第二の家族の生活水準は、所得の最低保障額として、住居費は別とすれば所得補助の支給額レベルにおいて守られているにすぎないのである。このため計算例①でみられるように、再婚した夫が先妻との間の子の養育費を支払うことになり、そのため、前述したように、生活水準が所得補助の支給額レベルにまで下降する家族がしばしば生ずることが考えられる。ちなみに、計算例①において、Xは一六四ポンドが手元に残るものの、その家族すなわち夫婦と一一歳未満の子一人からなる家族の前述の家族クレジットにおける最低基準額でさえ、一五三ポンドだから（子が一一歳から一五歳の場合には一六二ポンド）、Xの家族はまさに最低の生活水準に突き落とされているのである。このような事態であれば、妻Bがやむなく Y の子 c の養育費の支払いを期待して、取立て申請を試みることは起こり得るのである。

白書に現れていたように、主としてひとり親家族を念頭において、非監護親たる父親に「子の扶養に対する法的・道徳的な責任を重んずるように」させようとする政府の強い意思は、こうして、責任関係においていわば自然的親子関係の重視という結果を導き、現実の生活関係の絆とは無関係に自然的な絆を求めての責任の連鎖が作られる可能性が生ずるのである。「児童の貧困のために行動するグループ（Child Poverty Action Group）」は、児童扶養法が、「第二の家族に、財政上ばかりでなく、親と子の双方の親密な人間関係や精神衛生の面で、深刻な影響をもたらしている」と述べるが、[14] これは、右のような事態から生ずるかも知れない帰結を示唆している。離婚者のうち半数以上が四年内に再婚するといわれる現在において、[15] 右のような自然的血縁関係の連鎖の形成は想像に難くないものの、むしろ、別居と離婚が「高収入の者のみがなしうる贅沢となる」時代の再来を予想する人もいる。[16]

同法をもって「国家はもはや児童およびその監護者を扶助する責任を負わない」とする原理を確立しようとしているとの指摘もなされるように、[17] 右のような自然の血縁関係の連鎖の形成は、公的責任につながるルートを塞ぐことになるのであり、その意味で子を社会的存在として保護してきたイギリス福祉国家の伝統を全面的に否定することを意味するということができるのである。

3　親自身による子の利益の配慮

前述した離婚における夫婦の「クリーン・ブレイク」の考え方の導入において、離婚給付は再出発のための保障として位置づけられるとともに、これによって無視されがちな「子どもの福祉の優先的考慮」も強調された。そして子どもの福祉の実現をはじめとする離婚に伴う諸問題は当事者自身によって解決されるべきものとされ、これを促進するための和解、調停等の援助の試みが広く展開されてきた[18]。このような背景のもとに、一九八九年児童法は、子についての決定は通常は親に託しうるのであり、国家は子どもの保護のために絶対に不可欠な場合にのみ干渉すべきであるという、いわゆる非干渉（non intervention）の原理を掲げることになった[19]。しかし児童扶養法は、このような流れに抗するかのように、これらと対照的なきわめて干渉主義的な法律として登場したのである。ことに、前述のように、社会保障給付を受給する親に対し養育費の取立て手続きの申請義務を課し、制裁をもってこれを強制するというやり方は、まさに財政問題に関して親、とくに貧困な親は信用できないとする前提に立つものであり、そのようなやり方が子どもの福祉と矛盾しないのかが疑問視されている[20]。

とりわけ問題とされるのは、中間所得層の夫婦が離婚におけるクリーン・ブレイクの実現方法として、子どもに住まいを確保してやる意味もあって、子を引き取る母親にファミリー・ホームの名義を移し、その代わり父親は養育費を支払わないとか、支払額を低く押さえるとかの合意ないし命令がしばしば行われてきており、このようなケースにこの法律がそのまま適用された場合である。すなわち、児童扶養法が規定する養育費の査定は、前述のように、所得補助支給額を基礎とした形式的な公式の適用によって行われ、当事者間にある右のような事情はまったく無視される[21]。したがって、もし、監護親が所得補助を受けているため、ＣＳＡにより右のような合意のある非監護親に公式で査定した通りの養育費の支払いが強制されることになれば、その親は、これに応じる代わりに以後の住宅ローンの支払いを停止するか、最悪の場合の投獄を覚悟のうえで養育費の支払いを拒絶するかの選択を迫られることになるのである。[22]そして、このような事態がたびたび発生することになった場合のなりゆきとして恐れられているのは、非監護親が、離婚に際し右のようなファミリー・ホームに関する取決め等を拒絶して、自らの負担の面でも、子の利益の面でも最小限のものにすぎない養育費支払義務のみの履行で事足りるものと考えるようになることなのである。[23]

以上のように、離別後の子どもの福祉の実現について親自らの判断による解決が奨励されるなかで、養育費の支払いのみが、他の問題から切り離されて、しかも一律の額をもって強制されることは、将来の子の福祉に関してもっとも望まれる両親による総合的な判断が妨げられるおそれは十分にあるということができるのである。

「子どもの貧困問題のために行動するグループ」は、「ひとり親家族の場合には、ひとり親であることについて道徳的な善し悪し、非監護親の個人責任を議論することは、イギリスにおける子どもの貧困および家族の貧困の性格および原因についての認識の必要性を隠蔽してしまう」ことを指摘するが、[24]この法律はまさにその典型というべきであり、子どもの権利の視点からは多くの課題を残しているといわなければならない。

（1）　White paper, para. 7.6.

（2）　Hansard, H.C. vol.192, col.194, 4 Jun 1991.

（３）　Hansard, H.L. vol.528, col.540, 19 Mar 1991.

（４）　Hansard, vol.192, col.235, 4 Jun 1991.

（５）　児童の貧困問題で行動するグループ（Child Poverty Action Group）は、一九九四年に児童扶養法に関する書籍を出版しているが、そのタイトルは「国庫を第一に」（Alison Garnham & Emma Knights, Putting the Treasury First: The truth about child support, 1994）であった。

（６）　White Paper, para. 3.3.

（７）　なお、貧困家族の統計を所得補助レベルを基準に分析するオッペンハイムは、貧困の限界線を、所得補助レベルの一四〇パーセントのところにおいており（Carey Oppenheim, Poverty: The Fact, 1993, p.33.）、その意味からしたら週二〇〇ポンドとしたXの収入は絶対的に低いとはいえないであろう。

（８）　Social Security Act 1990, s. 8, inserting a new Social Security Act 1986, s. 24A.

（９）　Mavis Maclean & John Eekelaar, Child Support: the British Solution', International Journal of Law and Family, vol.t, 1993, p.216.

（10）　The Law Society's Family Law Committee, The Child Support Act: Has it a future?, Nov. 1993, para. 5.1 b., Sue Monk & Seu Slipman, Making Maintenace Pay: A Practical Scheme for Improving and Enforcing Child Maintenance,National Council for One Parent Families, 1991, para.10.1., Legal Action for Women, The Child Support Act: Your rights and how to defend them, 1994, p.18.

（11）　Fifth Report of the Social Security Committee, op. cit., para. 20.

（12）　児童扶養法に反対するある団体は、衆議院の社会保障委員会に提出した文書において、「父親は、余裕があるなら、その子どもたちを扶養しなければならない。しかし、そのことが同法の原理ではなく、むしろその『原理』は、父親およびその新しいパートナーは、働いているときでさえ、彼らの収入は、所得補助レベルまで減らされるということを当然のこととして受け入れるべきであるということである。かくして何百万という人々が、有給で働いているかどうかにかかわらず、所得補助レベルないしそれ以下の生活に引き下げられる」と主張する（'Memorandum submitted by the Campaign Against the Child Support Act, in Fifth Report of the Social Security Committee, op. cit., Minutes of Evidence, D. 47.）。

(13)　川田昇「イギリスの離婚」利谷信義・江守五夫・稲本洋之助編『離婚の法社会学―欧米と日本』（一九八八年）一八〇頁参照。なお、そこでも述べたように、当初は再婚の奨励をねらった法律とさえいわれていたのである。

(14)　Garnham & Knights, op. cit., p. 46.

(15)　グイン・デイビス（Gwynn Davis）（川田昇訳）「イギリスの離婚法」研究年報（神奈川大学法学研究所）一五号（一九九六年）一一一頁参照。

(16)　'Memorandum submitted by the Campaign Against the Child Support Act', op. cit., p.47は、次のように述べて、事態がクリーン・ブレイク以前に戻ることを主張する。すなわち、「一緒にいるのが幸福でない両親に対し、別居することを不可能に近くし、他の人との新しい生活を出発させることから遠ざける。別居と離婚は、かつて母親が独立に給付を請求できた以前にそうであったように、高収入の者のみがなしうるぜいたくとなるのである」と。

(17)　Ibid.

(18)　川田「イギリスの離婚」一七九頁参照。

(19)　ナイジェル・ロウ・前掲一〇三頁以下参照。

（20）Jane Leigh, 'The Child Support Act: its relationship with the Children Act 1989', Journal of Child Law, vol.4, No.4, 1992, p.178.

（21）ジェイコブズらは、公式が、前述のように、必要養育費用に監護親の個人手当相当額を算入するとしていること自体が、すでに「クリーン・ブレイク」の達成を妨げていることを指摘する（Edward Jacobs & Gillisan Douglas, Child Support: The Legislation, 1993, p. 5.）。

（22）The Law Society's Family Law Committee, op. cit., para. 5. 10.

（23）Leigh, op. cit., p. 179.

（24）Garnham & Emma Knights, op. cit., p. 1.

第二章　児童扶養政策の再構築

一　はじめに

児童扶養エイジェンシィ（CSA）は、大衆の信頼を失ってしまった。これを働かせるための改革をするには、国民全体の支持を得なければならない……。

われわれが継承した児童扶養のシステムは混乱している。

＊　それは、われわれの子どもたちを失望させた。一八〇万人の子どもが父親から養育費を受け取っていないのである。

＊　それは、親たちを失望させた。所得補助を受ける母親は、養育費のすべてが直接国庫に行くのを知っているし、父親は子どもとの接触を失った。

＊　それは、子どもを扶養しない非同居親のつけを支払っていた納税者を失望させた。

システムは、緊急の改革を必要としている。緑書『わが国の新しい野望―新しい福祉の契約（New Ambitions for our country: A New Contract for Welfare）』のなかでわれわれの約束した改革のプログラムにおいて、児童扶養システムを第一に取り上げたゆえんである。

一九九七年五月の総選挙で大勝し、一八年ぶりに政権についた労働党政府は、翌九八年三月に右の引用文で言及される社会保障制度改革のための緑書を公表し、そこにおいて一九九三年以来実施されてきた児童扶養政策の見直しを約束したうえで、同年七月に『まず子どもを―児童扶養への新しいアプローチ（Children First ── a new approach to child support）』と題する緑書を公表して(1)、来るべき児童扶養法の改正の方向を明確にした。右の引用文は、その巻頭を飾るトニー・ブレア（Tony Blair）首相の「はしがき」の一節である。

前章でみたように、一九九三年四月に児童扶養法（Child Support Act 1991）は施行され、これにもとづいて創設された児童扶養エイジェンシィ（Child Support Agency──以下、ＣＳＡと略す）が、別居する男女の一方が監護する子に対する養育費の問題を、従来の司法システムに代わって処理することになった。エイジェンシィは、子の監護をする親の協力のもとに、監護にあたらない親（大多数は父親）を特定し、その支払うべき養育費の額を査定するとともに、その取り立てにもあたった。そして、所得補助または家族クレジット等の社会給付を受給する監護親は、エイジェンシィに協力することを義務づけられた。

このシステムが種々の問題をかかえ、施行当初から多くの批判にさらされていたことはすでに見た。そして、その後の絶え間ない非難に応えるため、一九九五年に養育費査定の公式等についての大きな手直しがなされるなど、数次の改善が試みられたものの、ついには、児童扶養エイジェンシィについて、新首相をして「大衆の信頼を失ってしまった」とまで言わしめるような状態になっていたのである。

本章では、イギリスにおける以上のような児童扶養政策のいわば失敗に至る過程をたどりながら、その問題点を探るとともに、その反省にたって提案された新たな児童扶養政策の方向を概観することを目的とする。

なお、一九九八年に、この児童扶養法に関する二つの調査研究の報告書が相次いで公刊された。一つは、グイン・デイビス（Gwynn Davis）らによる『運用におかれた児童扶養制度（Child Support in action）』であり[2]、同制度の対象となった一二三件の児童扶養のケースについて、各段階ごとにそれぞれ数ヶ月にわたってなされた追跡調査の報告書である。もう一つは、ヘレン・バーンズ（Helen Barnes）らによる『試行錯誤（Trial and Error）』で[3]、文書資料のほか、政策形成過程において中心的役割を演じた人物に対するインタビューを通じて、児童扶養システムの失敗の根本的原因を探ろうとしたものである。本章は、これらに大きく依拠していることを、あらかじめお断りしておきたい。

（1）Department of Social Security, Children First -a new approach to child support, Cm 3992, HMSO, 1998. 以下、1998 Green Paper と略す。
（2）Gwynn Davis, Nick Wikeley and Richard Young, Child Support in Action, Hart Publishing, 1998.
（3）Helen Barnes, Patricia Day and Natalie Cronin, Trial and Error: a review of UK child support pol-

icy, Family Policy Studies Centre, 1998.

二　児童扶養制度の運用と改善

1　エイジェンシィに対する不満

ＣＳＡは、一九九三年四月五日にその活動を開始した。児童扶養に関してＣＳＡが処理する対象は、その日以降に生じたケースばかりでなく、すでに別れたカップルのケースついても及んでいた。

導入されて六ヶ月後には、ＣＳＡに対する敵対的反応が新聞等に現われるようになり、他方で、多くの圧力団体が登場し、メディアをこの政策に対する反対の立場に巻き込むのに効果的な主張を展開することになった。(1)そして、この段階では養育費の査定に用いる公式の硬直性が大きく問題とされ、当事者が離婚または別居の際にかわした養育費を含む財産的取り決め（いわゆるクリーン・ブレイク合意（clean break agreement））、通勤費、子どもを訪問するに要する費用、婚姻ないし別居から生ずる費用、継子の養育費などが養育費査定のための公式において無視されていることが批判された。

これに加えて、児童扶養制度を管理・運営するうえでの多くの問題が生じていた。特に、ケースの処理の遅延、不正確ないし誤った養育費査定の続出、秘密データの不適切な取扱いの発覚などが、公衆の支持を蝕むのに一役買うことになった。(2)一九九三年以来、政策の内容よりむしろサービス供給の問題に限定して社会保障省により実施されてきたクライアントの満足度調査[3]では、満足レベルは、一般的に低く、査定の遅れと問い合せ等の手紙に対して返信のないことが、監護親および非監護親の共通の不満の原因となっていたことが指摘されていたものの、それでもなお、全体として、子を監護する親の側には、非監護親よりも、サービスのレベルに対してより満足しているという傾向があることも示されていたのであった。

2　児童扶養制度の改善

児童扶養制度の批判点についての見直しを余儀なくされた政府は、一九九五年一月に、『児童扶養制度の改善（Improving Child Support）』と題する白書を公けにして、制度の改革を約束するに至った[4]。そして、この制度改善は二つ段階に分けて実施されることになり、まず、九五年四月の規則改正により、養育費査定のための公式に種々の変更を加えたうえで、追加的な立法（The Child Support Act 1995）により、養育費査定に柔軟性を与える裁量的要素の導入を可能にする公式からの「離脱（Departure）」システムと、主に監護親の就職の奨励を目的とする児童扶養ボーナス（Child Maintenance Bonus）制度とが導入され、九七年から施行された[5]。

第一段階の改善としての養育費査定の公式に加えられた主な変更点をあげれば、①非監護親の支払うべき養育費の額について、純所得の三〇パーセントまでという上限を設けたこと、②一五マイル以上の通勤を要する非監護親について、査定免除額（exempt income）の算定における超過距離に応じた一定割合での特別控除（extra allowance）を認めたこと、③新しいパートナー、さらには継子をもつ非監護親に対し、査定免除額として控除できる住宅費について、これまでのパートナーらの利益分の減額を廃止して、全額の控除を認めたこと、④いわゆるクリーン・ブレイク合意として、子を監護する母親にファミリー・ホームの名義を移し、その代わりに養育費を支払わない等の裁判所命令または書面による合意（一九九三年四月以前のものに限られる）があり、その移転財産の額が五、〇〇〇ポンドを超える場合に、その額に応じて二〇ポンドから六〇ポンドまでの所定額を、査定免除額として控除することを認めたこと、等であった。[7]

第二段階の改善策である公式からの「離脱」システムというのは、養育費の査定が完了した後において、①非監護親に、養育費の査定のときに、現行の公式によっては考慮されえなかった「特別支出」（子との接触を維持するためのコスト、新しい家族の継子の養育費等）があった、②監護親が、人為的にその収入を少なくし、あるいは収入の無駄遣いをしている、③財産を移転させる裁判所の命令や合意との関連で子に対して支払うべき養育費額を少なくしていた、という三つのいずれかの事情がある場合に、監護親、非監護親のいずれの当事者からも、養育費を査定するについてそれらの事情を考慮することが、「正当かつ公平（just and equitable）」であることを示して、社会保障大臣宛てに、公式から離脱した再査定を指示する「離脱命令（Departure Direction）」をＣＳＡに対し発令することを促す申請ができるという制度であった。[8]

同じく九五年法で導入され、九七年に実施に移された「児童扶養ボーナス」制度というのは、所得補助等の社会給付を受けている監護親が、自分自身または現パートナーが仕事に就くことによって、社会給付の受給を中止した場合に、非監護親から支払われた養育費のなかから週に五ポンドの課税対象とならないボーナスを受け取ることができるというものであった。(9)

（1）Bernes et al., op. cit., p.16.
（2）Ibid., p.17.
（3）Department of Social Security, Child Support Agency National Client Satisfaction Survey 1993, 1994, 1995 (Security Research Report Nos. 29, 39, 51.).
（4）Department of Social Security, Improvong Child Support, Cm 2745, HMSO, 1995.
（5）Roger Bird, Child Maintenance, 3rd ed., Family Law, 1996, pp. 79ff.
（6）本書八一頁参照。
（7）The Maintenance Assessment and Special Case Regulations 1995.
（8）Child Support Act 1991, ss.28A, 28F.
（9）Child Support Act 1995, s.10, Social Security (Child Maintenance Bonus) Regulations 1996 No.3195, 4(1).

三　児童扶養政策の失敗の諸原因

1　新政権による緑書の公表

労働党政権は、一九九八年三月に、『わが国の新しい野望』と題する前述の社会保障制度改革のための緑書を公刊して、国家に依存する福祉から、就労を重視し、国家と個人の間の契約に立脚する新しい福祉の樹立を提案した。(1) そしてその改革のプログラムにおける重点施策として示した八つの原理の一つに「家族と子どもの支援」を掲げ、(2) そのなかの重要課題として、「親の離別が例外的でなくなった」今日において、「子どもはどこに住んでいようと、両親から財政的・情緒的支援を受ける権利を有する」ことの確認にたった児童扶養制度の改革を実施することを前提に、これを承継することを明らかにするとともに、九八年中にはその改革案を提出することを約束した。(3) そして、はやくも同年七月には、前述の『まず子どもを』と題する緑書を公表し、児童扶養制度の改革の構想を明らかにした。そこで、この緑書によりながら、まずは、保守党政権のもとでこの政策が失敗した原因について考察することにしよう。

緑書は、はじめに、「われわれの原理」として、「子どもは、どこに住もうと、両親から監護と支援を受ける権利を有する」ことを宣言し、このことから、制度の基本原理は、「子どもが両親と生活しない場合には、同居をしない親がその子の財政的支援に貢献することを保証し、公正に、効率的に、しかも確実に実施すること」でなければならないとしたうえで、現行制度は、子どものためにこの権利の実現を図ることができなかったばかりでなく、予測が困難でかつ複雑さのために人々の理解もその管理・運用も困難にし、家族関係を助けるよりむしろ、あまりにもしばしば害を与えてしまったものと断定する。(4)

そして緑書は、そのような事態を招いた原因について、①児童扶養を、財政問題としてのみ扱い、家族の問題として扱わなかったこと、②依然、一八〇〇万人を超える子どもの養育費を父親の代わりに用意をしており、納税者の期待を裏切ったこと、③所得補助を受給するひとり母（lone mother）の七割が、児童扶養手続の申請を回避しようとしていること、④養育費の査定を受けるケースの三分の一は、査定に六ヶ月以上かかっていること、をあげる。(5) 以下、これらについてやや詳しく考察することにしよう。

2　児童扶養の財政問題としての処理

児童扶養政策の失敗の原因としてあげられた第一の点は、すでにみたように、(6) 政府は、ひとり親に対する所得補助等の社会給付支出による国庫負担の増大のみに関心を集中させ、この制度による非監護親からの養育費取立てをもっぱら国庫支出の軽減の手段として導入したとして、法案の段階から、「国家財政を第一におき、子どもを第二におこうとしている」と批判されていた問題であり、実際にもそのような目的に偏した運用がなされていた、ということである。

表１　CSAの査定（累積）件数と監護親の社会給付受給状況

	94年６月	95年３月	96年２月	97年２月
査定対象件数	203,600	345,400	460,800	579,200
フル査定終了数	152,100	257,900	369,100	498,500
〔監護親の社会給付受給状況〕				
所得補助受給者	86.2%	83.5%	77.0%	73.1%
家族クレジット・身障者手当受給者	8.9%	10.5%	13.2%	15.2%
社会給付非受給者	4.9%	6.0%	9.8%	11.7%

Source : House of Common Written Answers 8 July 1997, vol. 315, col. 453-4.

デイヴィスらも指摘するように、この制度によって最も利益を受けることができたのは、子を監護しながら非同居親から子の養育費の支払いを受けていない監護親のうちでも、むしろ所得補助等を受けていない母親たちであり、政府が本当に子どもに対して第一の関心をもっていたのだとしたら、そのようなケースの処理が優先されなければならないはずであった(7)。しかし実際には、このシステムのもとで査定を受けたケースの大部分が、監護親が所得補助などの社会給付の受給者である場合で占められていた。すなわち、九七年七月に、議会からの質問に対して政府から提出された回答書(8)にもとづいて作成した表１によれば、一九九七年二月までに児童扶養システムによって処理され、査定された全体の件数は五七万九、二〇〇件に達し、このうち五〇万件近くがフル査定されていたものの(9)、フル査定を受けた監護親の約七三パーセントが所得補助の受給者、約一五パーセントが家族クレジット等の受給者だったのであり、監護親の請求にもとづいてフル査定されたケースはわずか一二パーセント弱に過ぎなかったのである。

デイヴィスは、児童扶養制度のこのような運用の仕方によって、そのもとで支払われる養育費は、税金のような性格を持つことになったことを指摘する[10]。その結果、緑書が言うように、「多くの人々の目には、現在の制度は、お金がすべてであるかのように映っている。それは、非同居親の義務は郵便ポストに小切手を投函することに始まり、それをもって終わるというメッセージを与えている。不幸にも、この印象は、ＣＳＡがそのクライアントを扱うについてのスローで、人間味のないやり方によって一層強められた[11]」のであった。

かくして緑書は、こうした実情をふまえ、現行制度について、「能動的かつ献身的な親に対する子どものニードの存在についての認識」を欠いたものと規定し[12]、そのことが失敗の第一の原因となったとするのである。

３　納税者の不満

児童扶養政策が失敗した第二の原因について緑書は、所得補助を受給するひとり親の数を減らすことも、養育費を受け取るひとり親の数を増やすこともできず、政府は依然一八〇万人を超える子どもの養育費を用意しているのであり、結局、同制度が納税者の保護を図ることができなかったことを指摘する。

社会保障システムの手先という当初からの評判どおりの社会給付受給者に偏ったエイジェンシィの前述のような活動は、確かに社会給付支出に節約をもたらしていた。衆議院の社会保障特別委員会の一九九七年度第五次報告書は、一九九六年末までに、児童扶養エイジェンシィによって達成された社会保障支出に関する累積的な節約額は、一七億四、〇〇〇万ポンドであることを報告する。(13)

さらに翌一九九七年には、エイジェンシィによって集められあるいは支払いをアレンジされた四億ポンドの約三分の一である一億三、二〇〇万ポンドが、社会給付支出に節約をもたらしたものと議会報告がなれている。(14)

では、養育費の支払い件数の増大は図られたのであろうか。緑書も指摘しているように、初年度においては、児童扶養システムを通じて、わずか一、五〇〇万ポンドしか子どもに支払われなかったのであり、その前年度における従来のアレンジによって二億ポンドが支払われたのと比較してあまりにも少なすぎる成果であった。(15)そして、ある調査によれば、表2に示すように、養育費を受け取っていると報告されるひとり親全体の割合は、児童扶養エイジェンシィが活動をはじめてから二年後の一九九三年においても、それ以前と変わらなかったのである。また、同表によれば、確かに、未婚のひとり親については、養育費を受け取って

表2　養育料を受け取っているひとり親 1989―1994年（%）

		1989	1991	1993	1994
ひとり母	未　婚	14	12	23	14
	同棲解消後	14	25	23	26
	離婚後	40	46	43	45
	別居中	32	33	31	32
ひとり父		3	9	10	16
全数（寡婦を除く）		29	30	30	30

Source : Marsh, A. et al., Lone Parents, work and benefits, DSS Research Report, 1997.

いると報告された者の割合は、一九九三年にほとんど二倍になってはいたものの、翌年には以前のレベルに戻っているのである。

さらに、児童扶養制度の導入を提唱した一九九〇年の白書が、その目的の一つに、「子を養育するコストに真に見合った養育費の支払を実現すること」をあげていたように[16]、当初の目的には、査定された個々の養育費の額の上昇も含まれていたはずであった。同じく九〇年白書が引用した調査によれば、児童扶養制度の導入の前には、週当たりに支払われる養育費の平均額は、社会保障省の地方事務所のアレンジによる場合には一五ポンド、カウンティ・コートでは二〇ポンド、スコットランドの裁判所では二四ポンド、全体では約一六ポンドであるとされていた[17]のに対し、児童扶養制度の運用により、週当たりの平均支払い額を、四五ポンド程度に引き上げることが目指されていた[18]。そして、表３に示されるように、児童扶養法のもとで、現在雇用されている非同居親によって支払われるはずの査定平均額については、九四年にその目標値に達していた。しかし、九五年の四月に施行された前述のクリーン・ブレイク合意の考慮等の政策変更を反映して、一九九五年三月以降は、その額が相当程度低下していること、さらには、九七年までに、全体のフル査定の平均額は

表３　平均査定額（週当り）

	雇用される非同居親	全非同居親
1994年６月	£45.53	£27.06
1994年10月	£44.34	£26.39
1995年３月	£43.46	£25.56
1995年８月	£38.66	£23.37
1996年２月	£38.62	£22.86
1996年８月	£38.02	£22.02
1997年２月	£37.73	£21.39

Source: Barnes, H. et al., Trial and error, p. 20, 1998.

児童扶養法の施行以前のレベルにまで後退してしまったことがわかるのである。

　また、この表は全体の平均フル査定額が常にきわめて低いことを示しているが、その原因は、前述の社会給付を受給する監護親のケースに偏った運用が、養育費査定の対象になった非監護親の質の問題にも反映された結果であったということができる。すなわち、一九九七年五月までにフル査定された五三万件のうち、雇用されていない非監護親の数が二万四、〇〇〇人であり、さらには、二一万七、〇〇〇人が、一七万八、〇〇〇人の所得補助受給者を含む何らかの社会給付の受給者であったことが報告されている。[19] つまり、CSAの査定対象者のうち半数近くが社会給付の受給中であったり、または低収入が推測されたりする者で占められたおり、そのほとんどが、そのことを理由にゼロ査定を言い渡されたであろう者なのであって、このことが、対象者全体の平均額を、雇用されている非監護親の査定養育費の平均額に比してかけ離れて低いものにしたのであった。そのことはまた、養育費の支払い件数を増やすことも、したがってまた、手当を受給するひとり親のなかの養育費を受け取る者の割合を上昇させることもなかった理由なのである。

　もっとも、監護親が所得補助を受ける場合でも、中間所得層に属する非監護親のケースも少なからず存在したことはいうまでもない。しかし、その中には、離婚の際のいわゆるクリーン・ブレイク合意により、子のために、監護親に居住家屋等を提供する代わりに養育費を低く押さえる等の取り決めをしていた者が少なくなかったことは、前記表3において、前述した九五年以降の養育費の査定におけるその点の考慮が実現するに伴って、養育費の平均額が著しく低下していることから推測できる。そして、これらの非監護親は、爾後、養育費を支払わない父親のリストからはずされ、さらには、手当受給者のなかの養育費を受け取る母親の割合を増加させることにも貢献しなくなっていたのであった。

前章でみたように、この制度導入の経緯のなかで、「不在の父親」の責任の追及のために、納税者の「著しい不公平な負担」をあまりにも強調しすぎていたことを考えると、以上のような成果が、この制度の運用について納税者にソッポを向かせることになったのは当然であった。[20]

4　監護親の非協力

児童扶養政策が失敗した第三の原因として、緑書は、所得補助を受給するひとり母の七割が、児童扶養手続の申請を回避しようとしていることをあげる。

養育費の査定手続は、子を抱える監護親の申請によって始まるという意味では、CSAの活動の遂行には、監護親の協力が不可欠であった。しかしそればかりでなく、監護親が所得補助等の社会給付を受給している場合には、その監護親に自動的に申請義務が発生し、その申請書を提出することが、CSAに対する非監護親の捜索、養育費の査定、徴収等の養育費の取立てに必要な情報の提供を意味するだけでなく、その活動に対する授権行為にも当たっていたのである。[21]そして、申請の義務ある監護親が申請ないし情報の提供を拒否すると、支給されている所得補助から、一定の期間、一定額が減額されるといういわゆる給付上の制裁（benefit penalty）によって、この義務の強制が図られていたのであった。

前述のように、児童扶養制度の導入についてはひとり親である母親たちからは歓迎されていたし、当初はそれなりの満足を与えたかにみえた。しかし、次第にCSAに対する不協力のゆえにペナルティを課されるケースは増加し、協力を拒絶するひとり親について、前のパートナーと共謀しているということがさかんに言い立てられたりもした。しかしながら、CSAが子の養育費を査定し、その額が非監護親によって支払われたとしても、その額が所得補助相当額より少なければ、監護親の収入には何らの変化ももたらさず、結局、国庫だけが利益を受けるという制度のもとで、そもそも、どこから監護親の協力の意思を引き出すことができるのかというインセンティヴの問題があった。オーストラリアで採用されていた児童扶養制度では、取りたてた養育費の半額が監護親の手許にとどめられ、この制度が広く支持されている理由ともなっていたのとは対照的であった。

また、この制度の導入に際して、監護親の収入が社会給付から私的養育費に切り替われば、監護親の就労は、そのまま収入の増加につながることが強調されていたことは、すでにみた。[22] しかし、前述のように、CSAの命令が、非監護親からの養育費の規則的な支払いを保証するものでは決してなかった。一九九七年七月八日の議会の質問に対する政府の回答書[23]にもとづいて作成した表4によれば、非監護親によりエイジェンシィの徴収サービスを通じて養育費が支払われると考えられるフル査定ケースのうち、実際に全額が支払われた場合は、この間、徐々に上昇する傾向が読み取れるとはいえ、九七年二月の段階で、三二パーセントにすぎず、三一パーセントが部分的にしか支払

表4　フル査定ケースにおける非同居親の支払状況

	全件数	非適用	フル査定	全額払	割合	一部払	割合	未払い	割合
95年11月	341,500	221,700	119,900	22,800	19%	41,700	35%	55,400	46%
96年2月	369,100	238,100	130,900	30,200	23%	43,500	33%	57,200	44%
96年5月	395,500	254,200	141,200	35,900	25%	48,200	34%	57,200	41%
96年8月	426,300	277,500	148,800	31,100	21%	56,400	38%	61,200	41%
96年11月	462,800	306,300	156,500	43,100	28%	52,400	33%	61,000	39%
97年2月	498,500	333,100	165,400	52,200	32%	52,100	31%	61,000	37%

Source: House of Common Written Answers 8 July 1997, vol. 315, col. 455-8.

われず、残りの三七パーセントは全く支払われなかったのである。また、一九九七年三月の終りに、エイジェンシィ自身も、非監護親によって支払われていない養育費が、半分は回収の見込みがあるとはしながらも、総額で五億一、三〇〇ポンドにのぼっていることを報告している。(24) まさに、こうした当てにならない養育費の支払いのもとで、彼女たちの多くに、社会給付への依存を離れて仕事につくことを躊躇させていたということができるのである。しかも、既就労のひとり親がエイジェンシィを使うことを望んだとしても、処理を待っている受給者のケースが未処理のまま大量に残されていたために、ほとんどそうすることができなかったのが実情であった（注(10)表5参照）。

監護親たちにCSAに対する申請を拒否ないし躊躇させていた理由は、単にそのように監護親自身が直接的な利益を得られないことによるインセンティヴの欠如の問題だけではなかった。非監護親との関係がいろいろな側面において申請を躊躇させる要因として働いていた。

すでに立法時において、申請により監護親さらには子どもまでが非監護親からの暴力の危険にさらされる可能性のあることが議論され、申請の義務を免れさせる「正当事由（good reasons）」規定が導入されたことは第一章でみた[25]。しかし、他方で、児童扶養制度の導入が、当事者間での養育費についての取決めの重荷から当事者を解放すること、すなわち、制度導入以前には、例えば、非同居親が自己に有利な協定を確保するために違法といえるような圧力をかけていたことも少なくなかったのであり、特に監護親にとっては、そのような圧力を受けることなく、適正な養育費の確保が可能となるものとして、監護親の協力が促進されることが期待されてもいたのであった[26]。しかし、緑書が、「彼らの前のパートナーとの関係が敵対的でかつ養育費が何ら支払われていないとしたら、ひとり親の母は、ＣＳＡが単に彼の怒りの火に油を注ぐだけではないかと懸念する」し、他方で、「関係が友好的であって、非同居親がまあまあの養育費を支払ってくれているとすると、児童扶養を申し込むことによって、この状態を崩す危険にさらすのではないかと懸念する者もあろう[27]」とするように、依然として養育費に関する当事者間の圧力の重みを取り外してくれるものではなかったのであった。

5　査定期間の長期化

緑書は、児童扶養政策の失敗の第四の原因として、養育費の査定を受けるケースの三分の一は、査定に六ヶ月以上かかっているなど、査定期間の長期化をあげる。

児童扶養法は、養育費の査定のために算定の「公式」を定め、これに基づく査定・徴収・強制の機構としてCSAを創設したが、特に養育費を形式的な公式に基づいて査定しようとしたことの目的について、一九九〇年の政府の白書は、「同じ財政事情にある人は、養育費として同じ額を支払うような、また人々にあらかじめどのような扶養義務が課せられるかが分かるような、一貫性のあるかつ予測可能な結果を生み出すこと」をあげていたことは前章で見た(28)。

しかし、このように、養育費の査定に一貫性と予測可能性を与えようとした公式は、施行後二年で、前述のような大幅な裁量性を導入するという大変更を余儀なくされたのであった。確かに、公式による査定には、個別の事情との衝突からくる硬直性への不満はつきものであるとはいえ、これは、それ以上のものが含まれていたことを示唆する変更であった。

ジェイコブズらは、一九九一年児童扶養法について、旧来の養育費システムにおける、①裁判所の命令額の低さ、②広い裁量権限からくる裁判所ごとのばらつき、③貧弱な支払い強制機構、④協議ないし裁判所命令による養育費と現実の育児コストの落差を埋めるための社会給付利用による社会保障支出の増大、という四つの問題に、政府が挑戦を試みるための立法であったとする(29)。確かに、公式による養育費の査定は、②のばらつきを少なくするためには役立つとしても、①の養育費の額の上昇とは必ずしも整合するものではなかった。ことに、それが④のような目的を同時に満たすための査定額の一層の上昇を促す圧力のもとで実施されたときには、ますますそのようにいえることを実証する結果に終わった。つまり、前章でみたように、非監護親が養育費としての徴収を免れる所得の最低保障額について、社会給付の受給レベルにまで落としたのであり(30)、そのあまりの低さに、当時の当時のほとんどの家族ロイヤーを仰天させたたといわれるが[31]、逆に支払う側からみてそのような高いレベルでの養育費が設定されたとすれば、公式の形式的適用によって無視されてしまった具体的事情——これまで支払わなかった、あるいはこれから支払うことができない事情——についての配慮を申立てたくなることは当然であり、前述した九五年の制度改善は、まさにそのような不満に応えざるを得なかった結果であったのである。

しかしながら、前述のデイヴィスらの指摘のように、CSAの養育費の取立てが税金の性格を強めていたとすると、そもそものような徴税的な運用に置かれたシステムに、裁量の要素を導入し、わずかではあれ、「ばらつき」を与えることは矛盾であり、かえって人々に、不公平、不正確の印象をもたらすことは想像に難くなかった[32]。

また、裁量性の導入によって養育費の査定期間が長期化することは避けられない問題であった。かくして緑書は、「養育費の査定は、終了するのにあまりにも長い時間がかかっている。公式の複雑さは、児童扶養の申請から、査定が完了するまでの間の六ヶ月以上の遅延を意味し、その間に、人々の情況は、変化し、そのことが、なんらかの金額が最初の計算から導かれる前に、第二の評価を誘発することになるのである。見直し、不服申立て、そして再査定の間の相互の蛙飛びが、混乱した結果をもたらしている」うえ、「あまりにも多くの査定が、ようやく終わってみると、誤りを含んでいたという状態なのである[33]」と。まさに、そのことがこの制度の信用をますます突き崩す結果をもたらすことになったのである[34]。

このような公式の複雑化による査定期間の長期化は、査定の前提としての支払責任ある非同居親の捜索、査定された金額の徴収ないし強制といったＣＳＡが同時に持っていたはずの権能の行使に割くべき時間を失わせることを意味しており[35]、前述のように支払額の査定はされたものの、これを実際に支払う者の増大については、依然緩慢な傾向のままで推移していたのであった。このことは、前述のジェイコブらが第三にあげる、かつての裁判所中心システムにおける「貧弱な支払い強制機構」の解消にも、結局は役立たなかったということもできるのである。

（1）Department of Social Security, New Ambitions for our country: A New Contract for Welfare, Cm 3805, SO, 1998。
（2）Ibid., Summary, para.2。
（3）Ibid., Chap.7, paras.15-17。
（4）1998 Green Paper, Chap.1, paras.1-2. なお、緑書は、従来の非監護親（absent parent）という言葉を避けて、非同居親（non — resident parent）というより中立的な語を用いている。また、ＣＳＡが発行する一般広報用の冊子（Child Support Agency, For parents who live apart, 1999.）においても、すでに非同居親の用語を用いて解説をしているなど、現行制度の運用のなかでもこの用語を用い始めている。
（5）Ibid., Chap.2.
（6）本書八四頁以下。
（7）Davis et al., p.219.

表 5

	1993/94	1994/95	1995/96	1996/97	1997/98	1998/99
新採用件数	–	–	354,300	368,000	390,900	403,400
申請書を送付した件数	858,000	398,600	307,500	330,600	257,000	145,300
申請書が返送された件数	626,600	260,500	191,900	234,400	185,600	
調査書を送付した件数	466,600	276,600	185,500	213,200	177,400	143,500
調査書が返送された件数	296,600	179,400	117,100	187,000	107,600	78,100
養育費のフル査定	132,100	187,200	110,200	117,500	135,200	558,900
養育費の暫定的査定	73,300	63,600	17,700	11,700	16,000	
全査定数	205,500	250,800	127,900	129,300	151,300	
その他の終了ケース	130,800	317,300	199,000	228,100	326,900	
全完了数	336,200	568,100	326,900	357,350	595,100	
申請待ちケース	550,000	425,600	409,700	406,600	275,900	151,400
査定中ケース	205,500	361,000	462,000	589,000	758,600	924,000

Source: Child Support Handbook, 6th ed, p.5, and 7th ed, p.4

（8） Hansard, vol.315, col.454, 8 Jul 1997, written answer.

（9） なお、同表から、査定を受けないケースが八万件余りと、無視できない件数に及んでいたことがわかるが、査定を受けない場合というのは、同居親がエイジェンシィに協力しないことに正当事由があるとされたケース、非監護親が、解らない、追跡できない、海外にいる、死んでいる、あるいは刑務所にいるといったケースである。現行のCSAの手続の流れについては、前稿で説明したが、理解を容易にするため、そのフローチャートを次頁に掲げることにする。なお、表5は、各段階の処理件数の年度ごとの一覧表である。

（10） Davis et al., op. Cit., p.223.

（11） 1998 Green Paper, chap.2,

para.16-7.

(12) Ibid.,chap.2, para.5.

(13) Fifth Report of Social Security Committee: Child Support, Session 1996—97, HC 282, p.vii.

CSAのシステムの流れ

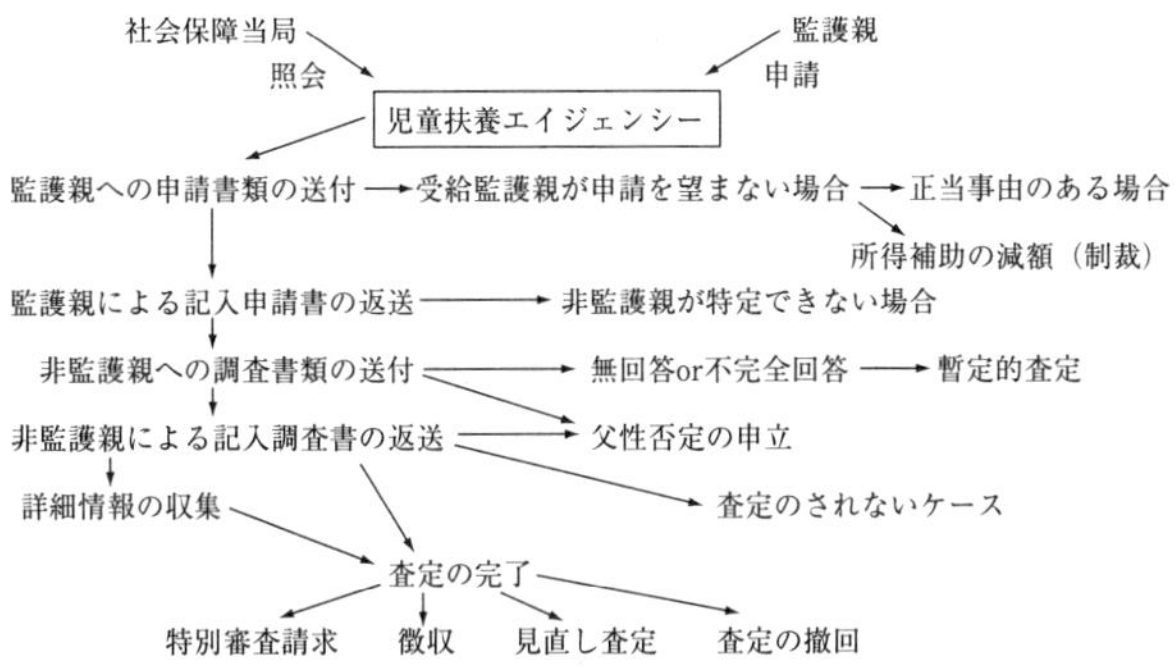

(14) Hansard, vol.315, col.454, 8 Jul 1997. これについて、グイン・デーヴィスは、「エイジェンシィの管理費は、最初の4年間で六億六、〇〇〇万ポンドに達していることとセットで提示されるべきだろう」としている（Davis, op. Cit., p.213.）。

(15) 1998 Green Paper, chap.2, para.10.

(16) 1990 White Paper, vol.1, para.2.1.

(17) 1990 White Paper, vol.2, para.4.1.1 and Table 12.

(18) Hansard, vol. 215, col.4, 30 Nov 1992, Oral Answers.

(19) Department of Social Security, Social Security Departmental Report 1997—98 to 1999—2000, Cmnd. 3613.

(20) 本書六〇頁以下参照。

(21) 同七四頁。

(22) 同八七頁。

(23) Hansard, vol.315, col.454, 8 Jul 1997, written answer.

(24) Davis, et al., op. cit., p.214。

(25) 本書七四頁以下。

(26) Davis, et al., op. cit., p.231 参照。

(27)　1998 Green Paper, chap.2, para.13.
(28)　Department of Social Security, Children Come First: The Government's Proposals on the Maintenance of Children, 2 vols., Cm 1264, HMSO, 1990. para. 2.1. 本書六七頁。
(29)　Jacobs, E. & Douglas, G., Child Support: The Legislation 1997, 1997, p.1.
(30)　本書八一頁以下。
(31)　Davis, et al., op. cit., p.220.
(32)　ちなみに、一九九九年白書は、「現行の児童扶養の公式は、広い範囲の財政上および個人上の事情を考慮しようとしたため、同じ収入レベルにある非同居親でも、養育責任額のレベルに非常に大きな違いが生じうる」として、ちょっとした事情の違いから、同じく三〇〇ポンドから三五〇ポンドくらいの収入のある二人の非同居親が、一方はゼロ査定で、他方は週に一〇〇ポンドの支払を要求されるという、ばらつきが生ずる可能性を指摘する（1999 White Paper, chap.2, para.19.）。
(33)　1998 Green Paper, chap.2, para.17.
(34)　ＣＳＡの一九九八―九九年度年次報告書は、本年度の標準査定期間を二二週（前年度は二六週）とし、新規申込の六五パーセントをこの期間内に収めるいう当年度の目標が完全に達成したと同時に、一年以上たってなお査定の終わらないケースが四万七〇〇〇件以上残っていることを報告する（Child Support Agency, Annual Report and Accounts 1998/1999, p.28.）
(35)　九九年の白書は、そのことを次のように述べている（1999 White Paper, chap.1, paras.7-8.）。すなわち、「完全な査定をするために、一〇〇件以上の情報が要求されることがありえた。このことは、ＣＳＡを、支払いのアレンジを設定できるまでに、数ヶ月に及ぶ長い情報追跡ゴッコに引き入れた。現在のすべての児童扶養査定の約三分の一が、完了するのに六ヶ月以上を要している。このことは、非同居親に、支払いに困難を来すかもしれない負債の山［＝六ヶ月の滞納分］の支払いからまず出発させることを意味している。そして、査定に影響するかもしれない変化が、査定完成前に生じ、別の実地調査の必要が起こることになるのである。これらのすべては、ＣＳＡスタッフが、その持ち時間の平均九〇パーセントを、養育費額の査定をし、これを最新に保ち、そして最初の支払いのアレンジをするために費やすという効果をうむ。エイジェンシィの資源のわずか一〇パーセントだけが、養育費支払いを滞る多くの親の追求のために残されているにすぎないのである」と。

四　児童扶養制度改革の提案

1　文化改革としての制度の再構築

前章で指摘したように、児童扶養制度の導入は、サッチャー前首相の強調した「親たることは生涯のもの」という観念から出発していた。(1) しかも、この観念に基づいて作り上げられた児童扶養制度は、議会においてほとんど正面切った反対を受けることなく承認されたのであった。しかし、この政策の形成過程から、それが児童扶養法として議会の承認を受けるまでの経緯について調査したバーンズらは、「われわれの研究による最も驚くべき発見の一つは、……複雑さや論争性を秘める政策の中には、それらが議論の余地のない原理やアイデアとして出発しているがために、皮肉にも、精密で、適切な討論に付されることに失敗することがあるということであった。議会への提出のはじめにおいて、これらの政策は高度に抽象的で、しばしば道徳的命令に覆い隠されている。公の場で、愚かであるとか、不道徳であるとか見られることを恐れて、誰も、特に政治家は、それらを論駁しないのである。しかも、このことは、政策の実現可能性を議論するのに適当と考えられる初期段階だけでの現象ではなかったのである」(2)として、そもそも異議を唱えることが難しい命題がコンセンサスの幻覚を引き起こし、そのことが議会での審議過程において、その命題が受容可能なのか、そしてこれをどのように具体化するかについての真の議論を抑圧することになったことを示唆する。(3)

確かに、デイヴィスらも指摘するように、離婚後の児童扶養は、国家と個人の間の資源のバランスの問題なのであり、具体的には、「第一の関係の子の養育に優先権を与えるよう別れた親に期待するのかどうか、あるいは、第一、第二の関係を通しての養育に対する国家の援助を承認するのかどうか、という基本的な問題が存在」していたのであった。(4)しかし、保守党政府は、親の個人的責任の追及に逸るあまり、当然の如く前者の原理を採用し、制度の上にこれを貫徹させることにより議会を征したものの、この原理を肝腎の親たちに確実に受容させることに失敗したのである。そして、このことが、児童扶養制度を不成功に導いた原因であったということができるのである。

緑書は、児童扶養制度が、「子どもに対する責任は、生活共同を止めたときに、あるいはどちらかの親が新しい関係に入ったという理由では、終わらない」という観念のうえに成り立ちうるものであるとして、サッチャー元首相にはじまる観念そのものは否定しない。(5)しかし、そのような観念自体が社会的に十分にいきわたっていないという認識に立った上で、児童扶養改革は、この観念を浸透させるための文化改革でなければならないことを強調したのであった(6)。そして、そのためには、「子どもは、二人の積極的で献身的な親がいるときに良く育つものであり、……母のみならず父の双方の親の愛情と支援を必要とする」こと、言いかえれば、子どもには「監護と支援を受ける権利」が、親には「監護と支援を用意する責任」が存することの認識にたって、その権利と責任を連結する能動的な家族政策（active family policy）が必要なのであって、児童扶養制度は、この政策のなかにおいて、「親がその責任を果たすために役立つ」ものでなければならないと主張したのである(7)。以下、緑書によって打ち出された改革の方向を概観していくことにしよう。

緑書はまず、児童扶養制度は、「父親のその子の生活に対する特別な役割の承認を反映する必要があるし、財政上の責任の査定と同様に、情緒的なそしてとりわけ実際上の養育支援を用意することを明白に奨励するものでなければならない」とし、この能動的な家族政策が文化変革のためになすべきことを具体的に列挙したうえで、そのなかにおける児童扶養制度のあり方を提示する(8)。

緑書が能動的な家族政策においてなすべきこととしてあげるのは次の諸点である。すなわち、①離別している親の間での子の監護に関する調停および交渉に貢献すること、②親になる準備中の、そしてすでに親になっている若い人々に、親になるための教育を用意すること、③離婚手続における子どもの住居および面接交渉のアレンジについて法廷およびカップルを援助すること、④子どもの教育に対する親の一層の関与を奨励すること、⑤祖父母などの拡大家族（wider family）が子どもおよび離別した親を支えるについて果たし得る役割を認識すること。⑥子どもと同居しない場合でさえ、親が子どもに関わり、貢献することが重要であるという見解を強化すること、⑦非同居親の多くが、子どもと接触を保つことにおいて有する困難さを認識すること、である。

これらのうち①に関して緑書は、別れて暮らす両親には、子への財政支援のためよりも、子の監護について合意に達するための援助が必要であり、しかも、金銭問題の解決があってこそ、両親は子への最良の世話の提供に関する協議に集中できるとしたうえで、児童扶養制度としては、シンプル、透明、かつ迅速な養育費査定、効果的な徴収サービス、養育費に関するアドバイザー、を用意すべきだとする。(9) また、②に関しては、児童扶養制度は、子どもに対する責任は、結婚しているとか、一緒に生活しているとかには関係なく存在することについての明確なメッセージを与えることにより親教育に貢献できるという。(10) さらに③に関しては、子と一定時間を過ごしたり、定期的な接触のできる父親は、より多くの養育費を払うといわれ、また、養育費問題が迅速に解決されると、きちんとした支払いがなされ、親の双方がそれぞれの責任を理解し遂行することが多いとされることを強調して、離婚過程での面接交渉の協議へのスタッフの参加を示唆する。(11)

2　児童扶養制度への協力体制の確立

すでにみたように、現行の児童扶養制度はこれを利用する者にとってインセンティヴを欠いていた。とりわけ、査定された養育費の額が所得補助等の給付額より低い場合には、実際に徴収されたものは国庫に吸収されるだけであり、監護親の任意の申請はほとんど期待できないような仕組みになっていた。

このことを踏まえて、緑書は、まず「児童養育費プレミアム（child maintenance premium）」として、所得補助を受けるひとり親が、支払われた養育費から週一〇ポンドを手許に残すことを認める制度の導入を提示する。そして緑書は、それが、「児童扶養プロセスと協力する明瞭なインセンティヴをひとり親に与え、協力回避あるいは非同居親との共謀を抑えるのに役立つであろう」とする。しかし、単にこのことにとどまらず、このプレミアムによって、「すべての子どもが支払われた養育費から直接利益を受けることを意味する」から、非同居親は、「子どものための監護を続けていることの明確なシグナルを子どもに送る」ことができるし、「自分が直接その子の福祉に貢献していることを知る」こともできることを強調する。(12)

さらに、家族政策のなすべきことの第六番目にあげた「子どもと同居しない場合でさえ、親が子どもに関わり、貢献することは重要だという見解」を奨励して、（非同居親ではなく）児童扶養を申し込むひとり親の母に、その申込が、実は子どもにとって重要であるという、「真の利点」を理解させたいとする。そして　規則的な児童扶養を受け取ることが、仕事への重要な踏み石になるとして、社会福祉のニューディール政策の一環としての意味を強調する。(13)

他方で、「納税者ではなく、親が、子どもを扶養する第一の責任を引き受けるべきである。そのことが、所得補助、無拠出の収入ベースの求職者手当（Income based Jobseeker's Allowance）、家族クレジットあるいは障害者勤労手当を受給するひとり親が、養育費の申込みを要求され得る理由なのである。われわれは、これを変えるつもりはない」としたうえで、従来別々であった児童扶養の申請を、社会給付の申請の手続の一部に組み込み、ひとり親に必要なすべての情報およびアドバイスをそこに用意することを提案する。また、児童扶養の申請が、前パートナーからの暴力の危険にさらす場合の協力拒否の「正当事由」については存続を約束しつつ、その濫用を防ぐとともに、正当事由なく協力を拒絶するひとり親に対する給付上の制裁の期間についても、近時における三ヶ月の拡張にもかかわらず、さらに見直しをすることを明記している。(14)

3　新しい児童扶養サービス

緑書は、「児童扶養は利用するために、単純で、わかりやすく、容易であるべきである」し、「親たちは、現行システムの非能率、複雑さ、不要なお役所仕事にうんざりしている」としたうえで、「福祉制度の全領域を横切る積極的で現代的なサービスを築くためのわれわれの運動の一部として児童扶養サービスを根本的に変化させる」ための「積極的で現代的な児童扶養サービス」のあり方として、次の諸点を提案する。すなわち、①養育費の支払額の査定に用いられてきた公式を根本的に単純化すること、②子どもや親たちに良いサービスを提供すること、③児童扶養サービスが社会給付制度その他の変化と適切に結びついていること、④査定（額）についての紛争に迅速でわかりやすい解決を与えること、である。(15)

①について緑書は、現在の複雑な公式では、養育費額が予測できず、査定が正しいかどうか不明

確であり、ＣＳＡは、査定に時間を取られすぎて、養育費が実際に支払われたかどうかを確かめる時間をほとんど取ることができなかったのであり、この公式の複雑さが、現行制度を失敗させた主な原因であるとして、一子の場合は一五パーセント、二子の場合は二〇パーセント、三子以上の場合は二五パーセントを、それぞれ純所得に乗じた額の支払いを提案し、低所得者ないし第二の家族もちの者に対する減額も考慮するとする。(16)また、児童扶養査定が公平であるということを親たちに納得させるために、電話の通話に基づく査定、ケースワーカーとの議論を通じての特別事情による査定の訂正、審判の申立て（有料）という、融通のきく三段階の決定過程を導入する計画を明らかにする。(17)

②については、電話を通じてのやり取りを基本としつつ、いつでも個別の直接面談が用意される個人的・地元的サービスの提供、(18)親自身の生活設計ができるような児童扶養についての明白で最新の情報の提供、(19)監護親はもちろん、とかくおろそかになりがちな非同居親に対する種々のサービス、(20)児童扶養を統合された福祉サービスのひとつの要素とする認識にたった統合的アプローチ、とりわけ、ニューディール・アプローチのなかでのひとり親の就労確保に対する積極的支援等を提言している。

なお、養育費を徴収方法については、簡単で予測可能のものであるべきであるとして、非同居親の選択にしたがって口座引落、銀行口座からの定期的支払命令、賃金からの直接控除の三つを提案している。(21)

（1）本書六〇頁以下参照。

（2）Barnes et al., op. cit., pp.81-2.

（3）デイヴィスも、この制度の導入に反対することが、「親の無責任と福祉国家の無駄遣いを許容するもの」として容易に描き得た当時の状況のもとで、当時野党だった労働党も、次の選挙に生き残る戦略を意識して、すべての父に、その財政上の情況に無関係に、かつ子の母親と結婚しているかどうかにかかわらず、何らかの養育費を支払うことを要求する政策を支持したことを指摘して、「問題の焦点を、家族の破綻という社会問題から、家族の財源という狭い問題へと移行させ、そのターゲットがもっぱら『軽率な父親（feckless father）』になる結果をもたらした」としている（Davis at al., op. cit., pp.5-6.）。

（4）Davis et al., op. cit., pp.216-7.

（5）1998 Green Paper, chap.2, para.5. また、社会保障省政務次官（Parliamentary Under Secretary of State for Social Security）であるホリス男爵（Baroness Hollis of Heigham）も、後の九九年白書を検討するための衆議院社会保障委員会の公聴会における公聴人として、「われわれは、保守党政府の哲学的アプローチには同意する」と証言している（S elect Committee on Social Security Minutes of Evidence, Q.468.）。

（6）1998 Green Paper, chap.2, paras.4-9.

（7）Ibid., chap.3, paras.1-2.

（8）Ibid., para.3.

（9）Ibid., paras.4-8.

(10) Ibid., paras.9-11.
(11) Ibid., paras.12-15.
(12) Ibid., paras.17-18.
(13) Ibid., para.19.
(14) Ibid., paras.20-22.
(15) Ibid., chap.4, paras.1-2.
(16) Ibid., chap.5.
(17) Ibid., chap.7.
(18) Ibid., chap.4, paras.3-4.
(19) Ibid., chap.4, para.8.
(20) Ibid., chap.4, paras.9-16.
(21) Ibid., chap.6.

第三章　二〇〇〇年新児童扶養法の成立
――児童扶養制度の新たな展開――

一　はじめに

イギリスでは、二〇〇〇年七月一九日に「児童扶養、年金、および社会保障法[1]（The Child Support, Pensions and Social Security Act 2000）」が、議会を通過し、同月二八日に女王の裁可を受けた。この法律は、その名称が示すように、実際には、三つの法律からなっている。すなわち、その第一部は、本章の考察対象となる部分であり、児童扶養政策に新たな改革を導入するための規定からなる。これと関連し、第Ⅴ部は、父性の決定およびステータスの宣言に関する家族法の改正を規定する。第Ⅱ部は、国家第二年金の創設による国家収入関連年金制度（the state earnings related pension scheme）の改革に関する規定である。第Ⅲ部および第Ⅳ部は、労働党政権による一連の社会福祉制度改革の推進に不可欠なもう一つの柱である不正受給者の撲滅に関連するもので、違反者に対する社会給付の喪失等を規定する。

すでに前章において、右の立法の契機となったブレア労働党政権による児童扶養制度改革の構想について、各界の意見を聴取することを目的として公表された政府の緑書[(2)]（Children First: a new approach to child support（1998）Cm 3992）によりながら概観した。この緑書に対しては、一五〇〇通にのぼる文書による意見が寄せられたとされ[(3)]、政府は、これら意見書を検討した上で、同年七月に、改めて、その改革案を、白書『福祉のための新しい契約──子どもたちの権利と親たちの責任（A new contract for welfare: Children's rights and parents' responsibilities（1999）Cm 4349）』として公表した[(4)]。議会は、これを受けて本会議における社会保障政務次官の趣旨説明と質疑応答の機会をもつとともに、衆議院社会保障常任委員会においてその検討を開始した。

同委員会は、制度に関係の深いまたは関心をもつ個人または組織に対し、白書に関する意見書の提出を求めるとともに、同年九月には公聴会を開催し、前章でも参照し、政府の改革案の作成に大きな影響を与えたと思われる調査研究書[(5)]『運用におかれた児童扶養制度'Child Support in Action'』の著者グイン・デイビスらを皮切りに、意見書を寄せた個人または組織の代表一八組を証言人として委員会の席上に招き、三日間にわたる質疑応答による審査を実施した。

こうして同委員会は、問題の論点を整理したうえで、各論点ごとに委員会の結論およびこれにもとづく政府に対する勧告をまとめた文書を、同委員会会期内第一〇次報告書[(6)]として、同委員会が受領した意見書および公聴会の証言録（minute of evidence）を添えて、同年一一月三日づけで政府に提出した。

これを受けて、政府は、直ちに勧告に対する返答書[(7)]をコマンド・ペーパーとして、議会の常任委員会あてに送るとともに、早くも一二月一日には、同時並行的に立法の準備作業を進めてきた年金および社会保障改革関連の事項と統合する形で、「児童扶養、年金および社会保障法案（The Child Support, Pensions and Social Security Bill）」を衆議院に上程した。

法案は、衆議院において、一月一一日の第二読会をかわきりに審議に付され、同月一八日から五月七日までの討議委員会（standing committee）による全一一回に及ぶ実質的な検討を経たうえで、貴族院に送られ、そこにおいても、四月一七日の第二読会以降、議会手続きの各段階における審議に付されたうえ、七月一九日に貴族院を通過し、貴族院での改正点に関する同月二四日の衆議院の審議・裁決を経たうえで、同月二八日には女王の裁可を受けるに至った。

本章は、二〇〇二年四月の施行をめざすこの新しい法律における児童扶養制度に関する部分（以下「児童扶養法」と呼ぶ）について概観するとともに、今日、わが国において、焦眉の急の課題ともいうべき離婚後の子の養育費の確保に関する制度の整備・改革にとって参考となると思われる論点を中心に、議会での審議も含めた上記立法過程における議論を考察することを目的とする。

（1）以下、CSPSSA 2000として引用する。
（2）以下、Green Paperとして引用する。
（3）Child Support, Pensions And Social Security Bill Explanatory Notes, Dec 1999（以下、Explanatory Notes to Billとして引用する）, para 8.

（4）以下、White paper 1999 として引用する。
（5）Gwynn Davis, Nick Wikeley and Richard Young, Child Support in Action, 1998.
（6）Select Committee on Social Security, The Tenth Report, HC 798, 1999. 以下、The 10th Report として引用する。
（7）Department of Social Security, The 1999 Child Support White Paper: Reply by the Government to the Tenth Report of the Select Committee on Social Security, Session 1998/99, HC 798. 以下、Government's Reply として引用する。

二　新児童扶養法のあらまし

1　新児童扶養システムの仕組み

(a)　有資格子と親の扶養責任

親の子に対する扶養義務を一般的に規定するのでなく、親の一方または双方が、その子と同一家庭に住んでいない場合の、原則として一六歳未満の子を有資格子[1]（qualifying child）として（ss 3(1), 55(1)）、その親にその子を扶養する責任がある（responsible for maintain）ことを宣言（s 1(1)）するとともに、同法にもとづいて計算された額の養育費の定期的な支払いを、右の責任の履行として、強制力をもって図るやり方は、これまでのままである。

なお、養育費の支払を強制されるのが「非同居親[2]（non-resident parent）」（s 3(2)）だけである点も従来と変わりがないが、一九九一年法のもとでは、監護親（parent with care）に査定対象所得（assessable income）額を超える収入がある場合に、その一定部分が公式に算入され、非同居親の支払額を減ずるものとされていたのを、二〇〇〇年法のもとでは、後述するように、この建前は否定され、その収入は、「養育費計算(3)（maintenance calculation）」において、一切考慮されないこととなった。

(b)　子どもの福祉の尊重

児童扶養法の第二条は、「国務大臣が、本法にもとづく裁量権の行使を要すると判断する場合には、その決定によって影響を受けそうな子どもの福祉を尊重しなければならない」と規定し、この条項の二〇〇〇年法による改正はなされなかった。したがって、子どもの福祉が裁判所の「至上の考慮事項（paramount consideration）」と規定する一九八九年児童法（Children Act 1989, s 1）、および未成年の子どもの福祉に「第一の考慮（first consideration）」が払われると規定する一九七三年婚姻訴訟事件法（Matrimonial Causes Act 1973, s 25）との隔たりはそのままである。

しかしながら、非同居親が持った第二の家族の子どもの扱いについては、現行法が、有資格子の養育費のための査定対象となる非監護親の所得を確定するにつき、パートナーの連れ子の生活費は無視するし、査定対象から免除される住居費についても当初は連れ子の利益となる分を減額していた(4)、というように、非監護親の実子でないかぎりその利益はほとんど無視されていた。これに対し、改革後は、白書がいうように、第二の家族の子について、「そのニーズを無視しない」方針を立て、後にみるように、養育費責任額の査定において、非同居親の新しい家族責任を反映するようにレートを調整し、しかも実子、継子を問わず、すべての子どもが同じ保護を受け、養育費の扱いで、『一等』、『二等』の差別が生じないよう配慮している。(5)

(c)　養育費計算手続きの申請

養育費の計算手続の申請ができるのが、前述の有資格子をかかえる監護親を含む監護者（person with care）と、非同居親であり（s 4(1)）、この申請はあくまで申請者の自由であって、査定された養育費の徴収、あるいは強制をも申請でき（s 29(1)(b)）、これらの利用に対してそれぞれ当然に手数料の支払いが要求されることは、従来通りである（s 47）。

しかし、無拠出の社会保障給付を受ける監護親については、現行法第六条によってこの申請が義務づけられていたことは第1章でみたが、(6)二〇〇〇年法により改正される新しい第六条は、監護親が、所得補助（Income Support）、収入ベースの求職者手当(7)（income-based jobseeker's allowance）、または他の所定の社会給付［＝資力調査の伴う無拠出の給付］を申請し、あるいはこれらを受給する場合には、その親について、養育費計算と非同居親からの徴収行為の着手を申請したとみなす旨を規定し、監護親自身の申請をまつことなく、児童扶養手続きを開始できることに変更された（s 6(1),(3)）。

ただし、「彼女自身または一緒に住む子が危害ないし著しい難儀を被る危険が存在すると信ずる正当の事由がある」場合の協力拒否を認めるいわゆる「申請義務免除の正当事由（good cause）」はそのまま残すことにしている（s 46）。もっとも、正当事由の有無は、現行法のように、社会給付を受ける監護親が申請義務を怠った場合について判断されるというのではなく、社会給付を受ける監護親の児童扶養手続は自動的に進行するから、いずれかの段階において、監護親がその手続からの脱退を社会保障大臣に対し請求した場合について判断されるということになる。しかも、社会給付を受ける監護親には、申請するか否かの選択の余地がなくなるから、申請をさせないための非同居親からの圧力など、監護親に生ずる危険を減少させることも期待できるのである。そして、正当事由が存在しないにもかかわらず、監護親が依然、手続きからの脱退を望むときは、これに対する制裁と引き換えに、脱退を認めることとしたのである。[8] さらに、その制裁の方法としては、支給される所得補助中の本人の個人手当分を一定割合で減額するいわゆる給付上の制裁（the benefit penalty）をそのまま残すこととしたのであった。

他方、現行制度の創設を提案した一九九〇年白書は、任意の申請をすべて受け入れる方向を示しながらも、児童扶養が問題となるケースは約二〇〇万件との予測を掲げつつ、関心の中心であった社会給付受給者を最優先させ、それ以外は態勢が整うと思われる三年の間に段階的に実施するとした。[9] そして、九一年法も、CSAがアセスメントの管轄権を持っている場合、すなわち、「有資格子、監護者および非同居親が存在するケースについては、イギリス国内どこにおいても」[10]、現実にその申請があったか否かにかかわらず、裁判所は、子どもについての何らかの養育費に関する命令をなし、またはCSAの査定を変更する権限を行使できないとする原則を規定し（s 8(1),(2)、

(3))、前述のように、CSAに対する申請について当事者の自由な判断に委ねつつも、施行に伴う規則の上で、将来における段階的実施を明記したのであった[11]。

このため、種々の実定法上の規定を根拠としてなされる養育費に関する裁判所命令（cf. s 8(11)）をもつ当事者は、その効力の否定を意味するCSA査定の申請が禁止されることを当然のこととしつつ、書面による養育費に関する合意のある当事者の申請は、九一年法の施行日（一九九三年四月五日）までに締結されたものについて延期し、したがって、所得補助等の社会給付の受給者以外では、裁判所命令も合意書も持たない当事者の申請、および施行日以降に合意書を交わした当事者の申請のみに限る形でスタートしたのであった。

しかし、制度の実質的な転換を図った一九九五年法も、その時点での受け入れ態勢になお変化がないとみて、九三年四月五日以前の日附のある有効な合意書または裁判所命令をもつ場合について、無期限に児童扶養の申請の許容を延期する旨の規定を挿入し（s 4(10(a))）、したがって、養育費に関する私的なアレンジメントを持つ場合については、引き続き、同日以降の合意書をもつ当事者の申請のみを可能にすることにした。

しかしながら、二〇〇〇年法は、改革が導入された後になされた裁判所の養育費命令をもつ親たちからの申請について、その命令が少なくとも一年を経過した後においては可能となることを規定し（s 4(10)(aa))、これまで全面的に申請を制限されていた裁判所命令を有する監護親に対し、児童扶養手続きの申請について部分的に扉を開くこととした。しかし、この点に関しては、この制度の存在する中での裁判所の役割の問題として、多くの議論のあったところであり、その詳細は後に述べることにする。

(d)　児童扶養エイジェンシィ（CSA）

児童扶養エイジェンシィ（CSA）は、そのまま存続されるものの、すでに前稿で見たように、「積極的で現代的な児童扶養サービス」[12]の担い手として、そのイメージは一新されるはずである。しかし、CSAは、法律上独立の存在を有せず、その業務に必要な権限は、法律上社会保障大臣の権限という表現で規定されることになった。したがって、CSAは、そのスタッフである児童扶養官（child support officer）、児童扶養査察官（child support inspector）らが、国務大臣の名において行為をすることになる。

また、新制度のもとでは、必要な情報の収集に当たる児童扶養査察官の役割が重視される。現行法では、それは、査察を必要とする個々のケースについて、個別に任命される必要があったため、実際には、ほとんど使われなかったし、訓練された検査官のチームを編成する機会も妨げられていた[13]ことを考慮して、新法は、大臣が、「適切と考える期間において、査察官として行動する人」を任命できることになった（s 15(1)）。

（1）　以下、文中カッコ内の条数は、特にことわりのないかぎり、二〇〇〇年法により改正された一九九一年法の条数をさす。

（2）「非監護親（absent parent）」の用語は改められた。なお、non-resident parent の訳語については、そのまま「非監護親」を用いることも考えたが、後述のように、共同監護による養育費責任額の減額の制度が採用された点からすると、「非同居親」の訳語をあてることが適当であろう。
（3）「養育費査定（maintenance assessment）」の語は使わないことになった（CSPSSA 2000 s 1(2)）。
（4）本書九一頁参照
（5）White paper 1999, paras 9-15.
（6）本書七四頁。
（7）求職者手当（Jobseeker's allowance）は、一九九六年に、国民保険の失業給付（Unemployment Benefit）および失業者に対する所得補助の両者に代わるものとして導入されたが、そのうち、国民保険の拠出条件を満たさない失業者を対象に、所得補助と同様の資力調査を条件に支払われる無拠出制の手当金。申請時に求職活動同意書への署名を求め、求職活動の拒否者に支給を停止するなど、受給者には積極的な求職活動が義務づけられる。
（8）Explanatory Notes to Child Support, Pensions And Social Security Act, Jul 1999（以下、Explanatory Notes to Act として引用する）、para 49.
（9）Children Come First: The Government's Proposals on the Maintenace of Children, 2 vols, Cm 1264, HMSO, 1990.（以下、White Paper 1990 として引用する）, vol.1, para 7.6.
（10）Roger Bird, Child Maintenance-The New Law, 2000, p.98.
（11）SI 1993/966.
（12）Green Paper, Chap 4, para 1.
（13）Explanatory Note to Act, para 152.

2 養育費計算のための公式

(a) 簡易な計算式

現行の養育費査定の公式は、家族において子どもを養育するために『必要な養育費』を、社会給付の所得補助の額の決定に用いられる数字をそのまま用いて算出することが出発点であり、その必要とされる額を、各親の収入とその処分が許される範囲で、親の間に分配するというものであった。(1) これに対し、新しい公式は、すでに前稿で考察した緑書が予告していたように、非同居親の純所得に、責任を負う子どもの数に応じた所定のパーセンテージ（たとえば、子どもがひとりの場合には、一五パーセント）を乗じた額としたのである。そして、このような算定についての考え方としては、社会保障政務次官ホリス男爵（Baroness Hollis of Heigham）の説明を借りれば、「子どもにはサポートが必要である。あらゆる研究と広範な経験から、ほとんどの家族において、収入の約三〇パーセントをそのために、すなわち、狭い意味ではなく、最も一般的な意味における子どもの生計費のために割いていることを、我々は知っている。……もし子どもにそれだけのお金が必要だというのなら、それが、二人の親の間に五〇対五〇で分けられるはずと考えるのが妥当である(2)」ということであった。

これまでの公式は、児童扶養官が個々のケースの査定額について、事実に当てはめながら詳細に計算するために不可欠のものであったが、新法のもとでは、ポケット計算器があれば計算可能という、改革が標榜する「ラジカルな簡易化」を象徴するものになった[(3)]。

(b)　計算のための料率

新しい公式のために、基本レート（basic rate）、減額レート（reduced rate）、均一レート（flat rate）および免責レート（nil rate）の四種類のレートが定められている。通常の場合に適用されるのが基本レートである。これに基づいて、非同居親は、週あたりの純所得に対し、有資格子が一人なら一五パーセント、二人なら二〇パーセント、三人以上なら二五パーセントの割合で、養育費の支払うべき責任額が計算されることになる。なお、たとえば、非同居親が三人の有資格子をもち、そのうち二人を前々妻が監護し、一人を前妻が監護するような場合には、非同居親の純所得に、子三人の場合の料率である二五パーセントを乗じたうえで、前々妻にその三分の二が、前妻に三分の一が支払われることになる（CSPSSA 2000 Sch.1, Part 1, para 6）。

また、非同居親が、第二の家族をもつ場合には、その純所得から第二の家族の子ども（関連他子（relevant other child）という）の養育費がまず控除され、その残額が養育費の責任額算定の対象になる。関連他子は、「非同居親またはそのパートナーが児童手当を受取っている子」と定義され、控除の料率は、一人なら一五パーセント、二人なら二〇パーセント、三人以上なら二五パーセントである（CSPSSA 2000 Sch 1, para 2(2)）。それゆえ、たとえば、非同居親の純所得が週三〇〇ポンドで、一人の関連他子がいる場合には、まず一五パーセント（四五ポンド）が控除され、二人の有資格子がいれば、二五五ポンドの二〇パーセントである五一ポンドが養育費責任額ということになる[(4)]。

非同居親の週あたりの純所得が一〇〇ポンドから二〇〇ポンドの間にある場合には、減額レートが適用される。詳細は、規則に規定されることになるが、たとえば、純所得が週一五〇ポンドの者には一八ポンドの責任を課し、純所得が一七〇ポンドに増加すれば、二三ポンドを課すというように、一〇〇ポンドを超える額に応じてその割合が決められるだろうと予想されている。(5)

非同居親が、週あたり一〇〇ポンド以下の純所得を持つか、自分自身またはパートナーが、所定の社会給付、年金もしくは手当を受け、もしくは所定の社会給付を受ける場合で、後述の免責レートがあてはまらないケースには、均一レートが適用される（CSPSSA 2000 Sch 1, para 4）。

非同居親が、五ポンド以下の純所得しかないか、または、フルタイムの高等教育の学生および囚人など、後に規則で確定することが予定されているカテゴリーに当てはまる場合には、免責レートが適用される。(6)

(c)　共同監護による養育費の減額

新法は、非同居親が、有資格の子を年に五二夜（平均週一回の割合）以上、自分の居宅に泊まらせた場合には、共同監護（shared care）を理由に、基本レートまたは減額レートによって算定された養育費の責任額を縮減させることを認める。

減額の率は、非同居親がした一人の子の泊りがけの監護の回数が、五二夜から一〇三夜まででであれば七分の一、一〇四夜から一五五夜まででであれば七分の二、一五六夜から一七四夜まででであれば、七分の三、一七五夜を超えれば半分であり（CSPSSA 2000 Sch.1, Part 1, para 7(4)）、これに加えて、子ども一人につき、各七ポンドがさらに減額されることになる。

しかし、これが適用されるのは、もっぱら基礎または減額レートによる支払いをする非同居親だけであり、週一〇〇ポンド未満の収入のため、均一レートが適用されている非同居親の場合には、共同監護を引き受けることとは無関係の立場におかれる。

（1）　本書七七頁以下参照。

（2）　Hansard HL, Vol. 612, Cols.1254, 8 May 2000.

（3）　Nick Wikeley, Child Support - the new Formula, part 1, Nov [2000] Fam Law p.821.

（4）　緑書では、他の案として、子どもの総数で算定し、人数の割合で分配する方式も提案されていた。それによれば、三〇〇ポンドの二五パーセント（七五ポンド）が、一対二で配分され、責任額は五〇ポンドとなるから、採用案の方が、有資格子にわずかに有利ということになる（Green Paper, Chap 5, paras 13-5.）。

（5）　Explanatory Note to Act, para 30.

（6）　Ibid., para 33.

三　新制度の問題点

1　監護親の収入の考慮

現行制度においては、監護親の収入は、それが査定対象所得の額を超えるときは、その一定部分が所定の公式に算入され、非同居親の支払うべき養育費の額を減ずることになっていることはすでに見た(1)。しかし、今回の改革においては、養育費額の計算につき監護親の収入を無視することが、すでに白書において表明されていた。その理由として白書があげたのは、第一に、監護親は、家庭で子を世話することにより、すでに養育のコストに貢献していることである(2)。前述のように、子どもの養育には平均して家計の約三〇パーセントが必要であり、これを両親が半分づつ負担すべきだとする考え方を前提に、非同居親の養育費の責任額は、その純所得に一五パーセントが乗ぜられたものとなるが、監護親の負担すべき一五パーセントは、現実の養育によって拠出されているということである。第二に、監護親の収入を考慮することは、事態を複雑化させるということであった。これをいいだすと、非同居親に新しいパートナーがいる場合にその収入をどう考慮するか等々、複雑さゆえに破綻した現行システムの二の舞になりかねないと考えたからである(3)。第三に、政府の調査によれば、現行制度でフル査定を受けた非同居親の九六パーセントは、監護親の週給が一〇〇ポンド以下の場合であり、監護親に週二〇〇ポンド以上の収入のある場合は、数にして六、〇〇〇件弱にすぎず、このようなごく少数派の非同居親のことを配慮することは、望ましくも、必要でもない、ということであった(4)。

養育費の計算において監護親の所得を一切考慮しないとする白書の立場に対して、バリスタ、ソリシタを中心とする法律家からの反対がとりわけ強かった。

家族法バリスタ協会（the Family Law Bar Association）は、白書に関する公聴会のために衆議院社会保障委員会に提出したメモランダムにおいて、この提案は、「明白に不公平で、相当の不平をもたらす」とし(5)、公式の単純化を貫くという目的のために、「非同居親の公正を求める権利を犠牲にしようとする」政府の主張は、「邪悪で、憂慮すべき（sinister and worrying）」だとさえ非難する(6)。そして、オーストラリアでは、なんらの困難も複雑さも生み出すことなく、監護親の収入を簡単な公式に組み入れていることを指摘する(7)。

法律家がこの提案に反対することの根底には、政府が、児童扶養の問題について、結果的に裁判所の関与を減少させようとしていること、したがって弁護士が参画する余地を狭めることに対する不満が存在していた。そして、そのことは、ソリシタの中央組織であるロー・ソサイアティの証言者が、もっと率直に、「監護親が現実に所得を持っており、それが平均賃金を超えている場合には、裁判所で、養育費額を審理することが可能となるような例外を設けるべきである」と主張することからうかがうことができるが(8)、この問題については、項を改めて取り上げることにする。

家族政策研究センター（The Family Policy Studies Centre）も、監護親の収入を考慮しないことの不公平さを指摘し、そのことが制度への随順の気概を損ねる可能性があることを主張する。そして、同センターは、公聴会に提出したメモランダムのなかで、オーストラリアの児童扶養システムの改革において採用された解決策を参考に、むしろ、監護親の収入を考慮することを原則としたうえで、収入のある監護親の大多数を対象から除外できるような高額の敷居値を定め（例えば、男性の平均収入）、それ以下の収入しかない場合を適用除外にすることを提案する。(9) こうしておけば、算定は少数のケースについてのみ生ずるだけだから、複雑化にあまりこだわることなしに、公正さについての人々の印象をよくする可能性を持つと主張する。(10)

これに対して、ホリス政務次官は、公聴会において、高い収入をもつ監護親は、たとえば、一〇〇ポンド以上が四パーセントであり、四〇〇ポンドを超えるのが二〇〇人に過ぎないというように、あくまでごく少数しかいないことを強調し、元パートナーが社会給付を受けているか、高額の給料を得ているかにかかわらず、父が同じものを支払うという「提案のまったくのかつ自明の不正義」という批判に対し、高額の収入のある者が、「前パートナーと間に、洗練された関係をもっているとすれば、彼らは、好みに合わせてどのようなアレンジでもすることがき、われわれにはまったく関係がないのであり、従って、それは、単なる場違いな批評だと思う」と反論する。(11)

しかし、社会保障常任委員会は、われわれは、非同居親の稼ぎが、監護親よりも大幅に少ないケースを区別しないでおくことは、「不公平かつ異例（unfairness and anomalies）」の事態をもたらすかもしれないことを心配する、として、政府は、監護親の収入について、それを超えれば、非同居親の責任額を計算するについて考慮することになるように、男子の平均収入のかなり上まわる敷居値をセットするよう勧告した。[12]

それにもかかわらず、法案は、政府の当初の計画どおり、監護親の収入は非同居親の養育費責任額を左右しないものとして用意され、これに対する議会の激しい抵抗が予想された。

果たして、衆議院、貴族院のいずれにおいても、再三の議論に付されたが、附則（Schedule）に挿入すべき改正案として提出された代表的な案は、監護親が、二万二、五〇〇ポンドを超える年収を有する場合に、その超過額の一ポンドごとに、非同居親の純所得を、その半額を限度に一ペニーあて減額するというものであった。[13]しかしいずれも否決され、政府原案が確定することになった。

（1）本書七二頁。
（2）White paper, 1999, Chap 2, para 32.
（3）Ibid., para 33.
（4）Ibid., para 34.
（5）Social Security Committee, Tenth Report, Minutes of Evidence 798-ii, 1998-99（以下、The 10th Report Evidence として引用する）、p.60, Memorandum CS 34, summary.
（6）Ibid., p.64.
（7）同協会の証言者によれば、オーストラリアでは、税務申告される総所得を算定の基礎におき、もし監護親たる母親の収入が全国の平均賃金を超えるときには、父の総所得はその超過額相当分だけ減額され、そのうえで養育費が算定されているとされる（Ibid., Q. 206.）。

（８）Ibid., Q.246. なお、ロー・ソサイアティは、一九九七年六月に、緑書に対する意見書を提出しており、そこにおいて、児童扶養が、児童法や家族法にもとづいて裁判所で処理される他の問題から隔離されて処理されることの限界を指摘し、政府の社会給付ケースに対する関心を受け入れつつも、なお、児童扶養について裁判所の査定が可能になる境界線を、考慮事項のガイドラインとともに、確定すべきことを提案している（The Law Society Response to the Department of Social Security Consultation Paper, 1997, paras 10-12.）

（９）See The 10th Report Evidence, p 164, Memorandum CS 54, para 9.

（10）Ibid., p 165, para 12, Q. 439.

（11）Ibid., Q. 491.

（12）The 10th Report, para 36.

（13）Hansard HC, Standing Committee F, 27 Jan 2000, HL, Cols.441ff, 22 Jun 2000.

２　養育費責任額の上限の設定

現行の児童扶養の公式においては、責任額に上限があり、有資格子の数および年齢によって異なるが、たとえば、一歳未満の子どもには、最高額は週に一二〇ポンド、二人の子どもなら約二〇〇ポンドを上限として責任額が算定される。そして、この上限額を嵩上げするために、監護親は、裁判所に行くことができる。しかし、白書は、「子どもは、その親たちの所得に対し持分権（right to share）を持っており、そのことは、つつましい収入の親の子だけでなく、裕福な親の子にも当てはまる」として、新しい児童扶養制度では、養育費の責任額に上限をおかないことを提案したのである。[1]

この提案に対しても、家族法バリスタ協会は、「奇妙で（bizarre）」、「不公平な（unfair）」提案として、真っ向から反対した。すなわち、社会保障委員会の公聴会において、「子どもはその親たちの所得に対し持分権を持つ」という白書が主張する観念は、「子どもは、家族の状況変化につれて、家族の繁栄を分配される権利を持っているという意味にとらえることができるのではないか」とする委員の質問に対し、同協会の証言者は、「たとえば、私の現在一歳の子が二十一歳になったとき、この間の私の収入の一五パーセントを受け取るべきだったとして、二一年間の取り分を訴求できる」ということになってしまうとして、ＣＳＡに託される原理は、「子どもは、扶養を受ける（maintained or supported）権利以上の権利は持っていない」ということであって、白書のいうような観念を前提とする提案が実現することは、「イギリス法および社会的経験の見地からみると、重大な社会通念の変更（change of massive social profundity）になる」とさえ主張するのであった。[2]

白書の主張する原則を、家族法バリスタ協会のように厳密な法的観念として受けとめ、その不当性を理由に反対するのでなく、責任額に上限を設けないことが、その支払を強制される非同居親にどのように受け止められるかという観点から反対するのが、非同居親たちが組織する圧力団体である「家族は父親を必要とする（Families Need Fathers）」のグループであった。

彼らは、児童扶養の責任額に上限を設けないことは、子どものためのつもりのお金が、監護親を扶養するために使われることを意味し、したがって、児童扶養における「お金は子どものため（the money is for the child)」という建前が完全に蝕まれ、「配偶者扶養と『養育者手当』（spousal maintenance and the "carer's allowance")」の問題となって、新しいシステムへの信用性と人々の随順意識に影響すると主張したのである。(3)

また、二人の研究者から委員会に提出されたメモランダムは、右のグループの主張を裏づけるかのように、この問題について次のように述べている。すなわち、「われわれの調査結果から判断すると、もしこの新しい計画［＝責任額に上限を設定しないこと］が、裕福な父に対し、所得補助の範囲を越えた、子どもを育てるのに必要以上のコストを支払うことを期待しているのだとすれば、裕福な父から重大な反対が起こる。国家は、なぜ納税者に関係のない時に、父が非同居の子どもにいくら払うかを決定できるのか？もしカップルの家族においてそれが起これば、それは個人の自由に対する耐えがたい猛攻撃と考えられるはずだ」と。(4)

もっとも、白書の立場に賛成するグループもあったことはいうまでもなく、全国ひとり親家族協議会（The National Council for One Parent Families)、公的・商用サービス連合（The Public and Commercial Services Union）は、いずれも白書が掲げる「子どもはその親たちの所得に対し持分権を持つ」という観念に、全面的に賛意を表しつつ、支払額の上限をなくすという提案に賛成する。(5)

かくして、委員会自体は、その最終態度につき、「われわれは、支払うべき責任額が法外に高くなるような二・三の派手なケースが、社会の受けとめ方に否定的な影響を与える危険があることは認める。しかしながら、バランスの問題として、私達は、より裕福な親たちの子どもがその親の富に持分をもち続ける権利を有すべきであるということも、ケースによっては理解できる。従って、われわれは、改革された公式を自動的に適用するについて、上限を導入することを支持しない」と結論づけた(6)。

こうして、非同居親の収入に上限をもうけないものとして起草され議会に退出された法案は、しかし、その審議過程において、反対派議員から執拗な攻撃を受けることになった。

反対の論点は、法案として提出される以前にすでにほぼ出尽くしていたとはいえ、その主なものをあげれば、第一に、子どもの権利の範囲をめぐって、「子どもは、扶養に対して、そして教育、居住およびその他のニーズを充たすことに対して権利をもつが、親の富における直接の持分に対する権利はない」として、そうでないと、年収五三〇億ポンドのマイクロソフトのビル・ゲイツ氏に、もし二人の子がいるとすると、その子らは一〇六億ポンドを受取ることになると主張された(7)。そして第二に、非同居親の収入に上限を設けず、計算上養育費が高額になると、「子どものニーズとの関係がなくなり(8)」、「子どもを育てるコストに関連しているという明確な外形」を失い、あたかも「非同居親に課せられる直接の『税金』とみられ(9)」、あるいは、その目的が、「子どもにフェアな養育費を確保する」のでなく、「裕福な非同居親にダメジを与える(10)」ことであるかのようになることである。そして、第三に、多くの論者が懸念することは、支払われた養育費が、子どもの生活水準や生活の質の向上のためのお金として「子どもにわたることを保証する方法について規定がない」[11]ため、「養育費の支払いは、効果としては、配偶者の扶養費の支払いになる」[12]のであり、「非同居親がその富を子どもではなく、元の配偶者に譲渡しなければならないというメカニズムを導入する」[13]結果になることであった。

そして、反対派からの強い圧力は、ついに、七月一九日の貴族院第三読会における政府自身による修正案の提出を促すことになった[14]。これは、非同居親の養育費の責任額の計算において、その純所得が週二、〇〇〇ポンドを超える場合には、いかなる収入も無視されるとするもので、これにより、政府は、養育費に上限を設けることを承認するに至ったのである。このことは、第二の家族がいない非同居親は、有資格子が一人なら、責任額の上限は、週三〇〇ポンド、二人なら週四〇〇ポンド、三人以上なら五〇〇ポンドとなることを意味する。そして、第二の家族の関連他子のための控除計算も、この上限額においてなされるものとされ、したがって、たとえば第二の家族に一人の子がいれば、二、〇〇〇ポンドの一五パーセント（三〇〇ポンド）を控除した一、七〇〇ポンドが責任額計算の基礎となるのである。

なお、この修正は、このような責任額計算に関する側面においては、主要な譲歩ではなかったといわれるが[15]、後述の裁判所の役割の問題では、政府のもともとの原則に関わる大修正を意味していたのであった。というのは、ＣＳＡが算定できる上限額が決められたことの当然の結果として、裁判所の養育費命令が禁止されない場合を定める八条六項に、「非同居親の週当たりの純所得が附則に定める上限額を超える場合」が挿入されたからである。後述のように、白書で表明された「児童扶養レートから脱退する豊かな親たちとの『二階層』の児童扶養サービスが存在することにならないように保証する」という原則を撤回して、週あたりの純所得が二、〇〇〇ポンドを超えている非同居親について、裁判所は、当事者の請求に応じて、養育費の上限額を嵩上げする（top up）命令をすることができるようになったからであった。

そして、この修正を含む貴族院での修正点につき審議する最後の衆議院の審議において、アンジェラ・イーグル社会保障政務次官は、右の結果について、「われわれは、非常に高額の所得者のケースについて、その財政状態を解明し、財産の適切な割り当て、配偶者の扶養、および児童の養育費についての実際的な結論をもたらすことを、裁判所に任せることがより適切であることを確信した。児童扶養責任額に上限を設けないと、裁判所が、家族の財務問題に適切な決着をつけさせることができなくなるかもしれないのである。上限を設けることで、裁判所は、他の財政的なアレンジを決定しつつ、固定された児童扶養の責任上限額を超えたところで機能することができるのである」という見解を公式のコメントとして表明したのであった[16]。

（1）　White paper, 1999, Chap 2, paras 35-6.
（2）　The 10th Report Evidence, Q. 202.
（3）　Ibid., p.116, Memorandum CS 32, section 5.

（4） Ibid., p.135, para 21.
（5） Ibid., p.34, Memorandum CS24, para 6.1 and p.151, Memorandum CS19, para 17.
（6） The 10th Report, para.41.
（7） Hansard HC, Vol. 347, Col.381, 29 Mar 2000.
（8） Hansard HL, Vol. 612, Col.1251, 8 May 2000.
（9） Hansard HC, Vol. 3,47 Col.381, 29 Mar 2000.
（10） Hansard HC, Vol. 342, Cols.234-5, 11 Jan 2000.
（11） Hansard HC, Vol. 347, Col.385, 29 Mar 2000.
（12） Hansard HL, Vol. 612, Col.1251, 8 May 2000.
（13） Hansard HC, Vol. 342, Col.234, 11 Jan 2000.
（14） Hansard HL, Vol. 615, Col.1082, 19 Jul 2000.
（15） 政府の代表者は、この修正に影響を受けるのは一二〇人程度と述べている（Hansard HC, Vol. 354, Col.793, 24 Jul 2000.）。
（16） Hansard HC, Vol. 354, Cols.793-4, 24 Jul 2000.

3　養育費問題における裁判所の役割

前述のように、新法は、施行日（おそらく、二〇〇二年四月）以後になされた裁判所命令をもつ有資格子の親は、その命令が発効してから一年後に、ＣＳＡの手続きを申請することができるとして（s 4（10）(aa)）、裁判所命令をもつ監護親による児童扶養手続きの申請について、はじめて扉を開くこととした。

これは、新しい修革が発効した後になされた裁判所命令または他の私的なアレンジを持つ親たちが、養育費の徴収についてCSAに申請ができるようにすべきであること、しかし新しいサービス体制の確立を急ぐCSAに基準の異なる査定額の徴収業務を課すことは期待できないから、その場合の徴収額はCSAレートに統一すること、という白書の提案を、具体化したものであった。[1][2]

このように、私的にアレンジされた養育費の「徴収」についてのCSAへの申請の許容といいながら、結果的には、養育費に関する裁判所命令を持つ親が、これをCSA査定に切り換えることを認める提案をするについて、白書は、「改革された計画が、養育費問題を解決する必要のあるすべての親と子どものためにサービスを用意するようにしたい。簡単な公式とアクセスしやすいローカルなサービスは、彼らが、社会給付を受けているか、ほどほどの賃金を得ているか、極めて裕福であるかを問わず、親たちを助けるはずである」として、有資格子の親からのCSAに対する申請はすべて受理するという基本原則を掲げ、それが必要な理由として、第一に、「児童扶養レートから脱退する豊かな親たちとの『二階層』の児童扶養サービスが存在することにならないように保証する」こと、第二に、養育費の決定について、裁判所の関与を減らすこと、そして第三に、「対審構造の裁判システムによってなされた不満足な養育費アレンジメントの受入れを強制されてきた」親たちに自由を与えること、をあげたのである。[3]

第一は、非同居親が高収入の場合に、養育費の責任額に上限を設け、それを超える額を求めるケースを裁判所の管轄として残すかどうかの問題であり、白書がこれを認めないとする基本的態度をすでに表明したこととの一貫性を貫くためである。[4] しかし、この点に関しては、大きな論点として別個に問題とされたが、すでに見たように、政府は、非同居親の所得に上限を設けることに法案審議の最終段階において妥協し、これに伴って、新法は、裁判所に対し養育費責任額の上限の嵩上げを審理する管轄権を認めたのであった（s8(6)(b)）。

第二に、養育費レートの設定について裁判所の関与を減らしたい理由として、白書は、裁判所の関与が、「定期的な養育費の支払いが財産または資本の移転と引き換えにされる『クリーン・ブレイク』合意を増大させ、その結果、あまりにもしばしば、非同居親に子に対する継続的責任の回避を可能にさせ、子どもを貧困にとじこめ、納税者に勘定書のつけを払わせた」という弊害をあげる。[5]

このようなクリーン・ブレイク合意の弊害については、少しく説明を要しよう。すなわち、一般に、離婚の際の財政的な取決めを書面によって合意した当事者は、双方の同意があればこれを「合意命令（consent order）」と呼ばれる裁判所命令に格上げすることができるという実務と、[6] 一九九一年法以来の経過措置として定められた前述したケースの種類ごとのＣＳＡに対する申請の制限との偶然的な組み合わせが、次のような事態を招いたのである。

前述のように、現行法では、養育費に関し私的なアレンジメントを持つ場合に唯一申請が認められるのは、施行日以後の合意書を持つ当事者だけであった。そして、そのような合意書は、ＣＳＡの申請への切替えが可能なことを承知で作成されることになるから、[7] 次第に減少するはずとの前提にたってなされた措置ではあったが[8]、これに該当する当事者は、実は相当の数にのぼっていた[9]。それにもかかわらず、彼らも、その合意書を「合意命令」に格上げすれば、裁判所命令を持つ当事者として、ＣＳＡの管轄権の適用から除外されえたのであった。一九九一年法も、裁判所のかかる権限の行使を承認し（s８（5））、この「合意命令」が、養育費の合意額がＣＳＡの査定額と大幅に隔たっている当事者、数ヶ月はかかるＣＳＡの査定を待てない当事者等によって頻繁に利用された結果[10]、くしくも、私的なケースをＣＳＡから締め出すメカニズムとして[11]、監護親の収入が低く、現に就労家族税額控除（Working families' tax credit）[12]を受けるに至ってさえも、ＣＳＡへの申請を妨げていたのであった[13]。

かくして、白書が述べるように、裁判所は、まさに、クリーン・ブレイク合意を「合意命令」に格上げし、子が貧困におちいっても、ＣＳＡへの申請を妨げることに加担するかのように機能したのであり、しかも、さらに白書が述べるように、そのような私的アレンジをしたケースの監護親が、「驚くべき割合で、その後に社会給付の受給者になり、…合意命令がＣＳＡの公式によってくつがえされる」ことになっていたのである[14]。まさに、このような裁判所の関与は排除すべきものであった。

第三は、当事者の意思に反して裁判所の管轄下におかれるべきではないということであり、白書は、子どもの養育費に関する裁判所命令および当事者の合意を、ＣＳＡの査定に移行させることを否定すべき理由はなく、将来的にはＣＳＡのレートを基準にした責任額のレベルの統一が望ましいと考えるのであった。白書がそのような考えをもつに至った前提として、新計画のもとでの責任額計算のための児童扶養レートについて、「貧しい親または所得補助受給者を念頭においた単なる『ラフな公正』による解決を求めるためだけのものでなく、すべての子どもが、権利として期待すべきものが反映されている」ことを確信したからであった。[15] しかも、現行法の運用過程において、すでに、「裁判所が、児童扶養レートによって養育費を設定しようとしている」といえるような傾向が生じてきているとみるからであった。[16]

こうして、政府は、衆議院の社会保障委員会の勧告に対する政府の回答書において述べるように、裁判所命令、当事者の合意およびＣＳＡ査定の三者による現在のそれぞれのアレンジメントを破るつもりはなく、「改革された計画の後になされた裁判所命令は、どちらの親でも児童扶養をＣＳＡに申請することができることを承知のうえでなされるから、親たちが養育費に関する合意に到達する際に、児童扶養レートに相応の重きを置くことが確実になる」[17] し、どちらの親にもＣＳＡに来ることを可能にしておけば、裁判所命令においても、ＣＳＡレートに近い線での（in the shadow of the CSA rates）解決が図られるのを保証するのことに役立つであろう[18]」とする控え目なコメントをなしつつも、ＣＳＡの線に沿った将来の三者間の養育費レベルの統一化を、自信をもって打ち出したのであった。

しかしながら、前述のように、これまで、九一年法が予定していたよりははるかに多くのケースがＣＳＡの申請から締め出され、白書はこれらを含む裁判所命令を有する親たちにＣＳＡへの申請に扉を開こうとするのであり、しかも、ＣＳＡが管轄権を持つ場合には、現実の申請の有無にかかわらず、裁判所は、養育費に関する命令をなしまたは変更をする等の権限を行使できないとする前述の原則（s８（1),（3)）のもとでは、改革導入以降に得た裁判所命令をもつ親は、一年の経過でＣＳＡへの申請が可能となる（s４（10)(aa)）と同時に、以後裁判所へのアクセスを一切絶たれることになるのであって、それらのケースのほとんどに弁護士がかかわっていたことからすると、右の白書の提案にもとづく改革は、そうした弁護士たちの関与の機会を大幅に減少させるのであり、開業弁護士にとっては大きな恐怖であった。

家族法バリスタ協会は、衆議院の社会保障委員会に提出したメモランダムにおいて、「現在、当事者は、確かに、ＣＳＡ査定に近い線で、養育費のアレンジメントを協議をしている。それは、どちらの当事者も、一致が得られない限りＣＳＡ査定を求めることができることを知っているからであり、……各当事者は、〔法律家の仲介による〕協議に着手する前に、ＣＳＡの責任額に近い線で、しかも、最高でも、せいぜいＣＳＡ責任額を上限とする計算をしがち」なのであり、まさに白書の「ロジックが逆（failure of logic）である」[19]として、ＣＳＡレートが、子どもの権利の充足どころか、低いレベルでの養育費の形成に貢献する可能性のあることを示唆する。しかも、二カ月という相手方に対する通知期間を加えた「わずか一四ヶ月の後に、いずれかの当事者が、養育費についての合意を破棄し、ＣＳＡのフル・アセスメントを求める権利を与えられるとしたら、当事者を分裂させる財政問題について、現実的な個人的妥協案に到達して行く能力は深刻に蝕まれる」であろうし、

「当事者がよろこんでそれ以外の合意をしているときに、ＣＳＡレートの線で決着をつけるように命ずることの底流にある前提は、不当な国家主義的愚民視（statist nannying）にほかならない」と非難する。(20)

また、ソリシタ協会（the Law Society）の証言者も、「裁判所は、総合判断をするのであって、配偶者の扶養と子どもの扶養を引き離すべきではない」のであり、裁判官の前で、全体的な審理を通じて、配偶者の扶養料を含めてすべてが処理されたのに、それを覆してＣＳＡにいくことは、「時間の浪費」であるばかりでなく、裁判所の命令した養育費の額が、たまたまＣＳＡより高ければ、非同居親が、一年の経過をまって、直ちに、ＣＳＡに行くことを主張することになるであろうことを危惧する。(21)

そして、ソリシタ家族法協会（Solicitors Family Law Association）も、むしろ、監護親が社会給付を受けていない「独立ケース（Independent Case）」から、ＣＳＡの管轄権を排除する旨の規定の新設を提唱し、(22)「ＣＳＡは、納税者を保護することになるのでないかぎり、裁判所が処理するケースに一切関与すべきではない」ことを主張するのであった。(23)

以上、主として、社会保障委員会の公聴会における法律家たちの議論をみたが、そのような議論を経た後、同委員会は、「すべてのケースについてＣＳＡの公式への無限のアクセスを許すことが賢明であるかどうかについては留保する」(24)として、たとえ、これを導入するにしても、新体制の成果を見るまで延期するとともに、更なる調査研究をすすめるべきことを勧告する。(25)また、裁判所命令を持つ当事者に、ＣＳＡへの申請を認めることが、ソリシタ協会が指摘したように、「裁判所で同意された決定を覆すため」に悪用される懸念を表明しつつ、しかし、「裁判所で達成される決着において、最初からＣＳＡの公式に注意が払われている方が望ましい」からとして、「裁判所に、児童扶養を決定するための出発点として、ＣＳＡの公式を考慮する法律上の義務を課すこと」を勧告したのであった[26]。

衆議院では、政府の原案通りのまま提出された改正案を削除する動議が提出され、審議の上撤回されたが、貴族院では、「この問題について、多数の各種組織から多くの圧力をかけられた」ことを表明するバスコウム男爵[27]（Baroness Buscombe）が強力な論陣を張ったほか、多数にのぼる修正案が提出され、ついに第三読会において、政府の修正案が用意されることになった。

政府提出の修正案とは、前述したように、児童扶養改革が導入された日以降になされた裁判所命令が一年以上を経過し、当事者がＣＳＡへの申請ができるようになった場合には、ＣＳＡが管轄権を持つケースとして、裁判所は権限行使を禁止される（s８（3））はずのところ、この場合を特にその例外として、裁判所の権限は現実にＣＳＡへの申請がなされたときに終了させ、それまでは、裁判所がなお当該命令に変更を加えることができるとするものであった[28]。

この修正案について、ホリス政務次官は、「われわれは、親たちが、養育費の決定を裁判所に任せることに満足し続けるときには、社会給付システムに無関係である限り、親たちをＣＳＡに来るよう強制することは望まない。もともと親たちの間の合意に基づく裁判所命令の変更が裁判所に求められている間は、われわれは、ＣＳＡに来るかどうかは、その親たちの選択にまかせることで満足である」と述べる[29]。

こうして、修正案は、貴族院の多数による承認を得ることになった。

すでにこの修正案の提出を予告した時点で、同政務次官が、「養育費について両親の間での議論というより、「免除（forgiven）」の問題をもたらすことになる。なぜなら、両親の双方の弁護士は、クライアントが遠い遠い将来にわたって承諾することを完全に確信できるまで、ＣＳＡレートを採用し、他の要素、例えば、財産、年金、配偶者の扶養料、貯金等々のすべてを協議することによって、クライアントの最良の利益が保護できることになることを知っているからである。両当事者が合意し、その協定にとどまることを双方の弁護士が確信する時にのみ、当事者は私的アレンジを脱出できるのである」と述べているが[30]、この措置によって、弁護士たちに依然多くの仕事を提供し続けるとともに、ワイクリィ（Nick Wikeley）がいうように、特に監護親は、「合意がなければ、依然ＣＳＡに行く権利を持っているから、疑いなく、監護親に、最後の手段としての強力な取引道具を提供することになる[31]」という結果に終わることになったのである。

（1）　White paper, 1999, Chap 8, para 23.

（2）　ただし、一年の経過後、相手方に対する二ヶ月間の予告期間を要するものとし、ＣＳＡの児童扶養手続きが開始させる前に、裁判所の養育費命令について、再協議を望むかどうかを考慮することを可能にする時間を与えることにしている（White paper, 1999, Chap 8, para 24., Explanatory Note to Act, para 47.)。

（3） White Paper 1999, Chap 8, paras 18-9.

（4） Ibid., para 36.

（5） Ibid., paras 19.

（6） 合意命令に格上げできる合意書には、両当事者のサインは明確には要求されず、特別なフォームもまったく不要であるから、たとえば、交換された手紙、ソリシタの手紙の記録、または別居証書でも十分であり、県裁判所や高等法院だけでなく、治安判事裁判所の家事部でもその権限を行使できたのである（Child Poverty Action Group, Child Support Handbook, 2nd ed, 1994, p.42.)。

（7） ＣＳＡへの申請を禁止する合意書の条項は無効とされる（s 9(3))。

（8） N. Wikeley, Private cases and the Child Support Agency, Jan [2001] Fam Law, p.36.

（9） ソリシタ協会の証言者によれば、離婚する当事者の九六パーセントは、ソリシタ等の仲介により、裁判所に行かないで、何らかの合意をしているという（The 10th Report Evidence, Q.240.)。

（10） Child Poverty Action Group, op. cit., p.35. 法案に反対し修正案を提出したバスコウム男爵（Baroness Buscombe）は、親が、ＣＳＡを避けて合意を結ぶ場合として、三つの状況を指摘する（Hansard HL, Vol. 612, Col.1302, 8 May 2000)。すなわち、第一は、養育費の合意額は、ＣＳＡの査定と同様だが、その手続の利用を避けたい場合。第二は、ＣＳＡの査定額を超えた支払を合意する場合で、最も一般的には、母自身が扶養料を主張しない代わりに高レベルの養育費が定められ、確実に子どもの利益になることから父にハッピーな支払いを保証し、父母双方を養育費額の見直しの煩わさから長期間開放するのである。第三に、ＣＳＡの査定額より小額で合意する場合であり、これは、しばしば、居住の家屋を母子に確保させることと、養育費がトレード・オフされるのである。

(11) Wikeley, op. cit., p.36.

(12) フルタイム（週三五時間）で就労する子持ち家族に、最低週二〇〇ポンドの収入を確保させるために、税額控除後の所得が二〇〇ポンドに達するまで税を控除する制度で、一九九九年一〇月から、従来の家族クレジットに代えて導入された。なお、児童扶養制度の改革後は、非同居親から支払われた養育費は、この税額控除に際しての所得に算入されないことになっている（White Pper 1999, Chap 1, para 15)。

(13) ＣＳＡの仕事のわずか八パーセントが私的なケースであり、残りのすべては社会給付受給者への仕事であったという統計が示すように、私的なケースの大部分をＣＳＡから締め出すように機能してきたということができる（The 10th Report Evidence, Q. 240)。クレトニィも、このような事態について、「まさか、はじめから、そのような効果をねらったわけではあるまいが」という趣旨のコメントをしている（S. Cretoney, Family Law, 4th ed., p.177.)。

(14) White Paper 1999, Chap 8, paras 20.

(15) Government's Reply, para 18. イーグル政務次官は、所得補助の受給者の出入りが多いことを指摘したうえで、「子どもを扱うシステムを生み出すときは、もっとむらを無くすこと、すなわち、監護親の状況が変わるごとに、子どもが受取ることを期待できる養育費に大きい違いがあってはならない」ことを強調する（Hansard HC, Vol. 348, Col.410, 29 Mar 2000)。

(16) Ibid., para 17. なお、子どもの貧困のために行動するグループ（ＣＰＡＧ）が発行する児童扶養制度のガイドブックにおいても、「多くの裁判所は、養育費のレベルを設定するにつき、事実上、ＣＳＡの公式にしたがった計算を用いている」ことを指摘している（Child Poverty Action Group,

Child Support Handbook,6th ed., p.33)。

(17)　Government's Reply, para 19.

(18)　Ibid., para 20.

(19)　The 10th Report Evidence, p.62, Memorandum CS 20, para 8.6.

(20)　Ibid., para 8.8. なお、議会でも、そのアプローチが、子と費用に関する調整につき、親自身で議論し、協議するよう奨励してきたヨーロッパやイギリスの圧倒的な傾向にまったく反することが指摘されている（Hansard HL, Vol. 612, Col. 1302, 8 May 2000)。

(21)　The 10th Report Evidence, Q. 240. また、ソリシタ協会は、一九九八年緑書に対する回答（The Law Society Response to the Department of Social Security Consultation Paper,）を提出しており、そのなかで、緑書が、前章（本書一一五頁）でみたように、子どもの権利と親の責任を連結させる「能動的な家族政策（active family policy)」の必要性を強調したことに関連して、そもそも、「児童扶養が、児童法や家族法により法廷で処理されている他の問題から孤立して処理されている」ことに疑問を呈し、現行の制度自体が、「子どもに影響するすべての手続きが、家族についての専門的な訓練と経験をもつ裁判官または治安判事により、同じ裁判所で、同時に審理されることを可能にすることに努めた児童法の目的を徐々に蝕んでいる」ことを指摘するとともに（para 10)、政府が「現行システムの問題性を受け入れ、改革に取り組むことは歓迎するが、ＣＳＡが、家族破綻の激しい痛みのなかにある多くの家族をとり巻く複雑な状況をとらえるのに十分でないことを看過している」こと、そして「裁判所を、経験豊かな家事裁判官によって家族破綻におけるすべての問題を処理するための単一のフォーラムとして考えるという機会を喪失させてしまった」と断じ、ＣＳＡはむしろ、「徴収と強制」のみを扱うものとし、その効率と有効性について改革すべきことを提案している（para 11）。

（22）The 10th Report Evidence, p 97, Memorandum CS 34, Annex 3.

（23）Ibid., Q.237.

（24）The 10th Report, para 61.

（25）Ibid., para 63.

（26）Ibid., para 62.

（27）Hansard HL, Vol. 612, Col.1302, 8 May 2000.

（28）なお、ホリス政務次官によれば、こうして変更された「新しい裁判所命令が、その後に裁判所により変更されるとしても、児童扶養申請に一二ヶ月の障碍はない。換言すれば、一二ヶ月という時計は、オリジナルの命令の日付からカチカチいい続けるのである」（Hansard HL, Vol.615, Col..1120, 19 July 2000）。

（29）Ibid.

（30）Hansard HL, Vol. 614, Col.456, 22 Jun 2000.

（31）Wikeley, op. cit., pp.35-38.

4　非同居親の子との面接交渉

現行の児童扶養の養育費査定においては、非同居親が、年間に一〇四夜を下限として、子どもをその居宅に泊まらせると、週平均の宿泊数が養育費算定の公式に織り込まれ、それに応じて負担すべき責任額が減額されることになっている。これは、非同居親が、週に平均二夜以上の割合で子を居宅に引き取る場合には、監護親との「共同監護（shared care）」の状態が成り立っているとみるからであり、あくまで、そのような場合の責任額の算定における両親間の公平が考慮されて採用されたものと見ることができる。

しかしながら、前章でみたように、今回の児童扶養制度の改革構想に対する意見聴取のために公表された緑書は、文化改革としての同制度の再構築にとって能動的な家族政策が必要であることを強調して、そのなすべき施策の一つとして、離婚手続においてなされるカップルによる子どもとの面接交渉のアレンジに対する支援をあげたのであった。そして、この施策の提案が、子と一定の時間を過ごしあるいは定期的な接触のある父親の方がより多くの養育費を支払うし、また、養育費問題が迅速に解決されたケースほど、きちんとした支払いや責任の自覚が促進されるという認識にもとづいていたことは、すでに指摘したとおりである(1)。

二〇〇〇年法によって再構築された新制度の問題点として、この養育費と面接交渉との関係について考察するにあたり、緑書における右のような認識とその対処についての思考の流れを、ここで改めて、やや詳細に追ってみることにしよう。

緑書は、「大部分の父親は、子どもをサポートし、かつ接触を保つことを望んでいる」とし、そのうえで、児童扶養政策は、「父親は監護をする」ことを前提として構築されなければならないとする。しかし、実際には、父親は、仕事の関係あるいはどちらかの親が新しいパートナーをもつことなどにより、自分の望みの通りにはいかないことに気づかされることになるのであり、「父親の四〇パーセントは、別れてから二年以内に、子どもとの接触のすべてを失うことになる」とする。[2]そして、これが、父親にとって、「目には見えないが、傷の浅くない損害」となり、そのうえ、現行制度が持つ「お金がすべて」という印象が加わって、「児童扶養システムは、大多数の非同居の父親を子どもから遠ざけ、もしくは完全にその接触を失わせる」ものと、父親に感じさせるのであり、そのことこそがこの制度の成功のチャンスを失わせたものと分析するのである。[3]

かくして、緑書は、父親と子どもの間の面接交渉が必要であることとそのアレンジの支援に対する意気込みを、次のように述べる。すなわち、

子どもと一定の時間を過ごしたり、定期的な面接交渉をしたりする父親は、子どもに対しより多くの養育費を与えるということが示されてきた。しかし面接交渉のアレンジは、双方の信頼を必要とする。扶養をめぐる長い議論が続いていたり、責任が不確かなままであったりする場合には、この信頼は崩れがちである。子どもとの面接交渉を実現できない父親は、しばしば養育費の額を抑えようとするが、しかし、このことが関係を一層悪くするのである。

児童扶養アレンジが迅速に（別居から六～八週間で）解決されていると、その金銭は十分に渡されるし、双方の親が責任はなお続いていることを理解し、これを遂行することが多いのである。

われわれは、特に子どもへの財政上のサポートがまだ解決されていない場合には、離別した家族に対する他のサービス提供機関とともに、児童扶養のアレンジが、確実に家族責任の合意のための調整手続きの一部になるように、働くことにもなろう。そして、その手続きが、両親と子どもの間の継続的な面接交渉を奨励することになることを望んでいるのである。[4]

以上が、前稿でふれた緑書における面接交渉のアレンジへの支援の必要性への言及であるが、しかし、緑書は、これに関連して、児童扶養制度自体にプロパーの問題として、次のような提案をしていたのであった。すなわち、

現在、多くの父親たちは、児童扶養制度はお金に関心があるだけだと感じている。しかし、父親はその子どもの生育について重要な役割をもっている。たとえ一方の親が子どもと住まなくなっても、精神面での責任（emotional responsibility）は消滅しないのである。それゆえ、養育費の査定において、非同居親と過ごされた時間に応じてなされる養育費額の控除［という現行制度上の措置］を増大させることによって、両親の間の共同監護を促進することは賢明なことであると思われる。［すなわち、］現在、非同居親の養育費は、一年あたり最低一〇四夜を下限として、子どもが彼と過ごす夜の数に応じて減額されている。われわれは、この下限を一年あたり五二夜に減じることを提案する。［もっとも、］この提案では、多くの親たちが行っている昼間の監護が、［計算に］反映しないことは認める。しかし、昼間の監護を査定する試みは、極めて複雑なプロセスである。それは、また、何を監護とみなすのか、そして単なる面会はどうなのか、といった法概念上の問題も引き起こすことになる。これについての意見が寄せられることを歓迎する。(5)

このように、緑書は、子が非同居親の居宅に宿泊することを共同監護の状態としてとらえ、養育費の査定に反映させうる子の宿泊数を、現行の年間一〇四夜から五二夜、すなわち平均週一夜にまで減ずるという提案をしたのであった。これは、養育費の減額を受けるためのハードルを、現行の

まさに半分までの低いところに設定し直そうというのであり、現行制度の査定における公平ということよりも、むしろ子を居宅に宿泊させるという共同監護の実践に当事者の関心を向かわせることに重点を移そうとしていることは明らかであった。

そして、この緑書の提案に対する一般の反応が好意的であったこと(6)を受けて、政府は、白書において、児童扶養システムに、「非同居親とその子の間の面接交渉を支援する方法についてのより詳細な説明を用意(7)」することになった。

すなわち、白書は、「児童扶養は、それ自体で、家族を結合させることはできない……。また、養育費の規則的な支払いが、子どもに必要なすべての支援を用意するわけでもない。しかしながら、この児童扶養の制度が、もはや共同生活をしなくなった人々に対して、良き親でいるという難しい仕事に関して援助を与える方法として働くということが重要なのである」と述べ(8)、面接交渉に人々の気持を向かわせることを、別れた親が「良き親」でいることへの援助として位置づけることを示唆したうえで、次のように述べる。

緑書において、われわれは、「親たちは互いに離婚ができるけれども、決して子とは離婚すべきではない」こと、そして、「父親は果たさなければならない不可欠な役割を持っていると信じる。父親は、決して子どもの福祉にとって、周辺的存在であってはならない」と述べた。養育費を支払うことは、非同居親がその子どもに対する責任を継続させるための重要な部分である。しかし、これ以外にも、よい親でいることができる手段はもっとある。そのうちでも、別れた親と子にとって中心的な問題の一つは、子

面接交渉と児童扶養支払との関係

		養育費の支払（%）				実数
		定期的支払	不定期的支払	支払なし	不明	
面接交渉のアレンジ	継続的	49	9	40	1	137
	断続的	50	4	43	7	44
	不定期的	0	33	67	0	6
	なし	7	7	83	0	42
	交渉決裂	0	0	100	0	6

Source : MacLean and Eekelaar（1997), Table 7. 18, page 127.

と非同居親との継続的な面接交渉を維持することなのである。(9)

こうして白書は、児童扶養のシステムを新たに構築しなおすに際して、このような「非同居親との継続的な面接交渉の維持」を承認すべきであるとしたうえで、その理由として、特に、「子どもとの適切な面接交渉が、親との離別に伴う諸問題の多くを補完できる点で、子どもの最良の利益となる」こと、および「規則的な面接交渉をもつ非同居親は、子どもにより多くの養育費を用意する傾向にあることを示す確かな証拠が存在する」ことという二点をあげたのであった。(10)

さらに白書は、面接交渉が子どもにとって最大の利益となるのは、それが、「二人の能動的で、献身的な親たちを子どもの成育に関与させることができる」点だとする。(11) そして、その他の特記すべき面接交渉の利点として、子どもに対し、「より広いおとなの経験、監護親とは異なる性をもつ親の違ったものの見方へのアクセス」や、「祖父母などのより広い家族へのアクセス」の機会を与えるし、さらには、「監護されている家庭内の問題からの［一時的な］逃避」、極端な場合には、「その存在を不愉快に感ずる継親による危険からの保護」を提供できることをあげている。(12)

他方、「子どもと非同居親との面接交渉が、いつでも子どもの最良の利益になると信じているわけではない」として、親のなかには、頻繁な接触を求めて、監護親や子に脅威を与える者もいるし、子や元のパートナーに対する虐待を続けるために、面接交渉を利用する親さえいることを指摘する。(13)さらに、面接交渉を養育費の査定に反映させようとする緑書の提案に対し、「児童扶養の責任額を、法律上、面接交渉とリンクさせるべきである」とする、主として非同居親からの要求と思われる意見のあったことにも言及しつつも、そのような意見は受け入れないことを明言する。すなわち、面接交渉の奨励といっても、監護親が面接交渉のアレンジを妨害するという理由だけで、監護親の受け取るべき養育費を減額したり、まったく支払わなくしたりする意図はないし、そのようなことをしたら、「親との面接交渉の機会を失っている子どもに、不利益を追加するだけ」であることを強調するのであった。(14)

こうして、白書は、この面接交渉と児童扶養との関係について、本節に掲げた調査結果を引用しながら、「子どもとの規則的な面接交渉を持っている非同居親ほど、よりきちんと養育費を支払う」という、両者の間に「一貫した関係がある」ことを指摘しながらも、ただし、そのことが、「単に、母親は、養育費の支払いに対する返礼として面接交渉を許し、父親は、面接交渉が十分でないと支払いを抑える、という問題」とはならないことを強調して、あたかも両者が対価関係にあるかのよ

面接交渉のパターン

昼間（週１回）	25%
昼間（週２回）	13%
昼間（週４回以上）	８％
昼間（その他）	29%
宿泊	25%

Source: MacLean and Eekelaar（1997） page 121.

うな位置づけが与えられることを警戒する。そして、政府が、児童扶養制度において面接交渉の奨励を志向することのいわば真意として、「面接交渉が両方の親に満足がいくように決着をつけられることは、効果的な児童扶養のアレンジにとって明らかに重要なことである[15]。そして、効果的かつごまかしのない児童扶養のアレンジは、子どもの監護という一層困難な問題に親たちが立ち向かうについて、財政問題を脇に置いておくことを可能にするのである」と述べるのであった[16]。

そこで、白書は、「非同居親が、少なくとも週に一夜平均で、子どもを居宅に滞在させた場合に、『共同監護』の状況として」児童扶養レートを修正するという緑書の提案についての具体化を試みる。

まず、週に一夜の平均で宿泊させることを共同監護として評価できるかの点について、上に掲げる調査結果を引用しながら、子どもと面接交渉をする非同居親の約四分の一が、居宅に一泊させる形態をとっていることから、このアレンジは「一般に子どもと親の最良の利益にあるから、支持されるべき」だとする[17]。そして白書は、子どもが非同居親と費やす週あたりの宿泊数ごとに七分の一づつ、支払うべき児童扶養責任額が減らされるべきことを提案したのであった[18]。

白書の提出を受けてその検討を開始した衆議院社会保障常任委員会の公聴会においては、責任額の減額のための現行の閾値を一〇四夜から五二夜まで縮減するという提案は、前述の「家族は父親を必要とする」から、組織としての歓迎の意向が表明された[19]。

しかし、共同監護があったとして責任額から減額されるべき割合については、公聴会において、やや問題とされた。すなわち、全国ひとり親家族協議会（National Council for One Parent Families）は、提出したメモランダムにおいて、白書の提案は、「一人の子どもが、一晩、家庭から離れたからといって、養育のコストが七分の一も減らないのであり、ひとり親に対して不公平となる」ことを問題としたのである[20]。つまり、同協議会を代表する証言者によれば、「主要な監護者である親は、めだたないとはいえありふれた物のすべてを買う必要があるのである。学校の制服、教科書代、学校用品、家事費用、その他日常的コストのほとんどを支払っている。単に率に比例した減額は、そのことを反映しない」というのである[21]。しかし、他方で、非同居親たちが組織する団体である「家族は父を必要とする」のメモランダムの主張によれば、白書の提案は、もし監護が、等しく分担された場合、すなわち、子どもが週あたり平均三・五夜を過ごした場合でも、非同居親は依然として養育費を支払わなければならないというように、提案による児童扶養レートの減額は現実的でないということになるのであり、彼らは、子どもの監護を共同する親は、養育費算定の基本レートにしたがって、子ども一人につき、各親の純所得の一五パーセントを分担するものとして計算すべきであり、そうすることが、正しい結果を用意でき、共同監護の真のコストを承認できる公正、対称的、単純、かつ透明な方法であると主張したのであった[22]。

これに対して、公聴会の最終日に証言に立ったホリス政務次官は、「ひとり親は、子どもが、ほとんどの時間をその人と生活しているが故に子どもの養育に貢献しており、かつそれはライフスタイルの貢献であると信じるからである」として、白書の原案をそのまま採用すべきことを主張したのであった。(23)

こうして、共同監護による責任額の減額の原案は、議会でもほとんど議論されることなく新法の概要として述べたとおりに採用されることになったのである。

（1）本書一二五―六頁。

（2）Green Paper, Chap 2, paras 14-15. 緑書は、別の箇所で、「監護親の四〇パーセントは、面接交渉のアレンジを阻止していることを告白する」というアメリカでの調査を引用しながら、監護親は、「時折、子どもと非同居親との間の効果的な面接交渉をサポートする責任を回避」しようとするとして、それが、しばしば、親たちに新しいパートナーとの生活がはじまったことに起因していることを指摘する（Ibid., Chap 3, para 12)。

（3）Ibid., Chap 2, paras 14-16, 20.

（4）Ibid., Chap 3, paras 13-15.

（5）Ibid., Chap 5, paras 22-3.

（6）Ibid., Chap 7, para 14.

（7）White Paper 1999, Chap 7, para 3.

（8）Ibid., Chap 7, para 1.

（9）Ibid, para 4.

（10）Ibid.

（11）Ibid., para 5.

（12）Ibid., para 6.

（13）Ibid., para 5.

（14）Ibid., para 8. なお、現行の養育費査定の実務にかかわるＣＳＡの職員が組織する（Government reply, para 77）商的および公的サービス連合（the Commercial and Public Services Union）は、社会保障委員会に提出したメモランダムのなかで、面接交渉と養育費の間には、「法律上のリンクはまったく存在しないかもしれないけれども、両親の気持ちの中には絶対に間違いなくリンクが存在するのである。つまり、養育費を支払うことを理由に面接交渉の権利を与えられなければならないと信じる非同居親、あるいは、面接交渉を認めるよう強制されることを恐れるがゆえに、養育費を受け取りたがらない監護親は、いずれも必ず存在するのである。白書が、すべての考慮から、養育費を面接交渉に法律上リンクさせないように正そうとし、それが維持される必要があるというならば、すべての当事者に、面接交渉を維持することを真剣になって奨励しながら、両者のあるべきリンクについての情報を提供することが必要なのである」と主張する（The 10th Report Evidence, Memorandum CS 19, paras 49-50.）。

（15）白書は、このことの意味について、他の箇所で、「効果的な面接交渉は、適切な養育費を永続的に支払わせうることを意味しているが故に、児童扶養の文脈の中では重要である」と述べる（White Paper 1999, chap 7, para 11）。

（16）Ibid., paras 9-10.

(17) Ibid., para 12. なお、社会保障委員会の公聴会において、非同居親がつくる圧力団体である「家族は父親を必要とする」は、現行制度のもとでは、CSAは、週に二度以上の宿泊のケースしか記録していないし、この調査にあるように、二五パーセントが一夜の宿泊を実施しているかどうかは、自分たちの組織でも把握していないと証言している（The 10th Report Evidence, Q. 314-315)。
(18) Chap 2, para 15.
(19) The 10th Report Evidence, Q305.
(20) The Memorandum CS 30, para 7.1.
(21) Ibid., Q.121.
(22) Ibid., Memorandum CS 32, sec 1.
(23) Ibid., Q487. 一九九八年の緑書の提案段階でも、同様の対立的な意見が寄せられ、これについて、すでに白書は、「緑書の提案は、これらの対立する立場の間の最もよい妥協案である。児童扶養レートにおける七分の一の減額は、監護親に共同監護アレンジに抵抗させるほどシビアでなく、非同居親が直面する付加的なコストをも認めるものなのである。そして、頻繁な再計算を避けるために、非同居子どもが、年間に非同居親の居宅に泊まる夜数を一纏まりで、責任額を計算するつもりである。例えば、宿泊数が五二夜から一〇三夜までであれば、養育費を七分の一減らすことになろう」と述べる（White Paper 1999, Chap 2, para 15.)

5　養育費の立替制度

もともと、緑書、白書のいずれにおいても、政府提案としては示されなかったにもかかわらず、新制度への改革過程において、子を抱える離婚後の監護親を支援するものとしてその採用が強く主張され、しかし結局は採用されなかった制度として、保証養育費制度（guaranteed maintenance）があった。

これは、政府が養育費の一定額について支払を保証し、その後、非同居親から徴収したもので補塡するという、ヨーロッパの福祉国家を標榜する国々のほとんどで採用されている制度で、これを欠くのはイギリスとオランダだけとされていたものであった。しかし、その採用の経緯や形態は各国でまちまちであり、ドイツが円換算で月に約二万三、〇〇〇円、スウェーデンが月に約一万六、〇〇〇円、フランスが月に約一万円というように、一定額を保証する場合が多いが、ノルウェーのように、査定額の八〇パーセントを保証し、あるいはオーストリアのように、非同居親に対する強制執行が失敗した場合に、その六ヶ月後に査定された全額を保証するという国もある。(1)

全国ひとり親家族協会は、白書に関する公聴会のために衆議院社会保障委員会に提出したメモランダムにおいて、「今回の改革では取りあげられていないが、児童扶養制度には、われわれのアプローチに対する大きな制約が存在している。すなわち、この制度は、非同居親が支払うことができかつ支払う意思がある範囲でのみ子どもに役立っているにすぎないということである。もし本気で子どもの利益が至高であるというのなら、保証養育費のシステムの採用に向かう方がずっと望ましいのである」と主張する。(2) つまり、児童扶養制度は、非同居親において養育費を支払う能力も意思もない場合には、子どもにとってはじめから役に立たないのであり、同協会は、この保証養育費制度を、いわばすべてのひとり親と生活する子どもに特化してその生存を保障するための制度として、児童扶養制度に代えて採用すべきであるという位置づけを与えていたのであった。このような立場は、おそらくは、かつてひとり親家族に関する調査にあたったファイナー委員会（Finer Committee）の報告書（一九六九年）が、その保護を謳って提案した保証養育手当（Guaranteed Maintenance Allowance）を念頭において形成されたものであろう。(3)その意味では、これは、同協会にとって、一九七〇年代以来の悲願であったということができるのである。

しかし、すでに採用されている児童扶養制度の存続を前提とするときは、同協会にとっても、その代表として公聴会の証言に立ったシャーロック女史（Ms sherlock）が述べるように、「ほとんどのひとり親が貧しく、一〇〇万の家族が貧困の中で生活しているのであり、従って、この［児童扶養制度のうえの］権利を得ることは、わが国の貧しい子どもの将来にとって不可欠」であり、児童扶養制度は、まさに「反貧困戦略（anti-poverty strategy）の不可欠な部分」となるべきものであった。(4)そして、そこにおいて保証養育費制度が不可欠なのは、シャーロック女史がいうように、「児童扶養システムが作動するためには、それが、規則的でかつ当てにできるものであることが必要であり、母親が、養育費で子を養い、それを頼りにするためには、養育費の規則性と確実性とが、金額の高低と同じくらい重要」で(5)、この制度はまさにそのことを担保するものだからである。

このことについて、具体的に述べているのが、国教会系の児童協会（Children's Society）を代表する証言者である。すなわち、彼は、次のように述べて、社会給付当局（Benefits Agency）が、ひとり親家族に週に一〇ポンドの保証養育費を支給することを提案する。

われわれが心配するものは、不規則な支払いによる不確実性である。支払いが不規則であると、監護親は、ある週は一〇ポンドを得たが、別の週は得られないということになり、家計の予算は立てづらくなるし、児童扶養エイジェンシィと社会給付当局の間での行政上の混乱も生み出す。それゆえ、われわれは、毎週、親がその一〇ポンドを当てにできるように、一〇ポンドの保証を実現させたい。政府は、非同居親がそのお金を支払えば、その支出分を取り戻すことができるし、非同居親から償還されない場合でも、政府が監護親の一〇ポンドの取得を確実にしてくれているということから、監護親の協力というもっと大きな利益を得ることができるのである。(6)

そして、この証言にある非同居親の養育費支払いの不確実性からくる「行政上の混乱」という点に関しては、ひとり親家族協会の提出したメモランダムは、非同居親からの養育費の支払いが確実性のない場合には、監護親は、児童扶養と所得補助とを頻繁に再要求する必要が生ずるとして、保証養育費制度が採用されない場合でも、所得補助を受給する監護親について、その受給資格の喪失理由が非同居親からの養育費の受領であるというケースについては、支給停止措置を直ちに発効させるのはでなく、短期的になお支給を保証するという形で保証制度の実質化を図ることを主張するのであった。(7)

この制度のメリットとして、以上のような子を抱える監護親の家計上の利益に加えて、「児童扶養に関するやり取りが、国家と非同居親との間のものになる」ことが、特に監護親の側から強調された。すなわち、たとえば、全国ひとり親家族協会のメモランダムは、児童扶養について「監護親にとって妨害的ではなくなるし、もはや、児童養育費を追跡することについて責められることがなくなって、ＣＳＡへの協力のレベルを高めることになる。このことは、児童扶養システムを、強制することをずっと容易にするであろう」と主張した。すでにしばしば述べてきたように、このシステムは、その設計段階でも監護親の申請に対する非同居親の暴力的対応が予想されていたばかりでなく、養育費をめぐる当事者間の圧力の重みを期待どおりに取り外してくれるものでも決してなかったのであり、(8)児童扶養の請求は、監護親にとってなお気の重いことであって、彼らには、この重圧から開放され、小額であれ確実な金銭を得られることが大きなメリットとして映っていたことは容易に想像される。

なお、以上のような保証養育費制度の採用を主張し、あるいはこれを支持する人々は、すでにみた証言からも窺い知ることができるように、保証養育費として監護親に支払われたものは、非同居親から償還できるはずだから、コストはほとんどかからないとみており、政府によりこの制度の採用が取り上げられないのは、この制度が「高価すぎるという誤った仮定によって即座に拒絶される」(9)からだとみていたのであった。

以上のような衆議院社会保障委員会の公聴会における証言に対して、ホリス政務次官は、次のように証言した。すなわち、私は、この制度が、オーストラリア、ニュージーランド、カナダそしてアメリカでは採用されていないことに気がついた。それは、フランス、ドイツといった大陸型のモデルなのである。その制度の問題点は、それが、社会給付の追加分であって養育費ではないということ、そして、随順意識も実際に減退するということである。私の持つ証拠によれば、保証養育費をもっているフランスとドイツの随順意識は、四〇ないし四五パーセントくらいなのである。そこで、第一に、子どものために彼から彼女へ渡る養育費であるべきものが、納税者により支払われた社会給付に代えられ、CSAが別の形での彼の支払を受けることによって取り戻されている。第二に、それは随順意識を助長するのでなく、実際に減退させており、ヨーロッパ人はそれ［＝養育費に関わる問題であること］についてすべてを忘れることを余儀なくされている。第三に、コストは、現実に相当に高い。われわれの見積りでは、他方の親が履行すべきはずの債務の前払い分は、三億から四億ポンドにもなるのである。これは社会給付システムとは別のことであり、われわれは、これを、社会給付システムに対する追加分としてでなく、CSAを用いて実現すべきなのである。それがわれわれの信念である。(10)

このように、政府は、保証養育費制度は、離婚等により別れた父母の責任の問題としての子に対する養育費の負担を、社会給付一般の問題に還元してしまうものであり、その採用は、莫大なコストをかけて養育費に対する責任意識を減退させるだけとみていたのであり、(11)児童扶養制度改革を、親の子に対する責任の観念を浸透させるための文化改革として位置づけていた政府にとって、受け入れる余地のないものであったということができるのである。

公聴会での議論を受けた社会保障委員会は、この問題について、「非同居親によって責任がとられるべき養育費に対する国家による保証は、児童扶養エイジェンシィに随順しようとするインセンティヴを取り去ってしまうであろうという政府の主張に同意する」とする結論を表明した。[12]そして、その報告を受けた政府は、その回答書において、「政府は、この領域における政策に対する委員会の支持を歓迎する」として、[13]保証養育費制度は、ついに児童扶養制度の改革案において採用されることなく退けられることになったのである。

（1）Helen Barnes, Patricia Day and Natalie Cronin, Trial and Error: a review of UK child support policy, Family Policy Studies Centre, 1998, pp.43-4, 46-61.
（2）The 10th Report Evidence, p 35, Memorandum CS 54, para 9.1.
（3）本書六二一―三頁参照。
（4）The 10th Report Evidence, Q. 112. 同じく公聴会の証言に立ったオーストラリアの児童扶養制度を研究するミラー教授（Prof. Jane Millar）が、「政府の目ざすことの一つが、反児童貧困（anti-child poverty）であるというのなら、ひとり親たちのポケットの中にいくらかのお金が保証されることは非常に重要であるように思われる」と述べる（Ibid., Q. 350）ように、政府は、緑書において、児童扶養制度の改革の目標の一つとして、「児童貧困へのタックル（tackle child poverty）」のスローガンを掲げていた（Green Paper, Prime Minister's foreword and chap 2, para 26）。
（5）The 10th Report Evidence, Q. 112.
（6）Ibid., Q. 370.
（7）Ibid., Memorandum CS 54, para 9.2.

（8）本書一一三頁以下参照。
（9）The 10th Report Evidence, Memorandum CS 54, para 9.1.
（10）Ibid., Q. 516.
（11）本書一一三頁以下参照。
（12）The 10th Report, para 71.
（13）Government's Reply, para 15.

6　CSAに対する随順意識の改革

前稿で見たように、現行児童扶養制度の失敗の原因はさまざま指摘されうるが、適用の対象となる親たちのCSAに対する非協力こそが、制度の運用を停滞させた最大の原因になったといっても過言ではなかった(1)。かくして、当事者たちのCSAに対する任意の協力をいかにして引き出すかということが、制度の革新に向かおうとする政府にとっての最重要な課題となっていたということができる。そして、この課題が、「随順（compliance）」をキーワードとして、各方向から追求されることになった。

すでにみたように、この制度の改革において、養育費査定のための公式の単純化、CSAによる子どもや親たちに対する良好なサービスの提供など、「積極的で現代的な児童扶養サービス」の構築が掲げられた(2)のも、それが当事者における随順意識の改革の基盤整備の意味をもつと考えられていたからであった。さらに、すでに考察した査定における監護親の収入の考慮や、養育費責任額の上限の設定などの主要論点の議論においても、当事者の随順意識に対する影響への配慮は欠かすことのできない要素とされていたことは明らかであった。

そして、衆議院社会保障委員会の公聴会において、ある委員から、「全額を支払っているのが父の四五パーセント、何回かの不履行はあるが、現在は支払っていることを通常は意味する部分的支払をしている父が二五パーセントであって、三〇パーセントは全く払っていない」という、現行法下での決して芳しいとはいえない養育費の支払状況を示す九九年八月の統計についての見解を求められたホリス政務次官は、「それは、随順の問題である。われわれは、新制度のもとでは、ケースの八〇パーセント、支払額でいえば八五パーセントの随順を獲得することを希望している。そして、これはわれわれが達成をめざす数字ではあるが、これを超えることも願っている」と述べ、その目標を相当高いレベルにおき、しかもその達成に自信をうかがわせていたのであった(3)。

政府の改革推進の中心となっていたホリス政務次官のこのような自信を支えるに足る新しい試みは、「養育費プレミアム（child maintenance premium)」の導入であった。これは、すでにみたように、緑書によって、「児童扶養プロセスと協力する明瞭なインセンティヴをひとり親に与え、協力回避あるいは非同居親との共謀を抑える」とともに、非同居親が、「子どものための監護を続けていることの明確なシグナルを子どもに送る」と同時に、「自分が直接その子の福祉に貢献していることを知る」ことのできる制度として提案され(4)、白書においても、「所得補助に依存する子どもが、父親から支払われた養育費から週あたり一〇ポンドまでの直接的利益を受け取ることを許す」制度として、その導入計画が確認されていたものであった(5)。

すでにみたように、現行制度のもとでは、主たるターゲットであった所得補助を受給する監護親のケースにおいて、査定された養育費が非監護親によって支払われても、その額が所得補助相当額より少ない場合には、支払われたものがそのまま国庫に帰属するだけで、監護親の収入の増加には結びつかなかったのであり、現行の児童扶養制度自体が、監護親の協力の意思を引き出すインセンティヴをまったく欠いていたことは明らかであった(6)。そして、九七年に児童扶養制度に対する不評を除去する改善策の一つとして実施された「児童扶養ボーナス（Child Maintenance Bonus）」にしても、監護親自身または現パートナーの就職により、所得補助受給の状況から離脱できた監護親には、非監護親により支払われた養育費から週に五ポンドの課税対象とならないボーナスが与えられるというもので(7)、監護親たるひとり親の就職の奨励には役立つとはいえ、CSAに対する監護親の随順意識を引き出す機能までも期待できるものでは決してなかった(8)。

こうして、養育費プレミアムは、随順意識をたかめる効果を期待できる改革の目玉として、全面的な歓迎を受けながら導入されることになったものの(9)、すでに、前述の社会保障委員会第一〇次報告書に対する政府の回答書自体が述べていたように、「実際においては、所得補助を受給する家族に対するこの特別な助力が効果的に行き届くことは簡単ではないし、しかも新しいコンピュータシステムなしに、プレミアムを頼りがいあるものとして作動させることも困難」であることを理由に、

「この改革を実行するための予定表は、児童扶養に対する他の改善のためのそれと同じものとなることは不可避[10]」であった。つまり、新制度のもとで新規に受理され、新しい公式の下で査定されるケースにおける監護親は、二〇〇二年四月から、養育費プレミアムとして週一〇ポンドの利益に与ることができるようになるのに対し、旧制度の対象となっていた社会給付を受給する監護親の場合には、今後、段階的に新制度に組み込まれていくため、将来において実際に新制度に組み込まれるに至るその時までその適用を待つ必要があったのである[11]。

なお、ワイクリィは、この制度の第二の弱点として、「社会保障特別調査委員会の勧告に反して、養育費プレミアムをインフレにあわせて毎年レートアップする法令上の義務がまったくないこと」をあげる[12]。しかし、政府は、すでに、右の社会保障委員会の勧告に対する回答として、「時間の経過につれて、プレミアムの価値を見直すことについて腐心はしている。しかし、週一〇ポンドの支払いについての毎年の規則的な増額は、年ごとの支払いを数ペンスづつ増やすことを意味する（たとえば、本年度用いられた社会給付の増額基準に照らしてみると、一一ないし一六ペンスの増加になる）。これは、特にその養育費の支払額がプレミアムの額のぎりぎりあたりにある人々に対しては、煩雑さをもたらすことになろう」という理由で、改革には盛り込まないことを明らかにしていたことであった[13]。やむをえないことというべきであろうか。

しかし、制度への随順意識の改革を促すためには、このような財政上のインセンティヴだけでは十分ではなかった。そして、白書も、この制度を「子どもと誠実で責任感のある親のニーズに焦点をあわせた簡単でより効率的なシステムにおきかえる」には、監護親のために、「養育費の規則的かつ信頼できる支払いの必要性」をシステムの中心に位置づけるとともに、同時に、子に対する責任を避けようとする非同居親に対して、究極のところで働く「効果的かつ機敏なサンクション」を導入することが不可欠であることを指摘していた[14]。

ところで、現行法のもとにおける養育費の支払強制についてみると、非監護親が査定された養育費を支払わない場合には、ＣＳＡはまず、同人との間で分割払いなどを含む履行方法についての協議をすることになる（1991 Act s30）[15]。しかし、その話し合いがつかないときには、ＣＳＡは、同人が雇用されている者であれば、その給料を今後の責任額支払の原資にすることを要求するために、天引額と最低天引免除額[16]を記載した給料天引命令（DEO ＝ Deduction from Earnings Order）を、司法審査を経ることなく、直接雇用者に送付することができる（1991 Act ss31 − 2）。そして、この命令が効果的でなくまたは不適切である場合には、治安判事裁判所に対して責任命令（Liability Order）を申請することができ、この命令が出されると、ＣＳＡは、通常の差押手続にもとづく債権回収行為に着手することができることになる（1991 Act, ss33 − 5）。しかし、さらに、これが不成功、あるいは適切でなかった場合には、ＣＳＡは、カウンティ・コートに対し、銀行または住宅資金組合（Building Society）にある非監護親の口座について責任額の支払のための開放を要求できることになる第三債務者命令（Garnishee Order）、および非監護親において財産処分があった場合に前記責任命令の金額に達するまでその売却益の開放を要求できることになる負担賦課命令（Charging Order）

を申請することができるのである（1991 Act s36）。そして、最終的には、ＣＳＡは、治安判事裁判所に対して、非監護親の投獄命令（warrant committing to prison）の請求をすることが可能なことになっていたのである（1991 Act s40）。

そして白書は、そのような現行の履行強制制度をそのまま受け継ぐことを肯定する一方で[17]、「非同居親がその責任を回避できないことを確かなものにする」ために、現行の制度のなかに、「より強固なサンクション体制（tougher sanctions regime）」の構築がなければならないとして、次のような構想を示す[18]。すなわち、①児童扶養アレンジを可能にするための情報につき、その提供を拒否しまたは嘘言を提供した者に対する一、〇〇〇ポンド以下の罰金等の刑事上のサンクションの導入、②支払いを怠る非同居親についての自動的・直接的な給与天引制度[19]、③養育費の最高二五パーセントの遅延制裁金の用意[20]、④収益の詳細が不明の自営業の非同居親の責任額計算のための税金情報の利用、⑤父性決定に関する規則の簡易化、⑥非協力の親につき情報収集にあたる査察官の権限強化[21]がそれである。そして、この構想は、新制度のもとでほとんどそのまま実現されたといってよい。

ところが、白書は、以上のようなサンクション体制だけで十分とは考えなかった。そして、「われわれの養育費徴収のアレンジが最大限効果的であることと、養育費の支払を拒否する非同居親が効果的なサンクションに直面することを確実にする」ために、「更なるサンクション（Further sanctions）」を求めて、他の諸国における児童扶養計画が、不随順の処理をどのようにしているかを観察」しているとして、養育費を支払うまで非同居親の運転免許証を取り上げるアメリカの例、パスポートを喪失させるいくつかのヨーロッパ諸国の例、そして銀行口座のより簡易な差押の例、といった諸方法をあげ、これらいずれかの導入を示唆していたのであった[22]。そして、このことについて、白書は「これらの強制方法はすべて、非同居親との協議によって十分なアレンジに達し得なかったときに、最後の手段としてのみ使われることを意図している。……われわれは、より一層顧客に焦点を合わせた児童扶養サービスが、多くの親たちを、法律の介入の必要なしに規則的に支払うよう仕向けることを望んでいる。しかし、子どもの扶養を受ける権利の尊重を拒否する親たちに対して、ＣＳＡが養育費を支払わせるための適切な方法を持つことは保証したい」と、その決意を述べるのであった[23]。

このような「更なるサンクション」を導入することについて、社会保障委員会の公聴会の証言者の多くは、むしろ否定的であり「子どもの貧困問題のために行動するグループ（Child Poverty Action Group）」がメモランダムで述べる次のような意見がこれらを代表していた。すなわち、現行制度は、すでに、多くのサンクションをもち、「その主な問題点は、児童扶養エイジェンシィが、例えば、査定に時間のかかるような複雑な規則があったために、その権限の適切な行使ができなかった」ことにあったのであり、新システムにおいては、公式の簡易化などにより「親たちはこれに協力するチャンスを与えられる」のだから、「これまで以上の制裁的なアプローチを採用する前に、まず親たちに協力をさせてみるべきである[24]」と。また、非同居の父親たちのグループ「家族は父親を必要とする」も、「どんなシステムでも制裁がそれをバックアップすることは必要であり、われわれはそれを受け入れる」としながらも、「大事な点は、システムに公平さを得させることであり、従って、どのようなサンクションが受け入れられ、随順をもたらすかであると考える。サンクションは、最後の手段であり、最初にあってはならない」と主張し[25]、正当な理由のある支払拒否もあり、初めから何が何でも取り立てるといった姿勢のあることへの批判を匂わせていたのであった。

これに対し、ホリス政務次官は、「われわれが、シンプルなシステムへの移行がより自発的な随順をもたらすといっているのは、をもたらすといっているのは、簡単なシステムだからというのではなく、現行の制度下のように順査定のために時間の九〇パーセントを費やすことからスタッフを解放し、その時間を、電話、追跡、お金の流れの把握などを通して現実に随順を高めることのために使かえるようになるからである。わがスタッフの最良の努力にもかかわらず、随順が得られないとしたら、そう、そのときこそ、強制が登場することになるのである」と主張したのであった[26]。

以上のような公聴会における議論を受けて、社会保障委員会は、「随順を高めることを目的とする政策には、財政的なインセンティヴから刑事的処罰に至るいくつもの手段は存在しているが、われわれとしては、親たちが児童扶養エイジェンシィに協力し、随順するようなインセンティヴを歓迎する」として[27]、強制よりむしろ親たちをその気にさせるような手段の創出に重点を置くべきことを強調しつつも、同時に、「われわれは、子に対する責任の不正な回避を故意に主張する人々に対する厳しい制裁の導入は支持する」としたのであった[28]。

これを受けて政府は、「改革された計画に対する政府の主要な目的は、子どもの養育費が迅速かつ正確に算出され、それによって、規則的かつ信頼できる支払いが、最も早い機会からスタートできるようにすることである。養育費計算に必要な情報量のラジカルな縮減は、他の情報源からの情報への効果的なアクセスおよび正確な情報を隠そうとする親に対する制裁と結びついて、親たちがその責任を回避する機会を減らすであろう。しかしながら、新しい制裁の機敏な使用は必要なのである」という回答を提示した[29]。

果たして、白書のいう「更なるサンクション」は、議会に提出された法案中に、「運転資格の剥奪（Disqualification from driving）」の見出しのもとに、治安判事裁判所に、投獄とオータナティヴに免許証の没収を命ずる権限を与える旨の規定（c15）として置かれることになり、議会においてこれに関する多くの議論が戦わされることになるのである[30]。

このような「更なるサンクション」としてのペナルティを導入することについては、衆議院では、むしろその強化を図るべく、報告会の段階で保守党議員のグループから、児童扶養債務の履行拒否はまさしく犯罪（crime）であり、しかも「自分自身の子どものための用意をする心構えがない人々」の行為として、「犯罪のうちでも最も人道にもとっている（unnatural）」から、「運転免許証の没収という一風変わった刑罰（strange punishments）」を導入する政府の動機は完全に理解できる」としたうえで[31]、「児童扶養エイジェンシィが、人々に支払の習慣をつけさせ、責任をもって行動させる[32]」ために、治安判事裁判所に対し、運転免許証の没収と投獄とに加えて、さらに四種の処罰命令の選択肢をも与える旨の修正案が提出され[33]、これをめぐる議論が審議時間のほとんどを占めた。

しかし、審議の最後に、イーグル政務次官は、「残念ながら、児童扶養の不払いは民事問題」であり、「民事と刑事の区別を失わせる」わけにはいかないとしたうえで、「児童扶養は、子どもたちにとって最良なことをすること、そして父親が養育費を支払うこと、望むらくは、父親が子どもの生活において完全な役割を演じることを奨励するためのものである。そのようなことは、児童扶養の不払いを犯罪とみなすことによっては達成することができない」ことを主張した。[34] そして、同政務次官は、このペナルティの採用は、「外国の実例として、運転免許証の没収が養育費を支払わせるための効果的な方法であることが示された」からであり、しかも、支払いの代わりに没収するのでなく、「支払いに圧力をかけるだけだから、運転免許証をそのまま持っているためのシンプルな方法は、裁判所がその没収を決定する前に支払いをすることである」ことを強調したのであった。[35]

こうして、修正案は撤回され、[36] 法案の「更なるサンクション」は、結果的には、政府の意図どおり、あくまで民事罰という位置づけにおいて、その必要性について承認されることになったのである。

もっとも、養育費の不払いに対するペナルティとして、運転免許証の没収という方法をとることの適切性については、衆議院の第二読会においては、その後の報告会でのピクルズ議員（Mr. Pickles）の発言にあるように、「各方面から相当の数の批判が出され、政府に最も忠実な陣笠議員（the most loyal Back Bencher）からさえも、グッド・アイデアとする意見は出されなかった」[37] という状況であった。そして、その段階までの議会内外における批判については、英国自動車クラブ

（RAC＝Royal Automobile Club）のシンプソン議員（Mr. Simpson）によって、①運転上の違反に対するペナルティとしての運転資格の剥奪であれば、「一般大衆の目からは明らかに正当であり、受け入れられもするが、養育費の命令に従わないことはまったく異質の問題である」こと、②運転免許証の没収というペナルティのこのような適用を許すと、今後運転以外の様々な違反にその適用が拡大されること、③運転免許証を持たないため、仕事場への通勤も、仕事上の義務の遂行もできなければ、妥当な養育費額を用意する能力も減退すること、④失格中の自動車運転（＝無免許運転）の増加を引き起こすこと、という四点に整理されていた。[38] そして、さらに貴族院においても、これらの諸点に加えて、「運転免許証を提示しないと、食料品店に払う小切手を書くことさえできない[39]」アメリカでは働いても、「違反運転でもしない限り運転免許証の提示を要求されない[40]」わが国で必ずしも効果があるとは限らないのであり、「わが国の状況と歴史を尊重しなければならない[41]」等が主張された。

しかしながら、貴族院においては、「運転免許証の目的は運転する人々が適切なテストにパスしたことを保証することである。私の見解—多くの人々の見解であると思っているが—では、免許証の没収は、養育費その他、この種の未払いに対するペナルティとして使われるべきでない[42]」ことを主張するストッダート卿（Lord Stoddart of Swindon）が、「養育費を支払うことに気が進まない人の多くが、支払いを留保することについて、きわめて正当でかつ有効な理由を持つのである。その最も普通な理由の一つは、面接交渉の困難さである。誰もが面接交渉の困難さについて知っている。

それは、最も悪性のとげとげしさを生み出す。ところが、今や親たちは、どうやら犯罪者よりひどい扱いを受けることになっている。強盗、追いはぎ、婦女暴行者、性的倒錯者、麻薬の売人、そしてＩＲＡのテロリストよりひどい扱いを受けることになる運転免許証の没収の提案などありえない」とさえ述べるように[43]、養育費の支払を、「更なるサンクション」により確実に実現させる事項として扱うこと自体に対する強い反発の空気が流れていた。このことは、ホリス政務次官が、「問題は、養育費に当てるお金を支払わせることである。罰金を課すことは、支払いを要求されながら払わないお金の額をただ増加させるだけである。動産の差し押さえは実現しない。執行官たちは、およそ一〇パーセントのケースにしかアクセスしない。第三債務者命令は作動しない。投獄によって子どもに伝わることは、父は子の養育を拒否するので刑務所にいるということだけでしかない」として、「更なるサンクション」の導入の必要性を強調したことに対し、同じくストッダート卿が、「それはファシズムだ」と叫んでいることでも明らかであった[45]。

しかし、免許証の没収というペナルティの適切性については、推進派のマッケンジー卿（Lord Mackenzie of Framwellgate）は、「運転の禁止は安全運転を促進することだけに使われるべきであるとの主張にはほとんど論理性はない。運転免許証の剥奪の脅威は、ドライバーの大部分に対し有益な効果があることを知っている。資格剥奪の招来が分かっている行為をとり続ける前に、彼らは再考を促され、関心を集中させられるのである。運転する資格を剥奪されるという脅威が、運転行為を匡正するのだとしたら、なぜそれを社会的な行為の匡正に使ってはいけないのだろうか？　法は、法にもとづく決定の強制を保証するために自由に使いうるあらゆる手段を使うべきであり、ゴルフと同様に、全ては使わないにしても、自由に使いうるクラブは持っているべきなのである。そのような措置が利用可能であるという事実は、多数の非同居親たちに、社会的な責任を気づかせることになるものと確信している。投獄の代わりとして、それは完全に正統なサンクションである。われわれは、それを随順を達成するために使おうとするだけである」と反論した[46]。

そして、ホリス政務次官も、「われわれは現行法上運転資格剥奪規定を持っていて、追加として投獄を導入するというのではなく、投獄に、外国の経験から知ったより多くの随順を導く可能性の高いもう一つのペナルティを追加するのである[47]」。そして、それは、「子どもを養う義務に従うことを保証する方法を見いだす試みであり、都合の良いことに、養育費を支払い始めた瞬間に運転免許証は回復されるのである。いったん刑務所に入れば、その選択の余地がないままに、法廷侮辱としての判決の刑期が終わるまでそこにいることになる。もし、運転免許証を没収すると脅かすことと、刑務所に送ると脅かすこととのどちらのサンクションが、第一に、より効果的であるのか、第二に、子どもに与える損害がより少ないのか、第三に、養育費の支払をより確実にできるのかを問われれば、それが運転免許証の没収であることは誰もが知っている」とする[48]。しかも、「この規定により運転資格を剥奪される求職者は、養育費を支払って運転免許証を回復することも、運転免許証を要求していない他のタイプの仕事を捜すことも、いずれも妨げられていないのである」と反論したのであった[49]。また、ホリス政務次官は、「それは、投獄と同様に、子どもたちに対する責任を果たさせるために長期にわたるあらゆる試みに抵抗してきた親たちに対してのみ、本当に最後の手段として課される」だけでなく、この段階で、非同居親は、その責任額について争い、あるいは独立した裁判所にそれを上訴するあらゆる権利を持っている」[50]ことも強調していたのである。

こうして、ホリス政務次官は、「私たちは、すべての親たちが子どもの財政的援助に対する責任を受け入れるべきであると信ずる。そうすることを拒否し、支払うことができるのにそれを怠る人々は、私たちが養育費を徴収することに本気であることに気づくに違いない。児童扶養エイジェンシィがこのことを成し遂げるのを手伝う十分な範囲のサンクションを持つことは正しいことである」とする主張を、断固貫いたのであった。[51]

かくして、原案の削除の主張は撤回され、この条項はほぼ原案どおり可決され、一九九一年法に、三九A条および四〇B条として挿入されることになるのである。[52]

（1）本書一一三頁以下。
（2）同一一八頁。
（3）The 10th Report Evidence, Q.481.
（4）本書一一七頁。
（5）White Paper, 1999, chap 2, para 21.
（6）本書一一三頁。
（7）同一〇四―五頁。

(8) なお、家族クレジット請求者のための週一五ポンドの控除はもともと導入されていた（同六九頁）。

(9) たとえば、全国ひとり親家族協会も、社会保障委員会で、この制度は、「インセンティヴを与えるだけでなく、文化をも変える」と、絶賛している（The 10th Report Evidence, Q. 130.）。

(10) Government's Reply, para 41.

(11) Explanatory Note to Act, paras 272-3.

(12) Wikeley, Compliance, Enforcement and Child Support, Dec. [2000] Fam Law p.889.

(13) Government Reply, para 43.

(14) White Paper, 1999, chap 1, para 9.

(15) なお、現行制度のもとで、責任額の支払方法については、原則として支払をなす非同居親の自由であり、行政規則（regulation）も、自動振替（standing order）、口座引落し（direct debit）、自動銀行口座振替（automated credit transfer）、小切手（cheque）、郵便為替（postal order）、現金（cash）のいずれでもよいとし、ただし、CSAが銀行か住宅資金組合に口座を開設するよう非同居親に対し指示できる旨も規定する（The Child Support（Collection and Enforcement）Regulations 1992（S.I. 1992 No. 1989）, reg 3）ものの、強制はできない。こうした現状に対して白書は、「支払いが規則的であることを保証するために、CSAが、いずれの親からでも選択可能な徴収サービスを用意する」必要があるとして、「ほとんどのケースにおいてノーマルな支払方法」として、銀行または住宅資金組合の当座勘定（current account）からの口座引落しか、自動振替のいずれかの支払方法を、基本的には非同居親に選択させる一方で、直接支払いの方法をとりながら支払が不規則・不完全であるとき等の場合に監護親にCSAの徴収サービスの使用を要求できるようにすることを提案している（White Paper, 1999, chap 8, paras 4-7.）が、新制度においては、実現されなかった（なお、新制度のもとで発行されている利用者向けのガイドブックには、小切手または現金は、「一般的には、長期の利用には不適切である」旨の注意書きが付されている（Child Support Agency, Child Support technical guide, CSA 2008, para 14.1.）。

(16) これは、現行の養育費算定のための公式における査定免除額（exempt income）（本書八〇頁参照）と同額である。

(17) White Paper, 1999, chap 8, para 11.

(18) White Paper, 1999, chap 1, para 16.

(19) これは、前述のように現行制度ですでにとられているものである

(20) 白書の他の箇所での説明によれば、現行の延滞利息（interest on arrears）について、責任額の二五パーセントを上限として課すことのできる制裁金（penalty payment）に代えるものとして提案され（White Paper, 1999, chap 8, paras 12-5.）新制度で採用されている（s41A）。

(21) 本書一四一頁参照。

(22) White Paper, 1999, chap 8, para 16-7.

(23) Ibid., para 17.

(24) The 10th Report Evidence, Memorandum CS 25 para 2.22. なお、同グループは、「運転免許証の没収や投獄といった非常に制裁的な措置は、多分、児童扶養と家族生活に対し思いもよらない長期的な弊害を生むであろう。例えば、運転免許証の喪失が、面接交渉のアレンジを容易に害しうるし、仕事および査定の基礎たる収入そのものの喪失をもたらす。投獄に至っては一層明らかである」として、むしろそのような制裁措置による弊害を主張していた（Ibid, para 2. 23)。

（25） The 10th Report Evidence, Q. 328, Memorandum CS 32.
（26） Ibid., Q.490.
（27） The 10th Report, para 76.
（28） Ibid., para 85.
（29） Government reply, paras 46-7.
（30） この免許証の没収というペナルティは、白書も指摘し、イーグル政務次官も述べていたように、養育費の徴収に絶大な効果をあげたアメリカの経験を取り入れようとするものであり、このことは、貴族院の第二読会においても、ホリス政務次官によって、「最も新しい統計では、一九九六年にテキサス州で、およそ一七件くらい免許証が没収された——現在はそれらの数字が増えたかもしれない——が、二一、六〇〇万ドル位が余分に子どもに流れている。すなわち、子どもにお金を流れさせたのは、免許証を没収したことではなく、運転免許証を没収されるという脅威だった。われわれが確保したいのはそのことである」と、率直に述べられている（Ibid. Hansard HL, Vol. 612, Col. 464, 17 Apr 2000)。
（31） Hansard HC, Vol. 347, Col. 355, 29 Mar 2000.
（32） Ibid., Col. 350.
（33） これは、①児童扶養申請時に養育費負担義務者が受給している社会給付金から相当の減額をする命令、②養育費負担義務者の所有するすべての財産に対する執行令状、③夜間外出禁止命令、④コミュニティ・サービス命令、という四つのいずれかの命令をなしうるというものである（Amendment No. 89)。
（34） Hansard HC, Vol. 347, Col. 361, 29 Mar 2000.

(35) Ibid., Col. 363.
(36) Ibid., Col. 365.
(37) Ibid., Col. 349.
(38) Ibid., Col. 349-50.
(39) Hansard HL, Vol. 612, Col 1354, 8 May 2000.
(40) Ibid., Col. 1343.
(41) Ibid., Col. 1345.
(42) Ibid., Col. 464, 17 Apr 2000.
(43) Ibid.
(44) Ibid., Col. 1349-50.
(45) ホリス政務次官は、また、それまでの議論を振り返って、「あなた方は、すべてのペナルティについて、ただ効果的でない限りにおいて、そちらの方に加担しているようにみえる」と評している(Ibid., Col. 1350)。
(46) Ibid., Vol. 614, Col. 495-6, 22 Jun 2000.
(47) Ibid., Vol. 612, Col. 1349, 8 May 2000.
(48) Ibid., Col. 1350.
(49) Ibid., Col 1351.
(50) Ibid., Vol. 614, Col. 496, 22 Jun 2000.
(51) Ibid., Vol. 612, 1350, 8 May 2000.
(52) その概要を述べると、ＣＳＡは、前述した各種の強制手段によってもなお養育費の支払を得られないときは、非同居親の投獄または運転資格の剥奪命令を治安判事裁判所に請求することができる（s40(1)-(11); s39A(2), CSPSSA 2000 s16)。請求があると、同裁判所により、非同居親が運転免許証を生計を得るために必要としているかどうか、および同人において支払いに対する故意の拒絶（wilful refusal）または非難されるべき懈怠（culpable neglect）があったかどうかが調査される（s39A(3), CSPSSA 2000 s16(1)）。いずれのペナルティを課すかは裁判所の自由裁量によるが、ＣＳＡが適切な方を指定して請求することもできる（s39A(4)）。運転資格喪失期間は二年間を上限とし（s40B(1), CSPSSA 2000 s16(3)）、養育費の全額の支払があれば、いつでも取消されるし、部分的支払により期間の縮減もある（s40B(5), CSPSSA 2000 s16(3)）。裁判所が投獄を適切と考えれば六週間以内の投獄命令を出すことができるが、一八歳未満の非同居親に対しては禁止されている（s40(7) and s40A(5)。命令の後、全額の支払があれば、執行は中止される。投獄後も支払によって命令の取消または期間の縮減が行われる。期間が終了しても、依然支払がなければ、ＣＳＡは、再度投獄または運転免許証の没収を請求できることになっている（s40B(7), CSPSSA 2000 s16(3)）。

四　むすびにかえて

以上、二〇〇〇年児童扶養法の概要とその成立過程における議論について、わが国における離婚後の子の養育費の確保に関して今後展開されるべき議論に参考になると思われる論点にしぼって考察を進めてきた。そして、この考察から明らかなように、イギリスにおいては、今回の改正によって、離婚後に子の養育費が支払われない場合において、監護親が非同居親に対し裁判所を通じてこれを請求するという従来のシステムは、原理的にはほぼ完全に廃止されたということができるのである。その結果、養育費の支払いのない非同居親からこれを取り立てる唯一の方法は、監護親が、責任額の計算とその取立てを専門とする国家機関（独立行政法人たるＣＳＡ）に、児童扶養手続の開始の申請をすることとなった。そして、非同居親に対し請求すべき責任額は、ＣＳＡにおいて、裁量の余地のほとんどない所定の公式にしたがって計算されるが、ＣＳＡには、この計算に必要な情報を調査・収集し、そして計算された責任額の履行を強制するための権限が与えられ、今回の改正はそれを一層強化した。他方、制度創設以来、申請は原則として当事者の任意とされ、そのための手数料が要求されることになっていた。しかし、所得補助等の無拠出の社会保障給付を受給する監護親は申請義務を負わされ、いわゆる給付上の制裁をもって強制されていたが、今回の改正により、申請をしたものとみなされることとなり、当然にＣＳＡがとる一連の手続の遂行を容認し、これに必要な情報提供をする法的義務が課されることになった。こうして、今回の児童扶養法の改正は、これまで私法の領域に属していた離婚後の子の養育費の問題について、国家の役割および権限の大幅な集中ないし拡大を可能にしたのであった。

以上のような改革において、われわれが強く印象づけられることは、別れた父母の一方の監護のもとにある子の養育費について、イギリス政府が、「すべての親たちが子どもの財政的援助に対する責任を受け入れるべきである」という強い確信のもとに[1]、その徹底的な実現を「本気で」[2]図ろうとしていたことである。この制度は、もともと、サッチャー首相のもとで社会保障支出の大幅な削減という動機を出発点として創出された制度であり、しかも、それがきわめて惨めな失敗に終わったことを認めながらも、あえて、この制度を存続させ、かつ広く人々の意識改革をも含む「文化改革」の一環とする位置づけにおいてその改革を図ろうとした意欲は賞賛されてよい。このイギリスにおける問題解決に対する意欲的な取り組みは、わが国における同じ問題に関する人々の意識改革を含む解決の可能性とその道筋について多くの示唆を与えてくれる(3)。

わが国では、近年における離婚の増大傾向の中で、これに巻き込まれる子どもの数は確実に増大しているものの、離婚後の子の養育費について、夫婦間での取決め自体は極めて少なく、履行確保の手段も不十分なため、これをめぐる問題はますます深刻化している。それゆえ、わが国においても、イギリスと同様の制度を、現存の児童扶養手当制度等との連動をも考慮に入れながら導入することができないかという問題は、きわめて魅力的なテーマとして映る。しかしながら、両国の歴史的・社会的な異同など、その諸前提を慎重に検討することなくこれを軽々に扱うことはできないことはいうまでもない。そこで、わが国での問題解決が、なお私法領域にとどまらざるを得ないことを前提としたうえで、本稿で考察したところをわが国の問題にひきつけて考え、それによってどのようなことが示唆されるかについて、思いつくまま記して結びに代えることにする。

第一に、イギリスにおけるこの制度の改革は、「子どもは、二人の積極的で献身的な親がいるときに良く育つものであり、……母のみならず父の双方の親の愛情と支援を必要とする」こと、すなわち、子どもの「監護と支援を受ける権利」から出発し、これを親がもつ「監護と支援を用意する責任」と連結することから出発する。(4) そして、本稿で取上げた養育費に上限を設けるべきかどうかの問題につき、最終的にはかなり高額なレベルでの上限が肯定されたとはいえ、「支払うべき責任額が法外に高くなるような二・三の派手なケースが、社会の受けとめ方に否定的な影響を与える危険」に配慮しつつも、「バランスの問題として、…より裕福な親たちの子どもがその親の富に持分をもち続ける権利を有すべきである」という立法過程での暫定的結論ともいうべき衆議院社会保障常任委員会のとった見解(5)は、わが国での問題に引きつけていえば、未成熟の子の養育費を、要扶養性と扶養可能性との要件を原則として不要とする生活保持義務として承認すべきであるという議論につながるであろう。

第二に、イギリス児童扶養制度の従前の運用において、養育費の取立てが徴税的な性格を持ったことの反省から、政府は、非監護親が養育費の支払を通じて「監護を続けていることの明確なシグナル」を子に送り、子にとって政府からでなく父からの支払であることが重要だという「真の利益」を母親に理解させるべきことを強調した。(6) これは、わが国において、離婚後に子の親権者とならなかった親が一切の親権関係から排除されるという、文字どおりの単独親権を観念したうえで、離婚後の非親権者にもなお養育費の支払義務が存続することを強調するために、親権と扶養とを分離し、養育費を単なる経済的負担として理解しようとする通説的理解に関して、反省的な検討が必要なことを示唆する。

第三に、わが国においては、離婚後の養育費問題というと、主として履行確保制度の改革に関心が向かう傾向をうかがうことができるものの、前述のように、取決め自体が極めて少なく、またそれが守られていないということ以上に、協議離婚が依然九〇パーセントを占めるという現実は、何よりもまず、子の養育費に関する人々の規範意識の変革の必要性を示唆しているように思えてならない。離婚後の子の養育費を確実なものにするという目的にとって、単にそれが非同居親の絶対的な自然的義務であることを強調し、これを形式的に強制するだけでは、かえってこの義務から逃れようとする傾向を強化することを、イギリスにおける失敗が教えてくれるし、この点の反省に立って、制度改革を子の養育に関する人々の意識変革の必要性に結びつける発想には学ぶべきものがあるように思われる。

第四に、前述のようにわが国の現実において、社会保障給付としての児童扶養手当の制度が重要な機能を担っているが、イギリスの児童扶養制度よろしく、その支給分を単純に非監護親から取り立てるといった制度に結び付けることが、かえって子に対する親としての責任の意識を失わせる可能性のあることを、養育費の立替制度導入の可否をめぐる議論[7]が教えてくれるのである。

第五に、今回の児童扶養制度の改革において、非同居親による養育費の支払いを確実にするために、面接交渉を積極的に活用しようとしていることが注目される。ことに、児童扶養政策を、「父親は監護をする」ことを前提に構築する[8]という着想は学んでよいように思える。わが国においては、親権の濫用をおそれてその権利性までも否定し、面接交渉もその弊害の強調のもとに初めから実施について抑制的であるというように、事前規制に力点がおかれすぎてきたように思える。しかし、養育費の支払いと面接交渉が直接的に連動することによる弊害に対して十分な警戒を向けつつも、なお、面接交渉について、共同監護に近い体制の構築による養育費の確保という積極面での活用を考える時期にきているように思われるのである[9]。

最後に、子の養育費の問題は、あくまで子の権利の問題であり、離婚した親の非難性の問題とも、また特に離婚後の母の保護という問題とも切り離すべきであろう。離婚は子自身の「好き勝手」[10]の結果ではないし、別れた相手に対する憎しみ等が投射されるいわれのないことだからであり、また、監護親の利益に直接結びつく度合いが高いほど、問題解決への前進を阻止する力が生まれることを、考察の対象とした各処の議論が教えてくれるからである。

(1)　本書一二四―五頁。
(2)　同二〇〇頁参照
(3)　なお、本書II第二部参照。初公表の時期は前後するが以上の考察で得たところをふまえて、わが国における離婚後の子の養育費に関して法解釈学的に考察を試みたものである。
(4)　本書一二五頁。
(5)　同一五四頁。
(6)　同一二七頁。
(7)　同一八五頁以下参照。

（8）　同一七〇頁以下参照。

（9）　同一七二頁以下参照。

（10）　二宮周平ほか、「〔座談会〕ジェンダーの視座から家族法を考える」（赤石千衣子発言）法律時報七四巻九号一〇頁。

第二部　わが国における離婚後の子の養育費の確保

一　はじめに

近年、わが国の離婚は増大の一途をたどり、一九九八年二〇〇〇年には、二四万三、〇〇〇件二六万四、二五五件、離婚率にして一・九四にまで達した。そして、未成年の子をもつ夫婦の離婚も当然ながら増大し、全離婚数の六八・二パーセントを占めていた一九八五年をピークに減少傾向にあるとはいえ、九八年には、五九・六パーセントとなり、離婚に巻き込まれた子どもの人数でいうと、過去最高の二四万六、九七九人であり、未成年人口一、〇〇〇人に対し九・二七にのぼっている。

わが国の民法は、未成年の子を有する夫婦が離婚をする際に、子に関する唯一の要求として、協議によりいずれか一方を親権者と定めることを規定する（民八一九条一項）。そして、新民法下において、父または母のいずれを親権者としたかについての年次推移をみると、一九五〇年以後は、夫を親権者として離婚をする場合が半数以上を占めていたが、一九六六年に逆転して以来、妻を親権者とする場合が年々増加し、一九九八年には、妻が全児の親権を行う場合が七九・二パーセントとなったのに対し、夫が全児の親権を行う場合はわずか一六・五パーセントに過ぎないものとなって

いる。(1)

このことは、離婚に巻き込まれた子どもたちの大多数は、いわゆる母子世帯において生活していることを意味するが、新聞報道によれば、母子世帯は、九八年には九五万五、〇〇〇世帯で、五年前と比べて二割の増加があったとされる。(2)しかも、やや古いが、手許の一九九三年の厚生省全国母子世帯調査は、離婚母子世帯の一九九二年の平均年収は、二一五万円であり、一般世帯の平均年収六四八万円に比較すると、わずかに三分の一に過ぎないという、きわめて厳しい経済状態に置かれていることを報告している。

そこで、子どもを抱える母子家庭にとって、別れた父からの養育費の支払が大きな意味を持つことになる。ところが、二〇〇一年末の新聞報道によれば、最高裁が、東京、大阪の両家庭裁判所でその前年の前半期に調停が成立した事件から二〇〇件を無作為に抽出して養育費を受け取る側（多くは母子家庭とみられる）を対象として実施した調査によると、子ども一人あたり月額二万ないし五万円が全体の七割以上を占めるという決して高額ではない養育費について、「期限通りに全額受け取っている」のは、全回答者九七件中、四八件にとどまり、「一部しか支払ってくれない」と「期限を守ってくれない」が合わせて四二件にのぼり、「全く受け取っていない」も六件あったとされる。(3)

このように、調停の成立した事件に限っても、わが国における離婚後の子どもの養育費の確保は極めて不十分であるといえる。そのうえ、今日においても、依然、離婚全体の九割を占めている協議離婚については、その実態は正確にはつかめていないが、前出の厚生省全国母子世帯調査によれば、別れた夫から現在養育費を受け取っている妻は一四・九パーセント、過去に受け取ったことがある人を加えても三一・三パーセントにすぎないとされている。

このような実情を背景に、多くの母子世帯は、児童扶養手当に頼ろうとする。これを受給する世帯は、二〇〇一年度末で七一万世帯にのぼるとされ[4]、その予算額は、本年度にやや削減されたものの、二、六三九億円余にのぼっているのである。しかし、これによる財政の圧迫ゆえに、今後の削減の方向が検討されているという。

そこで、養育費の支払義務の履行を確保するための手段に関心が向けられることになるが、現在利用できる強制の方法としては、通常の民事執行法による強制執行と、家事審判法で認められる履行確保の手段がある。しかし、強制執行には債務名義が必要であるし、家事審判法の履行確保制度では、審判ないし調停によって養育費支払義務が認められていることが前提とされる。従って、協議離婚についていえば、養育費の不払いに対処するためには、養育費の支払についてあらかじめ公正証書が作成されているか、または、新たに家裁に審判を申立て、審判ないし調停によって養育費の支払い義務が認めらなければならないのである。しかも、これらの制度がその簡便性と実効性の両面で多くの問題を抱え、その積極的利用が妨げられていることは、しばしば指摘されるところであり、すでに様々な改善策が提案されてきた[5]。

しかし、それにしても、どうして、今後の生活苦が容易に想像できるわが子の養育費についての取り決めがきわめて低い頻度でしか締結されず、さらには折角の取り決めも確実に実行されないのであろうか。これは、単に資力がないとか、一応資力があるが、他に使ってしまうためとかではなく、むしろ、支払う意思がないことが根本的な原因となっているためなのではなかろうか。(6) といっても、わが国の親が、子に対して愛情がないとか、冷淡であるとかいうレベルの問題ではない。そうではなく、離婚によって別れた子についてどうすべきかについての規範意識の問題であるように思われるのである。

かつて私は、離婚後の非親権者が事実上親たることを否定されるに等しい法的地位におかれている一方で、子との面接交渉権や養育費の負担については親としての当然の権利義務として無制約に強調されることが、かえって無責任に面接交渉権を主張させ、あるいは「親権者は同時に監護教育の費用負担者たるはず」という「常識」(7)を流布させるという逆説的結果を生み出していると指摘したことがある。(8) 本稿は、戦後の新民法のもとで、そのような「常識」を育んだともいえる、親権者の子を監護・教育する義務には、その費用を負担する義務も含まれると解する説が通説的地位を占めたこと、そして、まさにこの「常識」を打ち破るために親権と扶養の分離を主張する立場が登場し、今日のゆるぎない通説になってきたことをあとづけたうえで、そのような目的にとって直截的にみえるこの通説が、離婚後の非親権者は子の監護に関する権利義務から排除されるという観念を固定化させ、かえってその「常識」を温存するとともに、子どもの権利としての養育費の実現を妨げる役割さえも果たしてきたことを確認し、そうした状況を打破するためにどうすべきかについて若干の提唱を試みることを目的とする。

二　扶養学説の展開

1　生活保持義務と生活扶助義務

旧法下において、中川善之助博士は、夫婦間および親の未成熟の子に対する扶養義務である「生活保持義務」と、その他の親族相互間の扶養義務である「生活扶助義務」とは本質的に異なるものとして、両者を区別すべきことを提唱し、前者が、夫婦・親子という「基本的身分関係の必然的要素たるもの」であるのに対し、後者は、「偶然的相対的なるもの」にすぎないと説明した(9)。

旧法においては、扶養義務者の範囲が広汎であり、直系血族および兄弟姉妹のほか、夫婦の一方と他の一方の直系尊属でその「家」にある者相互間（民旧七四七条）および戸主の家族に対する扶養義務（同旧九五四条）が当然の法的義務として規定されていたし、他方、扶養を受ける権利のある者や扶養義務者が数名ある場合は、それらの者のあいだにおける順位が法定され（同旧九五五条・九五七条）、ことに権利者について見れば、直系尊属・直系卑属・配偶者（以下略）という順位が法定されていた（同旧九五七条）。右の扶養義務の二分説は、このような「家」制度的扶養法において、夫婦間および親の未成熟子に対する扶養義務を第一順位に位置づけ、その他の親族扶養義務、ことに「わが身を犠牲にしても親を養うべし」とされたいわゆる孝養の義務の限界を明らかにすることによって、扶養法を「家」制度的制約から解放するという歴史的な役割を担って登場したものであった。しかし、この二分説が小家族をモデルに構想されたという市民法的性格のゆえか、新民法の下においても通説的地位を保つことになった[10]。

2　八二〇条説の成立

もっとも、新民法は、八七七条以下の規定から、夫婦または配偶者に対する言及を削除し、婚姻の効力の一つとしての「夫婦ハ互ニ扶養ヲ為ス義務ヲ負フ」(旧七九〇条)の旧規定を、夫婦の同居・協力義務と並ぶ扶助義務(民七五二条)として置きかえて存続させたため、夫婦間の扶養が一般親族扶養とは性質の異なる生活保持義務であるとする理解に適合的になったのに対し、未成熟子に対する扶養義務に関しては、必ずしも同様の理解が可能となるような立法形式は取らなかったのである[11]。

このため、未成熟子の扶養義務が生活保持義務であるとするためには、その民法上の根拠をどこに求めるかについて疑義が生ずることになった。しかし、当初は、扶養の順位、程度、方法などを定める民法第六章の扶養の規定は、扶養義務者がその社会的地位にふさわしい生活をしてなお余剰ある場合の義務とされる「生活扶助義務」に関する規定であるとの前提にたって、親子関係の本質から生ずる「生活保持義務」の根拠規定としては、親権者の子に対する監護・教育の権利義務を定めた民法八二〇条をあげる見解が通説的な立場を形成した。そして、この立場からは、同条の規定する親権者の子を監護・教育する義務には、その費用を負担する義務も含まれると説かれていたのである。[12]もっとも、この説に立つと、父母が離婚して「単独親権」（民八一九条一項）に移行した場合には、親権者とならなかった親は、監護・教育の費用を負担する義務も免れることになるのではないかという問題を残していた。

3　親権と扶養の分離論の登場

折しも、離婚後、親権者となった母が子を代理して非親権者たる父に対し扶養料を請求した事案に関してその中立を棄却した原審判に対して、抗告審が、夫婦親子間の生活保持の義務も、親権者の監護・教育義務も夫婦親子の「協同生活」を前提とするから、離婚により協同生活の基礎を失った場合には、「親権者に非ざる父又は母は広く親権上の機能と同時に生活保持上の機能をも喪失し、右は単なる親族扶養の義務者たるにとどまり生活保持の義務を免れる」ことを理由に、支持するという裁判例（高松高決昭和三二年八月二一日下級民集七巻八号二二四八頁）が公表された。そして、これを契機に、未成熟子に対する扶養義務の根拠を八二〇条に求める見解に対する批判論が高まり、この批判論の中から、やがて、親権と扶養の位置づけに関して、今日でもあげられる次の三つの立場が現れることになった。

その第一は、「生活保持義務」と「生活扶助義務」の区別を積極的に承認したうえで、前者については、親子関係の本質を根拠にするものとして、あえてその法的根拠を求めないまま、両親は離婚後も親権の有無とは無関係に、「共同保持義務者[13]」として監護費用を分担するのであり、これを争う場合には、一般親族間の「生活扶助義務」のように扶養請求（民八七七条以下、家審九条乙類八号）によるべきでなく、監護費用分担請求（民法七六六条、家事審判法九条乙類四号）によってのみ処理される[14]と説く立場である。

第二は、「生活保持義務」と「生活扶助義務」の区別は承認するが、未成熟子に対する事実上の監護と扶養とは、理論上もまた現実にも分離可能であり、離婚により、監護・教育は子と現実に共同生活をする親のみにより遂行され[15]、共同生活のない親子間では、資力のみで判断しうる経済的給付としての扶養だけが問題となるのであるから、「生活保持義務」としてその親に費用の面で同じ負担をさせることにすれば[16]、この場合についても民法八七七条を根拠としてよいと説く立場である[17]。

第三は、監護・教育義務と扶養義務とは理論上も実際上も区別すべきであり、しかも、親の未成熟子に対する扶養義務であっても、協同生活関係の型に応じた扶養の程度・内容を考えれば十分であることを理由に[18]、あるいは、扶養は常に相手方の生活困窮を要件とすべきことを理由に[19]、一般親族間の扶養義務との間に、程度の差こそあれ、質的な差は存在しないとして、親の未成熟子に対する扶養義務についても民法八七七条が根拠となると説く立場である[20]。

以上の三説について、前述の八二〇条説との対比でみると、いずれの説も、親の未成熟子に対する監護・教育義務には、事実行為としての監護・教育とこれに要する費用負担の両者が含まれ、通常両者は結合されていることは認めるものの、そのうちの経済的負担については、子の監護・教育から排除された親にも分属させることが可能であることを理由に、親の未成熟子に対する扶養義務は、離婚による「協同生活」の喪失によっても消滅しないことを主張するのであり、[21]各説の特徴は、その主張を導くためのそれぞれの強調点の違いに由来するとみることができる。

そして、第三説のように、親の未成熟子に対する扶養義務につき一般親族間の扶養義務と質的な区別をしない立場は、はじめから八七七条に法的根拠を求めているから問題にならないが、前の二説のように生活保持義務を生活扶助義務から峻別することを肯定しつつ八二〇条説を退けるとしたら、未成熟子に対する親の扶養義務の法的根拠をどこに求めるべきかが当然問題になってくる。そこで、第二説は、単独親権に伴う非親権者の監護・教育からの排除という効果に着目し、非親権者の扶養義務は単なる経済的負担となり、ただその生活保持義務性を義務の存続に反映させれば、八七七条の適用を容認できるとしたのである。その点で、この説は、第三説に限りなく接近することになる。

これに対して、第一説は、あえて法的根拠を求めることなく、生活保持義務としての未成熟子に対する扶養については、監護と経済的負担を「別々に切り離して考える」ことはできないとし、離婚により父母の一方が子を監護・教育している場合でも、非監護親は、監護親に対して「子の養育費を分担支払うという形において生活保持義務を履行する」のだと主張して、この場合の民法八七七条の適用をあくまで否定する。つまり、「外形的には経済的給付にほかならない」としても、単純な扶養料の支払いでなく、「共同保持義務者」として、「監護親の子の監護と密接不可分の関係にある監護費用の分担」をするとし、結果として、後の二説との対立図式を生み出すことになるのである。[22]

以上のように、前記三説は相互に対立をはらみながらも、親権と扶養を分離して考えるべきだとする点では一致しており、その側面においてはゆるぎない通説の立場となって、今日に至っている。そこで、この通説の考え方の妥当性について、章を改めてもう少し詳細に検討することにしよう。

三　親権と扶養の分離

1　八二〇条説の問題点

民法八一九条一項は、父母の離婚に際しその一方を親権者と定める旨を規定するが、これは、父母が生活を共同にしなくなったことにより親権の共同行使が困難となることを考慮した規定であり、しかも、これにもとづいて親権者を定めると、親権者とならなかった親（非親権者）は、およそ子の監護・教育に関する一切の権利義務から排除されるとするのが制定当初からの一般的な理解であった。このため、八二〇条説のように、同条の監護・教育の義務に費用負担の義務が含まれると解すると、離婚に際し親権者とならなかった親が養育費の負担を免れると解されてしまう余地があった。それにもかかわらず、前述のように、当初においてこの説が通説的に唱えられたのは、旧法においては、家にある父が親権者とされ（旧八七七条）、離婚により、父はそのまま養育費の負担も含めた親権を行使する一方で、母は家を去り、精々監護者になりうるだけという形態が理念的に想定されていたのであり、親権者の決定が父母の協議に委ねられることになった新法下においても、おそらくは、なおこのような旧法下の理念的形態が実際上は主流となることが漠然と考えられ、親権者でない親が養育費の負担を免れるという事態についてそれほど深刻な問題としては意識されなかったためだと思われる。その意味で、前述した「親権者は同時に監護教育の費用負担者たるはず」という「常識」は、旧法下で生み出され、新法施行後において育まれていったということができるのである。

ところが、前述のように、新法の下において母が親権者として子を監護するというケースが次第に増加し、しかも男女の経済力の一般的格差がなお非常に大きかった状況を背景に、右のような解釈がもたらす不都合が次第に意識されはじめてきていたものと想像される。それにもかかわらず、前記高松高裁決定が、共同親権から単独親権への移行と生活保持義務から生活扶助義務への質的変化とを、離婚による「協同生活」の喪失を媒介としてパラレルに論じたうえで、親権者による子の扶養請求を棄却したところから、親権者とならない親が子に対する扶養義務を免れるという八二〇条説に残された問題点がにわかに注目を集めることになったのである。(23)

2　八二〇条説の排斥

しかし、この高松高裁の決定理由をあらためてながめてみると、同決定は、「協同生活」の喪失によって、未成熟子に対する扶養義務が生活保持義務から生活扶助義務に変化すると解したうえで、ケースの実質がたまたま収入の安定した教員である親権者母の代理による父に対する子の養育費についてのやや濫用気味な請求であったこともあって、非親権者である父は生活扶助義務上の後順位義務者として、結果的に扶養の負担を免れることを容認したものであった。そして、共同生活の喪失が非親権者の扶養義務の順位や程度に影響を及ぼすという主張自体についてみれば、二分説をしりぞけ、未成熟子に対する親の扶養義務に対しても八七七条以下の適用を認める前記第三説においては、論理的には、はじめから肯定されていたのである。また、未成熟子の扶養を生活保持義務とみる第二説も、同じく八七七条以下の適用を認めるのであるから、子との共同生活の喪失が非親権者の扶養義務に負担の免除をも含む影響を及ぼすこと自体は肯定しているものといえるのである。(24)しかも、いずれの説も、離婚後の非親権者が監護・教育に関しての一切の権利義務から排除されることを前提としている以上、離婚により子との共同生活を喪失した非親権者のケースに限っていえば、高松高裁決定は、これらの二説と判断の基礎をほとんど異にするものではなかった。

それにもかかわらず、この決定が、未成熟子に対する扶養義務について、「親子法上の扶養義務」と称し、その法的根拠として八二〇条を掲記するとともに、その結論として、「親権者の扶養を受けている未成年者は、その親権者が経済上扶養能力を失ったとか、扶養監護に不適当な家庭の事情が生じたような場合は別として、親権者の手により扶養せられている限り、親権者に非ざる他の親に対し扶養の請求をすることができないことは前説示によって明白」と述べ、あたかも非親権者となったことの効果として扶養義務を免れたような表現を用いていたこともあって、前述のような八二〇条説の問題点がにわかに注目を集め、学説上の批判が相次ぐことになったのであった。これに対して、「未成熟の子の養育関係においては、経済上の給付は監護教育の密接不可分な反面というべく、殊に幼児の場合について考えると、監護教育の面と養育費の面とは截然分化し得ない性質がある」から、「親権者は親権の内容として養育費を負担するとする学説は、親権の行使と扶養との問に存する密接不可分な関係に著眼し、一元的に解釈運用し、子の保護に一貫性を与えようとするものというべく」、「子の監護・教育の費用の負担に関する事項が右に所謂監護について必要な事項に該当すると解しても差支あるまい」という、同事件の原審判担当判事による弁護の発言[25]もあったものの、ほとんど省みられることなく、同説は一気に退けられ、これに代わって親権と扶養を切り離すべきであるという方向での前記三つの説の登場が促されることになったのである。

3　生活保持義務の「質」の問題

他方、未成熟子に対する親の扶養義務を生活保持義務として、その根拠を民法八二〇条に求めていた当初の学説は、この扶養義務について、「子を保護し監護し教育して一人前の人間に育て上げるという『養育』義務の一部」[26]であり、「義務の内容はいろいろと世話をやき面倒を見てやるという精神的なものを含んで」おり、民法第六章の「扶養の概念とも重複する」が、そのうち「特に未成年の子を親が一方的に扶養する関係だけが親権関係をかたちづくる」のであって[27]、「監護教育の面と養育費の面とは截然分化しえない性質[28]」のものと解していた。それゆえ、離婚による共同生活の喪失によっても、監護にあたらない非親権者の未成熟子に対する扶養義務は生活保持義務のままであることを認める前記の二説においては、右のような一般親族の扶養義務との間の差異として強調されていたいわば「質」とは一体何かが問われなければならないはずであった。前記第一説を唱える小石判事が、離婚後の監護にあたらない非親権者の生活保持義務について、身上監護と経済的負担の両者を「別々に切り離して考えること」はできないと主張するのは、まさにそのような生活保持義務における「質」を問題にし、これが離婚による共同生活の喪失によっても変化しないものであることを強調する試みであったということができるのである。

しかしながら、小石判事の主張も、離婚後に子の監護にあたらない非親権者は、監護・教育に関する一切の権利義務から排除されること、すなわち、子との関係では、扶養と監護が切り離されてしまうことを他の二説と同様に認めているのであり[29]、そのうえで、残る経済的負担について、非監護親の「養育費の支弁」が「監護親の監護」と密接不可分の関係にあることを強調した[30]のにすぎなかったのである。その意味では、小石説も、子との関係での生活保持義務の「質」を問題にしようとしたのではなかった。このため、同説は、その主張を子の養育費は非監護者に対する監護費用の分担請求としてのみ処理すべきだという手続論に収斂させてしまい、後述のように、かえって、他の二説からは、子の権利という視点を欠落させてしまったものと批判されることになるのである。

4　親権・扶養分離論の現実的作用

とはいえ、前述のように、親の未成熟子に対する監護・教育義務には、事実行為としての監護・教育とこれに要する費用負担の両者が含まれ、通常両者は結合されていることを認めていた前記三説は、少なくとも子との関係においては、いずれも、離婚による共同生活の喪失後については、監護・教育と経済的負担の両者を「別々に切り離して考えること」ができるとする点で足並みがそろっていたことは明らかなのである。そして、「事実上の行為としての監護教育と経済的な負担としての扶養とを分けて考えるならば、それぞれについての適性は個々の親で異なっており両者はかならずしも一致しない。監護教育には子に対する愛情がもっとも重要であり、そのほか子を扱う技術の上手下手や子と一しょに過せる時間の多寡や環境なども影響するのに対し、扶養能力はもっぱら義務者の資力によって決定される」として、ことさら扶養義務が単純な経済的負担だけの問題であることが強調され、この二つを無理に結びつけると、「父に劣らぬ愛情をもち、事実上の行為としての監護教育についても……一般により適任である母が、単に資力が乏しいというだけの理由で親権者になれないことになる」ということが主張されたのであった(31)。

以上のように、親権から扶養を切り離すという通説の主張は、離婚後の扶養義務が、子との関係においても、資力だけが問題となる単なる経済的な負担となることの強調の上に形成され、かくして、資力の乏しい母親も親権者になりうるという観念を広く普及させ、母親を親権者と定めるケースの増大傾向に拍車をかけたことは確かであろう。

しかしながら、その主張は、同時に、親権者となれないまでも、養育費の負担を通して、子の監護・教育に実質的に関わるという離婚後の非親権者が持つであろう一縷の望みを断つことをも意味するのであり、親権者になれなかった当事者が、離婚に際し、養育費の取決めを持ち出されても、前述の「常識」をもって抗弁し、あるいは、養育費の取決めをしてもやがて支払の意欲を失うという事態を招来させることにも力を貸したと考えられるのである。しかも、親権から切り離された子に対する扶養は、親権とは別の「親としての当然の義務」であることが強調されるようになる一方で、人々の親権や監護権に対する固執を招いて親権者の指定・変更等の事件を増大させることになり、離婚後の非親権者は監護・教育に関する一切の権利義務から排除されるという制定時以来の観念をますます強固なものとしたのである。そして、親権者にならなかった親（多くの場合に父親）に対して、養育費の負担を「親としての当然の義務」だからと説得しても、逆に、しばしば、子との面接交渉を「親としての当然の権利」だとして養育費負担との交換条件に持ち出すといった形で、離婚後の子の養育費の確保の問題を、ますます解決の困難なものにしているということができるのである。(32)

四　子の権利としての養育費の請求

1　養育費請求の実現方式

離婚をするに際し、あるいは離婚をした後に、未成熟子を現に監護している親権者が他方の親に対して養育費を請求するには、子の監護に関する処分請求の申立てをするか、あるいは、親権者が子の法定代理人として、子からの他方の親に対する扶養請求の申立てをするかのいずれかの方法によるのが、現在における家裁実務での一般的な取扱いとされる。そして、一九五〇年代までは、前者、すなわち監護費用の分担請求については、離婚と同時あるいはその直後、また子の監護者の指定・変更とともにする場合に限られると解されていたため、後者、すなわち子からの扶養請求の方法が圧倒的に多く用いられたが、六〇年代以降は、家裁実務の中で、次第に監護費用の分担請求の適用範囲が広げられ、六〇年代後半には、むしろ前者の方法によることが、一般的になったとされる[33]。

前述のように、八二〇条説を退け、前記三つの立場が形成されたのは、一九六〇年代のまさにそのような状況においてであり、その形成過程における論争は、親権者が他方の親に対して養育費を請求するにために、右の二方式のいずれによるべきか、という論争とも重なり合っていた。そして、すでにふれたように、前記第一説が養育費はもっぱら監護費用の分担請求によるべきことを主張したのに対し、後の二説は、未成熟子に対する親の扶養義務についても八七七条にその法的根拠を求め、したがって、子からの扶養請求方式を認め、これと監護費用の分担請求とを並存させたうえで、二つの請求方式のいずれを用いることも肯定したのであり、後者の立場が今日の通説となっている。[35]

2　基本的方式としての子の扶養請求権

さらに、通説は、扶養が親に対する子の権利であることが明確にされていることが重要であるとして、八七七条にもとづく子の親に対する扶養請求が「基本的方式」であり、監護費用分担請求は「手段的存在」として位置づけるべきだとする。[36]すなわち、監護費用の分担は、「扶養義務者たる父母の間において未成熟子を現実に監護する父母の一方から他方に対し子の養育費（扶養料）を第一次的に請求しうる当事者適格を認めた規定」と解し、その趣旨として、八七七条以下による「扶養審判においては常に扶養権利者たる未成熟子を当事者として加え」る必要があり、このことには、「いたずらに手続的な煩雑さ」を加えることによって、「理論的な満足を求めているとみられる一面」があると同時に、「実務の手続上はいずれにしても扶養義務者たる父母のみが関与しているのが実情であるから、もし父母のみで子のために扶養の程度方法等を定め養育費を請求しうるとするならば、問題の解決としてははるかに直截的であり、また便宜である」からだと説明される。[37]

これに加えて、通説からは、「子の扶養の権利を請求権として正面から捉える」ことの積極的な必要性を強調するために、養育費の請求を監護費用の分担の審判だけに限定する小石説に反論する形で、養育の費用を獲得する法律的手段としては、監護費用の分担の審判のみでは覆い得ないケースが存在すること、[38]あるいは、「法解釈上可能である限り別途の手段をも肯定する方が、未成熟子の保護により資する」[39]といった主張がなされている。そして、監護費用分担請求方式によって子の扶養料が確保されるときはこれによることとし、これによっては子の扶養料が確保されないときには、子の親に対する扶養請求方式によるべきだとするのである。[40]

3　扶養請求と監護費用分担請求の二方式並存の問題点

しかし、このような整理をしたとしても、以上の主張は、子の扶養請求と監護費用分担請求という二つの請求方式が現実に並存し、行われていることを前提にした論理的な辻褄あわせの印象は拭えないうえ、これを承認すること自体が果たして妥当なのかについても疑問なしとしないのである。通説が言うような、監護費用分担請求のみによっては捕捉できない不都合があるケースというのは、深谷教授の分析によれば、「非監護親の生活水準上昇に伴い生活保持義務のゆえに扶養料の増額の請求が必要である場合」だという。[41]しかし、これも、そもそもそれ自体に子どもの権利による裏づけをもたせないままに、監護費用分担請求という方式を認めるところからくる不都合であるにすぎないことを見落としてはならないのである。

さらに、この二つの審判方式の関係が具体的に論じられるとき、それは、「父母間の協議による不請求の合意又は父母間の分担額が審判で定められている場合に、その養育費関係の主体である未成年者の方から父に対し、右協議又は審判を実質上変更させるような請求ができるかどうか」[42]、あるいは、「子の養育料の負担について父母間に一定の合意が成立し（調停による場合をも含む）、これによって解決ができた筈であるにもかかわらず、後日、今度は当該子自身から一方の親に対し、扶養料の請求という形でもって、先の父母間の合意と抵触する内容の養育料の支払を求める調停・審判の申立てがなされ」たときにどうするか[43]といった形で提起される問題としてなのである。しかも、はじめから、「母の方で養育費不請求の合意をしておきながら、母が子の法定代理人として、子の名義で改めて父に対して扶養の申立てをするということは、一応、原則的には信義則に反することといわなければならない。また、母名義で養育費分担の確定審判を得ておきながら、その審判で定められた養育費の金額では不満であるとして、今度は子の名義で父に対して扶養の申立てをし、更に金員の請求をするということは、家事審判制度を悪用した権利の濫用ともいえよう」とされたうえで、なお論じられているという問題なのである[44]。

それにもかかわらず、信義則に反し又は権利の濫用をしているのは母であって子自身ではないとして、「権利主体の加わらない協議又は審判はその権利主体を拘束しない」という理由で[45]、あるいは、父母間の合意が「不当であるかあるいは後に事情に変更が生じたと認められるとき」にかぎり[46]、それぞれ許されるとするのである。あるいは、一般的に、「扶養は公益的な問題でもあり、義務者問での協議は当事者の問でいわば債権的な効力をもつにすぎないから、その内容を要扶養者や第三

者に対してもつねに対抗できるとはかぎらない」ことが指摘されたりもするのである。(47)

4　二方式の並存と子の権利

以上のような両請求の並存を承認することは、果たして子の権利の実現に資することになるのかという観点からしても極めて疑わしいといわなければならない。

子の権利が中心というのなら、子どもの権利のための「基本的方式」とする扶養請求一本でいくべきである。また、事情変更というのなら、同じ方式による増額請求等により解決べきなのである。はじめから信義則違反や濫用の疑いがつきまとうような別の請求方式を、実現手段が多いほうが有利といった曖昧な理由で存置しておくことよりも、むしろ、事情変更と評価できる要件や判断要素を整理する等により、見直し手続を容易にしておくことの方が子どもの権利の実現に貢献するというべきなのである。

しかも、監護費用の分担に関する父母の協議や審判は、便宜的・直截的方式にすぎないとして、当事者として加わっていない本人を拘束しないとか、債権的効力しかないとかいうのなら、後の本人からの扶養請求において、なぜ前の協議や審判との対比で事情変更や不当性を判断する必要があるのかという疑問(48)は生ずる。また、監護費用分担の審判があった場合には、子の権利や利益の観点からの見直しによる本人からの扶養請求をもっと奨励すべきであるのに、今日の家裁の実務が、監護費用分担事件を主流とするのだとすると、「母が離婚を強く望み、かつ、子の親権者となりたいがため、離婚後の母子の生活につき確たる見通しもつかないまま、やむをえず、養育料その他の給付はしない旨の父の申し出を受け入れ」、または「父からの不十分な養育料支払の申し出を受け入れ」て離婚したというような、子とは無関係に、あるいは子どもの権利を無視した協議の多くは放置されているかのような印象は免れないのである。(49)

五　親権の一部としての未成熟子扶養

1　離婚後の親権の分属

かつて私は、離婚に際し親権者になれなかった親も、親権者の指定・変更または親権喪失の申立てができ、それが認められれば自ら親権者になりうる等の点から、「非親権者」といっても、民法の上で特別な法的地位におかれているものと解さざるを得ないとして、民法八一九条一項による親権者の決定は、単に現実の行使者を定めるだけで、「非親権者」も潜在的に親権を有すると解すべきことを提唱した。(50)そして今日、これはある程度の支持を受けているものと考えるが、「非親権者」は監護・教育に関する一切の権利義務から排除されるという観念は、なお、根強く存在しているように思われる。そして、そのような観念が温存されている背景にあるのは、親権と扶養の分離というこれまたゆるぎない通説の考え方のように思われるのである。

前述のように、かつて、未成熟子に対する扶養義務は親権に含まれると解した八二〇条説が退けられたのは、その立場に立って親権には監護教育の費用の負担義務も含まれると解すると、父母が離婚して「単独親権」に移行した場合に、親権者とならなかった親は、費用負担義務も免れることになるのではという疑義のゆえであった。そして、その反面として、資力の無い者は親権者になれなくなるという虞れがあることも気づかれたからであった。しかし、そのように解される前提には、離婚に伴って親権者を定めると、非親権者がおよそ子の監護・教育に関する一切の権利義務から排除されるとする制定当初以来の一般的な理解が存在したからであった。しかし、右のように、「非親権者」も潜在的に親権を有すると解することが可能であれば、たとえ八二〇条説に立ったとしても、離婚後の非親権者が扶養義務の負担から必然的に免れるとする解釈を避けることができるし、資力の有無が必ずしも親権者になるための決め手にはならなくなるはずである。(51)

2　八二〇条説の再評価

私は、離婚後の未成熟子の養育費請求を、子どもの権利として確立するためには、未成熟子に対する親の扶養義務を生活保持義務として承認すべきであり、(52)その法的根拠は八二〇条に求めるべきだと考えている。(53)そして、八一九条一項が、父母が離婚するときには、「その協議で、その一方を親権者と定めなければならない」とするのは、父母が生活を共同にしなくなったことにより親権の共同行使が困難となることを考慮して、「親権行使者」を定める趣旨と解すべきであると考えてきた。つまり、それによって他方の親の親権が消滅するわけではなく、潜在的なものになるにすぎないのであって、これは必要に応じて顕在化することになるのである。しかも、そのように解することによって、直接の親権行使者にならなかった親の生活保持義務が、子との関係においては、その資力だけが問題となる単なる経済的負担だけの問題となってしまうという不自然な解釈でなく、その経済的負担そのものが、その親にとっても子の成長・発達に欠かすことのできない監護の一内容であるとする位置づけを与えることができるのである。(54) さらに私は、七六六条一項における監護者は、父母以外の第三者に限るものと解すべきだと考えるから、(55) 同条は、まず、第三者に子の監護を委ねる場合にはその「監護すべき者」を定めることになるが、そうでない場合には、父母に対し、親権行使者の決定とならんで、親権に含まれるその他の「監護について必要な事項」について協議で定めることを義務づけているものと解されるのである。

3　離婚する父母の監護事項協議義務

右に述べたような解釈に立てば、未成熟の子を持つ父母は、離婚にあたって、直接の親権行使者をどちらにするか、面接交渉をどのように認めるか、養育費をどう分担するか等々のいわば束状となった権利義務について、「監護について必要な事項」として、父母の間で具体的事情にしたがって、その分担・協力のあり方を協議し、また協議が調わないときや協議ができないときは、家庭裁判所に対し親権行使者の指定とならべて、または単独で、子の監護に関する処分審判を申し立てるといった処理が可能になるのである。そして、今日、幸いにも、未成熟子の養育費の請求は、ほとんど監護費用の分担請求の方式によるとされるから、今後は、もっぱらこの方式によるものとして、八七七条以下の規定にもとづく扶養に関する処分の審判は、一般親族間の扶養義務であるいわゆる生活扶助義務に関する場合に限るべきなのである。

そして、この協議は、民法八二〇条にもとづく子の監護・教育についての権利に対応する親義務にもとづいてなされるものであるから、未成熟子の親権者となり、その子を引き取って現実の監護にあたることになる親（多くの場合に母）が、将来においても子の養育費を父に請求しない旨を約したような場合には、子の権利の処分として無効と解すべきである(56)。決して、かかる合意を、小石判事のように、「子の養育費は全額母が負担し、父の負担額を〇とする旨の父母間の子の監護費用分担に関する協議」と位置づけて有効視する余地はないというべきである(57)。そして、子の監護費用が不十分であるにもかかわらず、現実に監護する親権者が、他方の親に対し増額請求等の措置をとらない場合には、子の権利の実現を妨げるものとして、少なくとも親権行使者の変更理由になるものと解すべきであろう。

以上のような運用によって、ことに協議離婚をする際に、父母が、単に親権行使者を定めるだけでなく、今後の未成熟子の監護・教育の全般について、もちろん、その費用の負担も含めて、どのように分担・協力するかを協議することが当り前と考えるような規範意識を形成していくことこそ、困難かつ迂遠のようにみえながらも、離婚後の子の養育費請求を子の権利として確実にしていくための早道と考えるものである。

(1) 以上の数字は、離婚に関する統計（厚生省人口動態統計特殊報告）による。
(2) 朝日新聞二〇〇一年一二月三〇日朝刊。なお、朝日新聞二〇〇五年一月二〇日付朝刊は、厚労省の母子世帯調査の結果、未成年者を含む母子家庭数が、〇三年の時点で、五年前の三〇パーセント増の一、八五四世帯、平均年収は、一七万円減となっていることを報じる。
(3) 朝日新聞二〇〇一年一二月二七日夕刊。
(4) 朝日新聞二〇〇一年一二月三〇日朝刊。
(5) とりあえずは、神谷遊「履行確保制度―離婚後の養育費を中心に」婚姻法改正を考える会編『ゼミナール婚姻法改正』（一九九五年）一九三頁以下参照。なお、先頃の民事執行法の改正により、定期的な支払を定めた養育費の不履行につき、期限末到来の分の強制執行も可能になる等の改善が図られた。
(6) 能見教授は、扶養義務不履行の原因は、「基本的には、(ア)資力がないので支払わない、(イ)支払う意思がない、のいずれかであろう。しかし、両者の中間には、(ウ)一応資力があるが、他に使ってしまうために残らない、という場合がある。そしてかなり多くの不履行事例がこれに属するのではないかと思われる」としている（能見善久「子の扶養とその履行確保」ケース研究二二九号（一九九一年）二頁）。
(7) 明山和夫「離婚後の子どもの権利保護」ジュリ五四〇号（一九七三年）四四頁。
(8) 本書一一頁以下。
(9) 中川善之助「親族的扶養義務の本質」法学新報三八巻六・七号（一九二八年）一二頁以下。
(10) 川田昇「扶養義務の本質について―生活保持義務と生活扶助義務」法学教室（第二期）四号

（一九七四年）三二頁参照。
(11) 深谷松男「未成熟子扶養請求の準拠規定と法的方式」判タ五五〇号（一九八五年）六二頁参照。
(12) 川島武宜・民法㈢改訂増補（一九五八年）九二頁、川島武宜・来栖三郎・磯田進「家族法講話」（一九五五年）一七四頁。
(13) 小石寿夫「未成熟子の養育費請求方法・再論」（以下、「再論」として引用）判タ五七〇号（一九八六年）八頁。
(14) 小石寿夫「未成熟子の養育費請求事件の性格」（以下、「性格」として引用）ケ研七五号（一九六三年）八頁。
(15) 西原道雄「親権者と親子間の扶養」家族法大系・親権・後見・扶養（一九六〇年）八七頁。
(16) 同右九三頁。
(17) 同右八八頁。
(18) 高島良一「実務家事審判法―扶養関係―（一）」ケ研七四号（一九六二年）二頁以下。
(19) 石井健吾「未成熟子の養育費請求の方法」ジュリ三〇二号（一九六四年）五九頁。
(20) 高島・前掲三頁、石井・同右六〇頁。
(21) 小石「性格」六頁、西原・前掲九三頁、高島良一・佐久間重吉「未成熟子に対する親の扶養義務」判タ一三八号（一九六三年）三七頁、石井・前掲五九頁。
(22) 小石「再論」八頁。
(23) 村崎満「親権者の子に対する扶養義務と非親権者の子に対する扶養義務」ケ研四四号（一九五七年）六頁以下は、いち早くその批判の声をあげている。また、西原・前掲九二頁も、「親権（および監護教育義務）と未成熟子に対する扶養義務との関係についてかなり詳細な理論的説明を行っており、この問題についての裁判所の見解が公表されたはじめての判例として注目をひいている」と述べたうえで、「しかし、私は率直にいってその理由にも結論にも反対せざるをえない」として、その批判論を展開している。

(24) 第二説は、「子と共同生活をしていない親も費用の面ではこれと同じ負担を負うべきだというのがいわゆる生活保持義務の根拠であると解しなければならない」(西原・前掲九三頁) とするが、これが、生活保持義務性は親子関係の本質から導かれる以上は共同生活の喪失によって扶養義務を免れることはありえないと解すべきだとの趣旨だとしても、八七七条以下の適用を認めるのだから、扶養の程度の問題は考慮されるであろうから、結果的に経済的負担を免れることは承認されているというべきであろう。

(25) 宮崎福二「親権と扶養」判タ七四号(一九五七年)二二頁。
(26) 川島武宜「家庭の法律」(一九五五年)一〇四頁。
(27) 我妻栄・立石芳枝「親族法相続法」(一九五二年)二七二頁
(28) 宮崎・前掲二一頁。
(29) 小石「性格」六頁、同「再論」一一頁
(30) 同「再論」八頁。
(31) 西原・前掲九四頁。
(32) 本書Ⅰ二五頁以下参照。
(33) 沼辺愛一「未成熟子の養育費の請求の方法」『家事審判事件の研究(1)』(一九八八年)二五二頁。
(34) 小石「性格」六－七頁、同「未成熟子の養育費請求方法について」(以下、「方法」として引用) 家月三四巻三号(一九八二年)六頁、同「再論」一一頁。

(35) 西原・前掲一〇二頁、新版注釈民法(23)(一九九四年)五一八頁〔明山和夫〕、石井・前掲六三頁、山崎賢一「離婚した母が父に対し子の養育費を請求しないとした合意の効力」判タ三四〇号(一九七六年)七八頁以下、同「扶養」新民法演習五(一九六八年)一五三頁、深谷・前掲七三頁以下、沼辺・前掲二五三頁、日野原昌「父母間に養育費不請求の合意がある場合又は養育費分担についての確定審判がある場合の子からの扶養請求の可否」『家事審判事件の研究(1)』(一九八八年)三二七一八頁、石村太郎「父母による子の養育費の合意」『講座現代家族法第四巻親権・後見・扶養』(一九九二年)二七七一八頁。
(36) 深谷・前掲七五頁。
(37) 石井・前掲六三頁。
(38) 深谷・前掲七三頁、沼邊・前掲二五九頁。
(39) 石村・前掲二七八頁。
(40) 深谷・前掲七六頁。
(41) 同右。
(42) 日野原・前掲三一七頁。
(43) 石村・前掲二七五頁以下。
(44) 日野原・前掲三二六頁。
(45) 同右三二七頁。
(46) 石村・前掲二八四頁。
(47) 西原・前掲九五頁。
(48) 山崎・前掲八二頁。

(49)　石村・前掲二八五頁。

(50)　本書一七頁以下。

(51)　扶養法学の泰斗、深谷教授は、親権が、健康で個性的な成長発達のためにふさわしい保護と養育を求める子どもの人権を保障することに対応する（深谷松男「現代家族法〔第三版〕」（一九九七年）一三八頁」として、「養育監護における父親としての役割と母親としての役割がバランスを保って共同的に果たされることが必要」となり、この「父母が同等の立場で互にその働きを補いあい協力する」という「父母共同親権の原則」（同右一四〇頁）は、民法八一八条三項が規定するような「父母の婚姻中」に限定されるいわれはなく、離婚によって親権の同時行使が不可能な場合であっても、そのような「分担的協力的行使」（深谷・前掲論文六九頁）は必要であり、また可能なことであることを認める。しかし、そのような親権の行使について、同教授は、あくまで「全面的では」なく「若干」であると限定する。すなわち、「具体的扶養義務者と親権者（親権行使者）とは常に一致すべきものと固定的に解すること」を避けるために、「扶養義務と親権ないし監護権を分担ないし協力行使するが、それらの権利と義務の目的や役割、およびそれらの具体的発生の要件や行使の要件に基づいて、具体的事情によっては、それらのいずれかが行われないことが生じうる」ことを承認しなければならないと考えるからである（同頁）。つまり、そこでは、扶養義務を負わない親権行使者の存在、すなわち、「資力のない母を親権者として、親権適格性を欠くが資力のある父に養育費を負担させる」（深谷・前掲書一五七頁）ケース、あるいは、「親権の一半としての監護権の行使」として認める（深谷・前掲論文七〇頁注4、前掲書一五〇頁参照）面接交渉権が非監護親に許されないケース等が容認されるべきことが主張されているものと解されうる。しかし、これこそ、「全面的」な分担ということができるのであり、「扶養義務」とか、「面接交渉権」とか、分担事項をまさに「固定的」に理解しない限り、「若干」の分担ということはありえないのではなかろうか。

(52) その理由について、とりあえずは、「未成熟子の成長発達の権利の故に、扶養権利者の生活が扶養義務者の生活水準とほぼ同程度の生活水準で維持できるようにしなければならないという特殊性を帯びるに至っている義務である」からとする、深谷教授の主張（深谷松男「生活保持義務と生活扶助義務」前掲『講座現代家族法』四巻一九九頁）に賛成したい。ただし、扶養義務自体の根拠を、「子をしてこの世に生あらしめた者、即ち親はその生を与えた者である故に、その子を養育しなければならないという点」（深谷・同右）に求めることには承服できない（本書三八頁以下参照）。

(53) なお、親の扶養義務を親権と切離さないとしたら、その生活保持義務性は子が「成年」に達するまで持続するのかという問題が起こる。しかし、私は、親権を、法的ないし社会的職務として課せられ、「機能的な権利として、子どもの成長ないし年齢とともに縮小していく」（本書五一頁）と考えるから、生活保持義務であるのは、依然、子が未成熟の間であり、おおよそ一八歳くらいまでとするのが妥当と考えている。

(54) イギリスで、一九九一年に採用された準行政機関による非監護親からの養育費取立ての制度は、労働党政府により失敗を宣告され、二〇〇〇年法で改革されたが、この失敗の原因の一つが、養育費の取立てが徴税的な性格を持ったことにあったとされる。そのため、制度改革では、「子どもは、二人の積極的で献身的な親がいるときに良く育つものであり、双方の愛情と支援は不可欠」という理念のもとに、非監護親が養育費支払を通じて「監護を続けていることの明確なシグナル」を子に送り、子にとって政府からでなく父からの支払であることが重要だという「真の利益」を母親に理解させることが強調された（本書一二七頁）。私は、これを、単に父親の支払や母親の協力を引き出すためのインセンティヴの問題として以上に受けとめるべきだと考えている。

(55)　父母問で親権と監護を分属させることは、親権者を名目的地位におくことがさけられないから、むしろ、親権は子の監護を現実に遂行しうる親に付与するものとし、七六六条にいわゆる子の監護者とは、父母以外の第三者に限り、非親権者に対しては、別に、子に関する一般的な権利義務（潜在的な親権）を承認すべきものと考える（本書一四―五頁参照）。

(56)　民法八八一条参照。我妻栄編著『判例コンメンタールVII親族法』（一九七〇年）五七〇頁〔唄孝一〕も同旨。

(57)　小石「性質」一九頁は、「未成熟子の扶養は、……第一次の生活保持義務者である父母間における養育費分担の問題」であって、どのような協議も「当事者の自由」に属するものとするから、そのような協議も、「未成熟子の養育に妨げがないかぎり有効であることはいうまでもない」という。

Ⅲ 「子のため」の養子法

一　明治民法制定者の考え方

（一）　養子制度の意義と機能

(1)　家のための養子法　わが国には、古来、相続、分家、労働力の補強などさまざまな目的をもつ養子慣行が存在したといわれる。(1)しかし、明治二三年の旧民法人事編は、「家督相続ヲ為ス可キ男子アル者ハ養子ヲ為スコトヲ得ス」（一〇七条）、「戸主ニ非サル者ハ養子ヲ為スコトヲ得ス」（一〇九条）とする規定を置き、養子制度を「家督相続」という目的のみに限定し、旧慣上の諸目的を無視した。これに対して明治民法の起草者は、当時の養子慣行について、弊害がないかぎりこれを改めるべきではないとする態度をとり、(2)その弊害については、欧州では「婚姻ノ妨害」「自然ノ人倫ノ紊乱」「相続権ヲ害ス」などの例が見られるが、「我邦ニ於ケル必要ト云フ方カラ考ヘテ見マスレハ害ノ方ハ余程少ナイ」(3)として、これを楽観視していた。他方、起草者ことに穂積陳重博士は、わが国の養子制度も、諸国の沿革からみて、「祖先ノ祭リヲ承ケ継ク」ためから「家督相続」のため、さらには「種族的生活ヲ欲スル或ハ助ケノナイ者ヲ子トシテ養ナウ（＝慈善）」ためという方向に「自然ノ勢ヒテ進ンテ往ク」とみており、慣行を広く容認することによって、民法を「是レカラ先ノ進歩ニ伴ナウ様ニスル」ことができるとして、慣行のもつ目的の多様性に養子制度の進歩の可能性すら見出そうとしたのである。かくして起草者は、前記旧民法の二条項のいずれも排斥する草案を用意し、その趣旨について「本条ニ於テハ従来日本ノ今ノ家ヲ本トシテ居ル所ノ家督相続ノ主義ト夫レカラ慈善ト云フ人ノ性情ニ本ツイテ居ルト云フ主義ヲ基礎トシテ案ヲ立テマシタ」と述べるのであった。(4)(5)

以上のような起草者の意図は、一方で「家」制度擁護論者の不安を煽り、「日本ノ家族制度ハ日本ノ国体ノ原素デアルカラ之ヲ保ッテ往キタイ其根本ハ血族テアル其血族ノ無イ時ハ養子ヲスルノテアル故ニ公益慈善ノ為メニ幾人モ養子ヲスルト云フコトハ其根本ヲ打破ルコトニナル」のであって、養子制度は「必要ノ起ツタ時丈ケニ制限シテ置ク方カ宜イ」という議論を呼び起こすことになる。また他方、草案による養子慣行の承認は、「下級社会ニハ養女トカ何ントカ云フ名義テ子供ヲ沢山貰フテ芸ヲ仕込ンテ妙ナ所ニヤツテ仕舞ツタリスル」といった、慣行上当時すでに見られた弊害が指摘され、この立場から、養子制度の本来の必要としての家督相続のためのみに目的を限定すべきだとする同じ結論の主張も展開されるのである。そして、これらの議論が相俟って結局旧民法人事編のうち一〇九条については留保されつつも、「百七条ノヤウナモノヲ入レル」ことが賛成多数で決議されることになるのである。(6)(7)(8)(9)

こうして明治民法に、家督相続人たる男子ある者につき、男子を養子にすることを禁止した八三九条が採用され、「養子ノ主タル目的ハ家督相続人ヲ得ント欲スルニアル」ことが明確にされ、他(10)

の規定とも相俟って「家」のための養子法たる性格がより鮮明となるのである。とはいえ、歴史の「進歩ニ伴ナウ様」にしようとした起草者の意図は辛うじて維持され、明治民法は、右の規定に抵触しないかぎりにおいて、他の諸目的のためにも機能しうるものとなった。「慈善」という目的もその一つであったことはいうまでもない。

⑵　慈善のための養子法　前述のように、明治民法の起草者は、養子制度の目的の代表的なものとして、「家督相続」と並べて「慈善」をあげ、この機能に将来の期待をかけていた。この「慈善」ということについて、穂積博士は「助ケノナイ者ヲ子トシテ養ナウ」[11]といい換え、梅謙次郎博士は「書生杯ノ学資ニ困ツテ居ルヤウナ者ヲ養子ニシテ学問ヲサセテヤル或ハ洋行迄サセテヤル」[12]ことを例示し、同じく富井政章博士も「子ヲ育テテサウシテトントン教育ヲ与ヘル」[13]ことを例にあげるように、そこでは必ずしも幼年者に限定されてはいないが、この限りでは「子のため」の養子法ということが、起草者の念頭におかれていたということができる。

しかしながら、「子のため」といっても、穂積博士が、「慈善」を目的とする養子法の規定の立て方の特徴として、単に「幾人テモ養ナツテ宜イ」[14]ということをあげているように、子の利益のために養子制度を活用しうるというだけで、制度のうえで子の利益を積極的に進めようとするものではなかった。そして、前述のように芸娼妓養子の危険性についての指摘があったのに対し富井博士が次のように応答している点は注目すべきであろう。すなわち、「養女ヲ芸妓ニスルトカ娼妓ニスルトカ云フ者ノ所ニ養女ニナツテ往クノハ百ノ九十八九迄ハ貧乏テ養ナウコトカ出来ヌ仕方カナイ場合テアラウサウ云フ場合ニハ芸妓ニ売ラレ娼妓ニ売ラレテモヤツタ方カ善イ場合テアル誰カ好ンテサウ云フ者ニ自分ノ子ヲ養女ニヤリマスカ……寧ロサウ云フ危険カアツテモ貧乏ナ家ニ置クヨリ養子ニヤツタ方カ宜イト云フノテ比較上利益カアルト思フテヤルノテソレハ弊害テナイ」(15)と。そしてこれすら慈善のための養子の一場合に含めるのである。つまり、起草者は、何が子の利益なのかの判断も、子の不利益を防止することも、もっぱら親の愛情に委ねようとしたにすぎなかったのである。

(二)　代諾縁組とその弊害防止

わが国では、親の間で幼年者を養子とする慣習が古くから行われていたとされるが、明治民法の起草者はこれを民法の上に採用するについてはきわめて慎重な態度を示した。というのは、「養子ハ親子ノ関係ヲ生シテ生涯ノコト」であって「先ツ本人ヲ主ト立テルト云うカ甚タ大切ノ事」(16)であるにもかかわらず、幼年者の養子には次のような問題があると考えられたからであった。すなわち、第一に、親がその意思だけで子を他人にやることは、人を法律行為の目的とするかのように考えられ、人身売買を禁ずる「文明ノ法律」に反すること(17)、第二に、「子ハ東西ヲ別カタヌ中カラテモ養子ニ遣ラレルカソレカ生長シテ見ルト丸テ自然ノ関係ト云フモノハ認メラレナクテ……人為的ニ拵ヘタ所ノ関係ト云フモノテ生涯終ルト云フヤウナコトカアル」こと(18)、第三に、幼年者の利益の確保は父母の「自然ノ情愛」に期待しうるとはいえ、芸娼妓養子などの弊害は「重モニ幼年者ノ養子養女ニアル」こと(19)、であった。

こうして起草者は、第一の点については、子があくまで縁組の主体であり、ただ父母が子に代って縁組の承諾をするという規定を設けることで解決をはかり、これが採用された。いわゆる代諾縁組（八四三条）である。そして第二、第三の点については、養子が満一五歳に達してから、成年に達して後六カ月内の間に、裁判所にその取消を請求できる旨の規定を用意し[20]、さらに梅博士は、右規定が容れられないときは、特別の裁判離縁を許す旨の規定を置くべきこと、そしてこれらのいずれも採用されない場合には、すでに採用を決めた代諾縁組の規定を削除すべきことを強く主張したのであった[21]。

起草者が右の代諾縁組の特別取消の規定を置こうとしたのは、縁組を契約として構成し、代諾縁組でさえその主体が子自身であることを貫徹するためであり、さらに親の愛情によってしか担保されなかった子の利益の当否を、能力取得後の養子自身の判断に委ねることによって、その濫用の防止を図るためであったことは明らかである。そしてこれは、幼年者の養子縁組の目的が子の養育にあり、子の成長をもってこれが一応達成されるとする、きわめて近代的な考え方を含むものであった。しかしこの規定は、「親カ承諾シタ場合ニハ概シテ子ニ不利益ノナイモノト認メテ宜カラウ」「幼者ト雖モ本人ノ承諾ナシニ養子トスルコトカ出来ルソト言ツテ置キナカラ後日勝手ニ逃ケテモ宜イソト云フコトニナルカラシテ結果カラ見レハ許サナイト同一ノ結果ニナル[22]」、「貧乏人杯ハ自分テ教育スルコトカ出来ヌカラ人ノ所ニ遣ツテ教育シテ貰ツテソレカ出来上ツタ後ニ引取ルト云フヤウナコトカ起ッテ来ル[23]」などの批判にさらされ、激論の末削除されることになるのである。こうして、濫用の危険が最も高いと考えられた代諾縁組は、親の愛情以外に何らの安全弁もないまま採用されることになったのである。

以上みてきたように、明治民法の養子制度は、「家督相続」を主たる目的としながらも、副次的に「慈善」その他の諸目的をも包含しうるものとして、またこれに伴う弊害については、その理由書において「力メテ之ヲ矯正シ、又ハ之ヲ予防スルコトニ注意セリ」[24]と記されるだけで、規定のうえでの防止手段も持たないまま出発することになったのである。

(1) 青山道夫・養子（日本評論社、昭和二七年）八二頁。
(2) 法典調査会・民法議事速記録（学術振興会版）五一ノ一七〇丁（梅謙次郎）。
(3) 法典調査会・前出注（2）一四七丁以下（穂積陳重）。
(4) 法典調査会・前出注（2）一六六丁（穂積）。
(5) 法典調査会・前出注（2）一五〇丁（穂積）。
(6) 法典調査会・前出注（2）一八〇丁（土方寧）。
(7) 法典調査会・前出注（2）一六二丁（尾崎三良）。なお、この弊害の防止について、起草者が別の手段を考えていたことについては後述参照。
(8) 法典調査会前出注（2）一七二丁以下（尾崎）、同一六三丁（高木豊三）。
(9) 法典調査会・前出注（2）一八五丁。
(10) 梅謙次郎・民法要義巻之四、二七九頁（明法堂、明治三二年）。
(11) 法典調査会・前出注（2）一六六丁。

(12) 法典調査会・前出注(2)一六九丁。
(13) 法典調査会・前出注(2)一七三丁。
(14) 法典調査会・前出注(2)一四九丁。
(15) 法典調査会・前出注(2)一七四丁。
(16) 法典調査会・民法議事速記録五二ノ一〇四丁(穂積)。
(17) 法典調査会・民法議事速記録五三ノ二丁(穂積)。
(18) 法典調査会・前出注(17)三丁(穂積)。梅委員は、「自分ノ意思ニ反シ自然ニ反スル所ノ身分テ生涯居ラナケレハナラヌ少シ言葉ヲ酷ニシテ言フト奴隷同様ナ身分ヲ此法典テ存スルト云フコトハ如何ニモ残念ニ存スル」と述べる(法典調査会・前出注(17)九丁)。
(19) 法典調査会・前出注(17)三丁以下(穂積)。
(20) 法典調査会・前出注(17)一丁。
(21) 法典調査会・前出注(17)九丁以下。
(22) 法典調査会・前出注(17)七丁(長谷川喬)。
(23) 法典調査会・前出注(17)一一丁(村田保)。
(24) 民法修正案理由書一一〇頁(博文館、明治三一年)。

二 養子制度の現実的機能と判例・学説の対応

(一) 判例の態度

(1) 芸娼妓養子 明治民法の制定後、果して養子制度の弊害や濫用が目立つようになり、ことに人身売買の仮装としての芸娼妓養子の問題が明治四〇年代に下級裁判所に登場するようになった。前述のように、明治民法の制定者はこの弊害を予測しながらも、これについての特段の防止手段をもたないままこれを出発させた。また大正元年に穂積陳重博士は、「養子ノ弊」の一つとして、改めて芸娼妓養子に注目を向けているが[(25)]、「前挙数項ノ利弊ヲ考較シテ以テ此制度ノ存廃ヲ論ズルハ学者経世家ノ要務ニシテ」[(26)]と述べるのみで、この弊害除去自体について興味を示すところとはならなかった。こうしてもっぱら裁判所がその法の解釈の上での解決の任務を担うことになるのである。

ところで、芸娼妓養子が問題となるのは、人身売買の仮装とされるところにあり、これと同一の社会的作用を営む芸娼妓稼働契約については、裁判所は、従来の動揺する態度を捨て、これを公序良俗(九〇条)違反を理由に無効とする方向に傾いており[(27)]、縁組についても同一歩調が考えられた。しかし、縁組の無効原因は八五一条(現八〇二条)に限定されているから、それ以外の原因での無効はないと、すでに立法者において解されており[(28)]、判例も同一の立場から、民法総則の法律行為の無効原因に関する一般法規は「縁組ニ関シテハ全然其適用ヲ見サルモノ」[(29)]とする態度を確立しつつあったのである。かくして、芸娼妓縁組については、当該縁組にかかる諸事情から仮装を認定し、「真実親子関係ヲ創設スル」意思の欠如をもって無効を宣言する下級審判決の集積をみることになる。(30)大正一一年には、それらの流れに沿った大審院判決が出され、事実問題として、芸娼妓稼働が縁組の縁由であったか要素であったかによって、その有効・無効を決しょうとする一般理論を提示するに至ったのである。(31)

この一連の判決は、穂積重遠博士より「正当であることについては殆ど批評の余地がない」という賛辞を受け(32)、右に確認された判例の立場は、身分行為における意思一般の理論としても、後の学説の支持を受けることになる。そしてこの判決が、穂積博士の指摘のように、養子制度中「最も非難せらるべき点」である「子の意思人格が無視される……点を最も露骨に実現して居る」代諸縁組の弊害を、裁判所としてなしうる範囲で最大限矯正しようとした(33)ことも確かであった。しかし右の理論は、前述の学説状況の制約があったといえ、いかにも技術的であり(34)、また前借金の返済、立替生活費の償還など子を依然同様の境遇に束縛する問題を残すものであったし、この理論の適用にあたっても、縁組無効の主張が真に子の解放を意図したものであるのかといった考慮も払っておらず(35)、裁判所としての限界を考慮しつつもなお、ここにおいて、真に養子の利益の保護自体が意図されていたのかは、疑問視せざるを得ないのである。

⑵　養子縁組の成否　明治民法の施行後に裁判所が解決を求められたもう一つの問題に、虚偽の嫡出子出生届に縁組の効力を認めうるか、という問題があった。

第一は、一つの慣行としてしばしば行われ、今日でさえ少なくないとされるもので、「藁の上からの養子」とするつもりで生後間もない子をもらい受け、これを自分たち夫婦の嫡出子として届け出る場合の問題である。第二は、転縁組の前提として、一旦他人夫婦の嫡出子として届け出る場合の問題である。これらはいずれも、何年も経た後に相続争いなどを契機に表面化し裁判所に登場することになるところから、右の第一の場合は、嫡出子出生届が縁組の効力を有するか、が直接争われるのに対し、第二の場合は、転縁組の効力の有無、すなわち出生届により戸籍上の父母となった者を形式的に代諾者とした転縁組が有効か、が争われることになる。

第一の場合については、下級審判決が、養子縁組が戸籍吏に対する届出により効力を生ずる要式行為であることを理由に嫡出子出生届によっては養子縁組は成立しないとする判例を形成し、昭和二年、大審院もこれを承認して、虚偽の出生届をした以上「縁組ヲ戸籍吏ニ届出ツル意思ナカリシモノト認ムヘク」、しかも、「縁組ハ其ノ届出ヲ為スニ困リテ効力ヲ生スルモノナルカ故ニ右両夫婦ノ間ニハ法律上上告人ヲ被上告人夫婦ノ養子ト為ス意思ナカリシモノト云ハサルヘカラス」と説示し、さらに「仮ニ後日縁組ノ届出ヲ為サントスル意思絶無ニ非サリシモノトスルモ前記出生届ハ虚偽ノ届出ニシテ……法律上親子関係存在セサルモノ」としたのであった(36)。

第二の戸籍上の父母の代諾による縁組については、大審院自身早くから民法八四三条の「其家ニ在ル父母」とは、養子となるべき者の実父母もしくは養父母で戸籍を同じくする者を指し、この者が縁組の当事者とならないかぎり縁組は無効であるとして(37)、この場合にも縁組の要式性を厳格に解し、①真実の代諾権者たる実父母の事実上の承諾の存在[38]、②養子自身による追認[39]、③養親の無効主張の不当性[40]、など、縁組の効力を最初からあるいは事後的に発生させるためのあらゆる主張を、一連の判決によって排斥したのであった[41]。

こうして判例は、厳格な要式行為論を用いて、長年継続してきた養子としての地位を、その届出が虚偽なるが故に、親子関係不存在確認の訴えないし無効確認の訴えにより容易に覆しうる不安定なものとして放置しつづけたのであった。

右のような届出がたとえ国民の間の慣行として広く存在していようとも、これを民法に適合的に統合していくことが、明治民法制定後の第一世代の裁判所の任務として自覚されていたであろうし、また天皇制法治国家のもとでは、国民が法ないしそれによって要求される方式を遵守することが絶対的命題であり、ことに家族統制の手段たる「家」制度の重要な支柱としての戸籍制度の基盤をもゆるがしかねない虚偽の届出に対しては、無効の制裁をもってこれを禁圧する必要があったであろう。それ故、この時点ではそのことから生ずる具体的な結果の当否は、裁判所としては考慮すべくもなかったし、ましてや、子の利益の保護といった観点など入る余地はなかったということができるのである。

㈡　学説の対応

⑴　養子制度の新機能の認識　大正二年、穂積重遠博士は留学先のボンからの通信として、「養子制度は家族制度を基礎とする社会に於て必要缺くべからざる所なるが、個人制度の社会に於ては

殆ど其の存在の理由な」きものとされていたところ、最近ドイツ国では、養子縁組の一動機としての「寄る辺なき孤児貧児を救済せんとの慈善心」が着眼され、「社会的慈善事業の一手段として養子制度を利用せんとの企を生じ、無用の遺物として廃滅の途に向ひつつありし斯制度に或は新生命が賦与せらるべきかの形勢を呈せるは注目に値する現象と謂ふべし」と報告している。(42)養子制度の濫用が注目され、「制度ノ存廃」が論ぜられていたこの時期に、子の保護を図るための制度としてこれが積極的存在たりうることが注目されたことは重要であった。その後の大正デモクラシーという時代的経験の中で、法学者の間にも「家族制度より個人制度に移り行く過渡の時代」(43)という認識が一般化し、養子制度の今後のあり方についての模索も見られるようになる中で、(44)右の報告はその方向を決定づけることになるのである。

折から、臨時法制審議会が司法省に設置され、「現行民法中我国古来ノ淳風美俗ニ副ハサルモノ」の改正の検討が開始された。その成果としての「民法改正要綱」が公表されるのはようやく昭和二年であり、その内容についても、同審議会の幹事となった穂積博士自身の努力に負うところ大といわれるが、養子制度がまさにこのような方向に一歩をふみ出すべきことが公式に示されることになった。すなわち、要綱は「家督相続人タルヘキ養子ハ之ヲ養嗣子トシ単純ナル養子ト区別スルコト」(第二一の一)として、家督相続以外の目的にも機能させることを明確にするとともに、「未成年者ヲ養子ト為スニハ家事審判所ノ許可ヲ受クヘキモノトスルコト」(第二二)とした。この家事審判所の許可の提案は、芸娼妓養子等の弊害の防止を意識したものではあったが、穂積博士が、翌昭和三年にものした右要綱の『解説』において、未成年者養子はその利益のためのみに許されるとした英国、ロシアの養子制度に触れつつ、「我国の養子制度は必しも『子の利益』のためのみの制度ではなく、要するに『家の利益』のための制度であるが、『家の利益』のために『子の利益』が無視せらるべきでない。家事審判所は未成年者の養子について『家の利益』と『子の利益』との調和に当るべき」ものとしているように[45]、未成年者の養子について、広く「子の利益」を考慮させようとする試みでもあった。

右の『解説』からまもなく、穂積博士は、そこで触れた英国とロシアの養子制度の内容を詳細に紹介し、これらの立法が、縁組の成立を当事者個人間の契約とせず、国家機関の許可に委ねていること、その目的を未成年者の福利ことに私生子の救済におくこと等の特徴を指摘した[46]。そして博士から多大な影響を受けた中川善之助博士も、右の穂積論文とほとんど時を同じくして、「最近世界の養子立法」が「養子制の核心」を「子の利益の為め」ということに見出していること、そしてこれら諸国の養子法改革の直接原因となった世界戦争による孤児・貧児・私生子の激増という事態は、わが国では少なかったが、「家族制度の分壊、従って家系維持の観念の衰微は争そわれないところで……そこに家族法的養子制度は既に本来の生存権を失ってしまった」のであり、これが「古い養子制の質を変ぜしめて、新らしい養子制に移らしめる機運となるものであろう」と論じ[47]、さらに昭和五年には、フランス養子法の変遷をあとづけ、有名な「家のため」→「親のため」→「子のため」という養子制度の発展図式を提示し[48]、「一つの国の養子法が新しいか古いか」は、①「子の福利」を制度の基礎精神とすること、②縁組要件を単純化して縁組の成立を容易ならしむること、③国家的干与の度を進めること、の三点の存否によって判断できるものとした[49]。こうして、両博士によって、わが国養子制度が将来「子のため」の制度として進むべきこと、そして「家」制度の枠内で行われた前記要綱における「子のため」の養子法の実現が、いかに不徹底なものであるかということを一般に強く印象づけることになったのである。

(2) 「子のため」理念の解釈への反映　前述のように、立法論あるいは近代養子法のあり方として、穂積・中川両博士によって展開された「子のため」の養子法という理念は、その後次第に現行法解釈の中にも反映させようとする努力を導くことになる。

中川博士自身、昭和一三年に、わが国では、「家のため」「親のため」「子のため」なる思想が「三者同時に混在する」から「それだけ日本養子法は複雑であり従って簡単に解釈し去ることを得ない事情」にあって「一元的な理想論をもって貫き得ない[50]」と述べながらも、そうした努力の必要を示唆している。また昭和一六年発行の角田幸吉著『日本親子法論』は、中川博士による養子制度の発展図式に従いながら、わが養子法が「家のため」と同時に『子の為め』なることが多く考へられてゐることを注意しておかねはならぬ[51]」として、その理念を解釈の中に生かすことを表明している。

しかしこれらも抽象的な言明にとどまり、具体的にどのように生かされているかは明らかではないが、まさにこの時期に、前述の虚偽の嫡出子出生届をめぐる判例の厳格な要式行為論がもたらす養子の不利益に対し、学説が注目を向け、その救済理論の模索がはじめられていたのであり、この点にこそ、「子のため」の養子法の理念の影響を見出すことができるのである。

虚偽の出生届に縁組の効力を否定した前記昭和一一年大審院判決は、学者の注目をひき、多数の評釈が試みられているが、それらのうち代表的学説は、離縁の必要が生じた場合の困難等を理由に、縁組の効力の生じないことに賛成しつつ、少なくとも縁組予約—事実上の縁組—だけは成立を認めるべきだと主張するにとどまった[52]。しかし中川博士は、そのような主張を維持しつつも、「虚偽の出生届ながら立派に自己の子たることを主張する意思が表示され、しかも事実に於いて親子の生活が営まれたとしたら、それはむしろ単なる事実によるといふより、一種の戸籍届による身分行為の擬制に近いものがあるといへなくはない」として、正面から縁組の成立の可能性を示唆したのであった[53]。

また、表見代諾縁組を絶対無効とした昭和一三年大審院判決については、学説は一般にかかる事案につき虚偽の出生届による第一縁組と、表見的な代諾によってなされた第二縁組とに分け、第一の縁組の成立が認められない以上、第二縁組も有効にならない、としてやむを得ない結論として、判決を承認した[54]。しかしここにおいて中川博士は、第一の縁組について、フランス民法にいわゆる「身分の占有」があれば、無効の身分行為が他の身分行為に転換することは可能であり必要であろう、として、虚偽の出生届について、はじめて「身分の占有」を要件とした「無効行為の転換」の理論を提示するに至るのである[55]。しかしこの理論をもってしては、単に転縁組（第二縁組）の前提として出生届がなされた場合には、第一縁組は有効にならず、したがって第二縁組（表見代諾縁組）を救済する余地もなくなるが、さすがに学説も、真の代諾権者の事実上の承諾を得ている点、さきの虚偽の出生届による縁組成立の場合のように離縁の困難も生じえない点などを理由に、第二縁組自体に別に効力を認めてよいのでは、という疑問を提出しているのである。[56]

その後中川博士は、身分法の一般理論構築の努力を進めるなかで、身分行為においては、事実の先行・存続が重視されるという特殊性があることを強調し、これをもとに、婚姻、縁組等の形成的身分行為は、第一に身分的効果意思（心素）、第二に身分的生活事実（体素）、第三にその法律的表示行為としての方式（形式）の三要素からなり、形式を欠く身分行為は不成立であり、形式のみ存してこれに相応する心素・体素を欠く場合は無効であるが、この無効は、心素・体素を備えた場合に追認されうる、とする身分行為の追認の理論を提唱することになる。[57] この理論は、「意思定則に貫ぬかれた財産法の無効理論（意思なければ行為なし）と身分行為における要式性（方式＝意思なければ行為なし）との結合に対して、根本的な批判を投げかけたもの」[58]であり、虚偽の出生届に縁組としての効力を認め、表見代諾縁組を有効化するための後の理論構築の努力にとっての導きの糸として大きく貢献することになるが、それはもはや戦後の新民法成立後の事象に属することである。

（25） 穂積陳重「養子正否論」法協三〇巻一〇号三一頁（大正元年）。
（26） 穂積・前出注（25）三二頁。

(27)　我妻栄「判例より見たる『公の秩序善良の風俗』」法協四一巻五号一一七頁（大正一二年）（民法研究Ⅱ一二一頁以下〔有斐閣、昭和四一年〕所収）。
(28)　梅・前出注（10）三〇一頁以下。
(29)　大判明治四四年六月六日民録一七輯三六二頁。
(30)　東京控判明治四四年五月一日最近判八巻一六二頁、東京地判明治四五年七月五日新聞八〇二号一七頁、東京控判大正二年一〇月九日新聞九〇七号二四頁、浦和地判大正六年一一月二九日新聞一三六四号二八頁など。
(31)　大判大正一一年九月二日民集一巻四四八頁。
(32)　穂積重遠・判例民事法大正一一年度六六事件二七七頁。
(33)　穂積・前出注（32）二七九頁。
(34)　このため、大審院判決以降も、芸娼妓養子を有効とする下級審判決（東京地判昭和二年五月四日新聞二七五一号一〇頁）が出ている。
(35)　穂積博士も、「裁判所は養子縁組無効の主張が親権の濫用ではないかと云ふ点に心を用ひねばならぬ」ことを強調している（前出注（32）二七三頁）。
(36)　大判昭和一一年一一月四日民集一五巻一九四六頁。
(37)　大判大正七年七月五日新聞一四七四号一八頁。
(38)　大判昭和四年七月四日民集八巻六九一頁、大判昭和一三年七月二七日民集一七巻一五二八頁など。
(39)　前出注（37）大判大正七年七月五日、前出注（38）大判昭和四年七月四日など。
(40)　大判昭和三年六月二六日新聞二八九〇号一六頁、前出注（38）大判昭和四年七月四日、前出注

(38) 大判昭和一三年七月二七日など。
(41) 山畠正男「養親子関係の成立および効力」総合判例研究叢書民法(15)五一頁(有斐閣、昭和三五年)。
(42) 穂積重遠「養子制度の新用途」法協三一巻五号一六三頁(大正二年)。
(43) 中島玉吉「養子制度の濫用」論叢八巻三号六頁(大正一一年)。
(44) 中島・前出注(43)は、「女戸主の隠居嫁入の場合と、芸妓を抱へる場合」の養子制度の濫用について論じ、前者につき、濫用除去のために「女戸主婿姻の目的の為めに廃家の自由を認めよ」と主張し、後者につき、「我養子制度には殆んど一定の目的が無く、極めて自由放任であるから、諸種の弊害は此間隙より起る」として、何らかの目的に特定すべきことを主張する。「過渡の時代」の認識のもとに、養子制度のあり方を模索する状況にあったことを示唆する論文といえよう。
(45) 穂積重遠「民法改正要綱解説㈣」法協四六巻九号一六九頁(昭和三年)。
(46) 穂積重遠「英露に於ける養子制度の採用と復活」法協四六巻一二号一五頁以下(昭和三年)。
(47) 中川善之助「養子制度の発端と推移」民族三巻六号(昭和二年)(家族法研究の諸問題一一勁草書房、昭和四四年)(引用は再録版による))。
(48) 中川善之助「フランスに於ける養子法の変遷」新報四〇巻一号一〇頁以下(昭和五年)家族法研究の諸問題一五三頁以下所収)。
(49) 中川善之助「フランス新養子法の近代色」新報四〇巻四号一九頁(昭和五年)(家族法研究の諸問題一五三頁以下所収)。
(50) 中川善之助・親族・相続判例総評二巻三二九頁(岩波書店、昭和一二年)。
(51) 角田幸吉・日本親子法論三二九頁(有斐閣、昭和一六年)。

(52)　戒能通孝・判例民事法昭和一一年度一三三事件五〇三頁以下。
(53)　中川善之助「判批」民商五巻五号一四五頁（昭和一二年）（親族・相続判例総評三巻一七八頁〔岩波書店、昭和一五年〕）。なお、岩田新「判批」志林三九巻四号九七頁（昭和一二年）も「嫡出子の出生届を転換又は包含に依って養子縁組の届出と解釈することは、解釈論の範囲内に於いても不可能ではない」と述べている。
(54)　中川善之助「判批」民商九巻二号一一七頁（昭和一四年）（親族・相続判例総評三巻一七九頁以下所収）。栗栖三郎・判例民事法昭和一三年度九七事件三七三頁以下。
(55)　中川・前出注（54）一三四頁。
(56)　来栖・前出注（54）三七五頁以下。
(57)　中川善之助「身分行為の無効―特にその追認可能性について―」法学九巻四号一七頁以下（昭和一五年）（身分法の総則的課題一九四頁以下〔岩波書店、昭和一六年〕所収）。
(58)　山畠正男「虚偽の嫡出子出生届と養子縁組」民法の判例（第二版）一三〇頁（昭和四六年）。

三　新民法成立と判例・学説の展開

(一)「子のため」の養子法としての新法

第二次大戦後、新憲法二四条の個人の尊厳と両性の本質的平等の原理にもとづいて、民法親族・相続両編が全面的改正を受けた。そこにおいて主としてめざされたのは「家」制度の廃止であり、養子法についても、遺言養子（旧八四八条）、男養子の制限（旧八三九条）、父母の同意権（旧八四四・八四五条）、など、養子制度に直接「家」的制約を加える諸規定が削除された。しかしそのような「家」的制約の排除は、改正法をして、すでに穂積・中川両博士によって示された「子のため」のみの養子法の実現にまで突き進ませるものとはならなかった。縁組は依然契約として構成されていたし、養子となるべき者が未成年者に限定されることもなかった。ただ、未成年者養子に家庭裁判所の許可を要する（七九八条）という、前記昭和二年の改正要綱に示された線での子の利益保護が図られたものの、それ以上に、右の許可基準として「子の福祉」を明文で謳うといった試みすらなされなかった。それどころか、祭具等の承継（八九七条）、夫婦養子の存続（七九五、七九六条）、氏の維持（八一〇条）などの諸規定と相俟って、「家」制度的な養子を温存する可能性さえも残すものとなったのである。

しかし、養子縁組が養子自身の福祉のための制度であるべきだとする考え方は、すでに法学界には相当程度浸透しており、右の新法の成立過程においても、有力少壮学者グループより、改正案において養子縁組が「養子となるべき者自身のための制度として構想され」ながらも、かかる「理想が充分に貫かれていないこと」は遺憾であり、一九二六年イギリス養子法等が参照されるべきだとの批判が試みられたが(59)、結局容れられるところとはならなかった。

こうした新法の「妥協的態度」について、改正作業の当事者であった我妻栄博士が、「改革への正道を、徐々にではあるが、しっかりと進むために、必要なもの(60)」と述べているように、そのような新法の中で、理想としての「子のため」の養子法を実現していくことは、その後の法律学の努力に委ねられたということができるし、そのための素地も十分用意されていたのである。

（二）「子のため」の養子法実現への努力

(1)　表見代諾縁組の効力　昭和二七年、最高裁は表見代諾縁組に関し、「家に在る父母の代諾は、法定代理に基くものであり、その代理権の欠如した場合は一種の無権代理と解するを相当とする」から、民法総則の無権代理の追認に関する規定および養子縁組の追認に関する規定（旧八五三、八五五条）を類推して、「旧民法八四三条の場合においても、養子は満一五歳に達した後は、父母にあらざるものの自己のために代諾した養子縁組を有効に追認することができるものと解するを相当」とし、この追認は「明示若しくは黙示をもってすることができる」し、「適法に追認がなされたときは、縁組は、これによって、はじめから有効となる」と判示した[61]。

この判決は、従来の大審院判例がとってきた厳格な要式行為論を排して、表見代諾縁組による養子に対し救済の手を差しのべた点で画期的なものとして学説からも歓迎を受けた。しかしこの判決のとる無権代理の追認の理論そのものについては、これをそのまま支持する学説もなくはなかったが[62]、多くの学説はむしろ批判的であり、一一六条本文以外に他の無権代理の諸規定の適用の余地がほとんどないこと[63]、他の無効な身分行為一般を有効にする論拠となりえないこと[64]、さらに代諾を純粋な代理とみることは疑問であることなど[65]が指摘された。そして一般には、かつて中川博士が提唱した無効な身分行為の追認の理論をこの場合にも適用すべきであり、この判決も表見代諾縁組という事柄の性質上一一六条をもちだしたのであって、判例は今後その方向に向うものと理解する学説が多かった[66]。しかし他方、右の無効の身分行為の追認理論が超実定的に導かれた法社会学的理論であり、しかも身分法の特殊性の強調故に財産法学と絶縁した理論であって、これをそのまま民法解釈論に適用することを疑問視する立場から、すでに財産法学で承認されている「追認を許す無効」(一一一六条はその一場合を規定)の理論が、この場合にも適用されたものとして、右判決を位置づける学説の登場も促した[67]。

果して最高裁は、昭和三九年、右事件の再上告審で、代諾縁組の追認のような身分行為についてては、「事実関係を重視する身分関係の本質」にかんがみ、一一一六条但書の類推適用はない、と判示して、結果的に事実関係の継続による無効な身分行為の一般的追認の理論を承認すると同一の結論をとったのであった[68]。

⑵ 虚偽の嫡出子出生届と縁組の成否　新民法の成立に伴って改正された新戸籍法は、出生届に医師、産婆等の出生証明書の添附を要求し(戸四九条三項)、これによって、これまでしばしば行われていた他人の子を自己の子として虚偽の出生届をすることの防止が期待された。そして、旧法下で起こったそのような事案が、戦後いちはやく最高裁でも問題とされ、昭和二五年、養子縁組が「いわゆる要式行為であり、かつ右は強行法規と解すべきであるから、その所定条件を具備しない本件嫡出子の出生届をもって所論養子縁組の届出のあったものとなすこと……はできない」という、大審院の立場を踏襲する判決が出された[69]。この判決については「産婆等の証明は虚偽であり、又この種出生届は刑法第一五七条の適用を受くべき違法なもので……、この様な虚偽出生届が、余り違

法の意識もなく平然と行われるのに対し大いに警告する必要」があり、「かかる警告の作用大なるものとして意義が大きい」とする後の谷口知平教授の批評[70]が、当時の学説によるこの判決の一般的な受けとめ方であったと思われる。

ところが、その二年後の昭和二七年に、表見代諾縁組につき、養子からの追認により有効な縁組となるとした前記最高裁判決が出され、我妻博士がこの判決との関連でこの昭和二五年判決をとりあげ、表見代諾縁組であるか、いきなり養親の嫡出子として届け出たかにより全く異なる取扱いを受けることになる両者の不均衡を強調し、かつての中川博士の無効な身分行為についての分析をふまえた「無効な縁組届の転換」の理論による救済を主張した[71]結果、虚偽の出生届の問題が再び学界の注目を集め、我妻理論の線に沿ったこの問題の救済へと学界は大きく傾いていくことになる。

我妻博士は、「縁組の本体は、親子関係を設定しょうとする意思と、親子関係に適わしい生活事実であって、届出は、あくまでも、その公示として要求される従たる要件に過ぎない[72]」という認識に立ち、まず「縁組に必要な心素たる縁組の意思を縁組届出の意思と解すべきではなく、嫡出親子関係を設定する意思と解すべきである」こと、そして、右の縁組の意思表示に要求される要式は「嫡出実親子関係を示すもの、すなわち嫡出子としての届出でも十分だと解すべきもの」とした[73]。しかも、前記二七年判決は、「従来の判例が要件とした形式の不備を不問にする点を含んでいる」こと、すなわち厳格な要式行為論を改めたとみなければならないのであり、結論として、「真実養子縁組をする意思があり、かつそれに伴う生活事実が存する場合」には、「養親子関係よりもさらに大きい嫡出実親子関係を示す形式（嫡出子としての届出）が存在すれば、その成立の過程を不問にして、養親子関係の成立を認めることもできる」と主張したのであった。(74)

以上のような博士の無効な縁組届の転換理論は学界の通説となり、これを支持する山畠正男教授らにより問題の分析が一層深められることになる。(75) しかも山畠教授は、かかる出生届が「私生子たる事実の隠蔽の目的を脱して養子たる事実を隠す完全養子的意図と結合しており、これは各国の近代養子法上すでに制度的に実現されている事実を想起すべきであろう」として、この問題を単なる具体的妥当性の問題としてだけでなく、意識的に子の福祉の問題と結びつけて論じたのである。(76) そして、この動きとほぼ並行して法制審議会でもこの問題をとりあげ、昭和三四年には、同民法部会身分法小委員会名で「親族法再改正のための仮決定および留保事項」を公表し、その留保事項第二七として、通常の養子のほか「特別養子」制度の採用の可否の検討を掲げ、「(イ)特別養子となるべき者は、一定の年齢に達しない幼児に限る。(ロ)特別養子はすべての関係において、養親の実子として取扱うものとし、戸籍上も実子として記載する。(ハ)養親の側からの離縁を認めない」とする案のもとに、虚偽の出生届の問題を立法的に解決すべきかどうかの議論の高揚を促そうとした。かくして学界では、虚偽の出生届の縁組届への転換を認めることが子の福祉にかなうものであるとする理解が一般的となるのである。もっとも、このような縁組の成立を認めることは、未成年養子の保護のために新法が設けた家庭裁判所の許可の潜脱を承認することになり、その矛盾が問題とされたが、(77) 出生届のままでは一応は取り消しうべき縁組となるものと解し、不当な取消権行使には信義則、クリーン・ハンドの法理を用いる、とする解釈論によって一応の決着がはかられていた(78)。このような学説の影響を受けてか、昭和四三年には東京高裁が、虚偽の出生届をもって縁組届に転換を認める判決を出すに至り(79)、多くの学説をして、最高裁の判例変更のありうることの期待をいだかせることになった(80)。

しかし皮肉にも、右の高裁判決は逆に転換理論を疑問視する学説の登場を促すことにもなった。その転換理論そのものに対する批判の要点は、第一に出生届は単なる報告的届出であり、身分創設的行為ではないから、本来の転換理論に要求される無効な法律行為は存在しないこと(81)、第二に、出生届に縁組の効力を認めることは、公簿上だけで養親子関係を決定することを意味するはずだが、通説が「親子的共同生活の事実」があればかかる転換を認めるものとして(82)、出生届以降の事実を要件とすること自体矛盾である、ということにあった。

こうした両説の対立がみられるようになった中、昭和四九年に最高裁は前記高裁判決を破棄して次のように自判した(83)。すなわち、「養子縁組など身分行為の要式性は、戸籍制度とあいまって、創設される身分関係を戸籍上公示し身分的法律効果を明らかにするとともに、その実質的成立要件の遵守を担保することを、その目的とするものであって、これを養子縁組についていえば、縁組の届出は、縁組当事者の縁組に関する合意の存在とその内容を明らかに」するとともに未成年者養子についての家庭裁判所の許可、夫婦共同縁組など、「実質的成立要件を具備しない縁組の成立を事前に阻止する機能を果たしているのである。……したがって、縁組の要式性が果たしている前記機能を重視することなく、養子縁組をする意思で他人の子を嫡出子として届け出た虚偽の出生届に養子縁組届出としての効力を認め縁組の効力を肯定することは、たとえ戸籍上の親と子との間に出生届出以後親子的共同生活が継続したという要件を具備した場合に限るとしても……許されないものと解するのが相当である」と。

虚偽の出生届の縁組届への転換を肯定する学説は一般に、届出（要式性）の目的を当事者の意思確認と身分関係の公示の二点にあるものと理解しており、これに対しすでに「実質的要件の充足を保証する」機能を無視するものとする批判は存在していた[84]。右の最高裁判決は、この点を強調したものであるが、この判決には岡原昌男裁判官の補足意見が附され、これまで学説がとりあげなかった問題点も含め、従来の転換理論を詳細に批判していた。この事案が、旧朝鮮民事令の適用されたケースであったためか、評釈等はほとんどなされなかったが、右の補足意見は後の消極説の増加に大きな影響を与えることになった。さらに翌昭和五〇年、最高裁は虚偽の出生届の縁組届への転換を否定する判決[85]を三たび出すことになるが、事案が養子に非行があり、養親からの親子関係不存在確認の訴えもやむを得ないとみられるケース[86]であったためか、これに同調する学説をさらに増加させることになるのである。

(59) 民法改正案研究会「民法改正案に対する意見書」法律時報一九巻八号一〇頁（昭和二二年）。なお、研究会のメンバーには、磯田進、内田力蔵、川島武宜、熊倉武、来栖三郎、杉之原舜一、立石芳枝、野田良之、野村平爾、山之内一郎、渡辺美恵子の諸氏が名を連ねている。
(60) 我妻栄・改正親族・相続法解説（日本評論社、昭和二四年）五頁。
(61) 最判昭和二七年一〇月三〇日民集六巻九号七五三頁。
(62) 谷口知平「判批」民商三六巻六号一五九頁（昭和三三年）（家族法判例研究一三三頁以下（有斐閣、昭和五六年）所収）、板木郁郎「判批」立命館法学六号九七頁（昭和二九年）。
(63) 我妻栄「無効な縁組届出の追認と転換」法協七一巻一号八頁以下（昭和二八年）（民法研究Ⅶ－2一八三頁以下（有斐閣、昭和四四年）所収）。
(64) 小石寿夫・先例親族相続法一六七頁（帝国判例法規出版社、昭和三三年）。
(65) 川井健「代諾縁組」家族法大系一八〇頁（有斐閣、昭和三五年）所収。
(66) 山畠・前出注(41)五九頁、谷口・前出注(62)一五九頁など。
(67) 川井・前出注(65)一八三頁以下は、「追認を許す無効」の理論を提唱したにとどまるが、後の昭和三九年最高裁判決の批評（「他人の子を嫡出子として届出た者の代諾による縁組の効力」家族法判例百選一〇三頁）において、その立場を本文のように位置づけている。
(68) 最判昭和三九年九月八日民集一八巻七号一四二三頁。
(69) 最判昭和二五年一二月二八日民集四巻一三号七〇一頁。
(70) 谷口知平「判批」民高二八巻二号三二頁（昭和二八年）（家族法判例研究九三頁以下所収）。
(71) 我妻・前出注(63)一頁以下。
(72) 我妻・前出注(63)二五頁。
(73) 我妻・前出注(63)二六～七頁。
(74) 我妻・前出注(63)二八～九頁。

(75) 山畠・前出注(41)一四六頁以下、同「養子縁組の成立」民法演習・九三頁以下(有斐閣、昭和三四年)、久留都茂子「虚偽の出生届と養子縁組」家族法大系Ⅳ二一七頁以下など。なお、来栖三郎・判例民事法昭和二七年度五〇事件二三七頁以下は、「多くの学者は―本判決に勇気づけられて―その問題を躊躇することなく肯定しているようである」として問題の慎重な検討の必要性を警告している。
(76) 山畠・前出注(75)「養子縁組の成立」民法演習・九六頁。
(77) 来栖・前出注(75)二三八頁はこの点を問題とする。
(78) 山畠・前出注(75)九六頁。これを支持するものとして、久留・前出注(75)二二五頁があったが、今日なお、転換理論を肯定する学説によってこの解釈論が支持を受けている(後述参照)。
(79) 東京高判昭和四三年二月二七日判例時報五二〇号五四頁。
(80) この判決を支持する判例批評として、山本正憲「判批」判例評論一一七号二九頁(昭和四三年)、樽谷忠男「判批」判例タイムズ二二四号七三頁(昭和四三年)があり、いずれも、この判決を養子の福祉に沿う方向として歓迎している。
(81) 福島四郎「虚偽の嫡出子出生届と養子縁組届の効果」関法一八巻五号一七、二四頁(昭和四四年)、青山尚史「判批」法論四三巻一号一五〇頁(昭和四四年)。
(82) 松本暉男「判批」法律時報四〇巻一三号一二〇頁以下(昭和四三年)。
(83) 最判昭和四九年一二月二三日民集二八巻一〇号二〇九八頁。
(84) 松本・前出注(82)一一九頁以下。
(85) 最判昭和五〇年四月八日民集二九巻四号四〇一頁。
(86) 大正一一年、AX夫婦は生後間もない他人の子Yを貰い受け、嫡出子出生届をしたうえ実子同様に育ててきた。しかし昭和二七・八年頃AY間は不仲となり、AからYに対し親子関係不存在確認の調停の申立（その後取下げ）がなされるなどの争いに発展したが、争いがいったんは解消した後Aは死亡した。しかしその後、Yが事業の債務の肩代りのためX名義の土地をDに譲ったためXY間の関係は決定的となった。XはDにその登記の移転を拒んだため、昭和三七年にYから追い出されるようにして家を出て、知人の家に身を寄せ現在に至っている。その後Xの提起したXY間の親子関係不存在確認の訴えが控訴審で確定した。そこでXは亡A所有の土地家屋がXYで共同相続したものとして共有名義で登記されているが、Yが単独相続したものとして相続回復請求権を行使し、更正登記手続を訴求した。一・二審ともXの請求を認めたので、Yが上告して、出生届の縁組届への転換を主張したのが本件である。

第二節　今日の学説の状況

一　表見代諾縁組

これまで「子のため」の養子法実現のための学説・判例の具体的努力の現われを、表見代諾縁組の効力および虚偽の出生届による縁組の成否という二つの問題のなかにみてきたが、前者の問題に関しては、前記昭和二七年、三九年最高裁判決以来、学説も表見代諾縁組の追認による有効化という点で足並みをそろえて今日に至っている。ただその法律構成において、無効な身分行為の一般的追認理論、無権代理追認理論、追認を許す無効理論、形成無効理論とに別かれ、具体的問題の解決の仕方に若干の差異をみせている。以下それぞれの説くところを整理しょう。

(1)　無効な身分行為の追認説　身分行為一般について説かれた中川博士の無効な身分行為の追認理論をこの場合にも適用しょうとする立場で、判例も今日この立場に近いとされる。養親子関係の事実の継続とそれを肯定する養子の意思により、無効な縁組が有効になると説くが、この場合に追認として養子の意思をもち出すのは、養子自身は行為に関与しておらず、能力到達後の追認の意思を問題とせざるを得ないという代諾縁組の特性からくるもので、一般的には身分関係の継続のうちに同時に黙示の追認を認めることができると考えるのである。(1) この立場からは、身分行為が外形上存在し、それに一致する実質が存在する場合には、第三者は外観を信頼して有効な行為とみなすべきであり、縁組の無効は当事者（養子、養親）のみが主張でき、(2) しかも右の第三者にとって、無効な縁組が有効になることによって不利益となることはありえないから、追認の遡及効を制限することは無用、無意味になると説かれることになる。(3)

(2)　無権代理説　法定代理権の欠如に着目して表見代諾縁組を無権代理とみる立場であり、判例が当初この立場をとりながら、後に実質的に(1)の立場に近づいたのに対し、改めてこの立場の徹底を主張する。(4) 民法の届出主義のもとでは、縁組は縁組意思、届出意思、届出形式の三要素の完備により有効となるが、右の縁組意思の有無は、事実上事後に無効が争われた場合の確認の問題であり、代諾を純粋な代理とみれば、届出時に実質的な父母の承諾があるときは追認をまたずに有効となるし、代諾権者の意思を欠いたケースでも、無権代理の追認として、本人たる養子の能力到達後の追認が右の意思の欠映を補完し、縁組を有効にすると説く。(1)説が、親子的生活事実の存在を追認に結びつけ、これに一種の身分形成的な意思表示を認めようとすることへの批判として主張されるものである。(5) この立場からは、無権代理の諸規定を広く類推適用すべきことが説かれ、代諾権者の承諾のない縁組には、一一四条の催告により本人または法定代理人に追認を認めること、真実の親からの無効の訴えを認め、その反面として一一五条による善意の養親の取消権を認めること、(6) 遡及的追認により他の推定相続人の相続権が害されるとする三九年最高裁判決の事案のような主張に対しては、かかる相続期待権の如きは、一一六条但書の第三者の権利に当らないとして排斥すれば十分であること、(7) 代諾権者に一一七条の責任を認めることが適当な場合もありうること、などが論ぜられる。

(3)　追認を許す無効説　　代諾は子の養子身分の取得のほか代諾者の身分的地位の変更ももたらし、これを、行為の効果が本人のみに帰属する純粋な代理とみることへの疑問から出発し、財産法上認められてきた「追認を許す無効」の一場合と構成すべきものと主張する立場である。(8) この立場によれば、無権代理もしくはこれに類似する身分行為、すなわち①戸籍に表示された身分行為があり、②一方当事者（相手方）に身分的生活事実を伴った効果意思があり、③他方当事者（本人）はその行為の成立に関与せず、相手方を含む他人が無権限でこれを成立せしめた場合には、「追認を許す無効」が認められ、右行為は一応無効だが、それを確定的に無効とするか、あるいは本人の意思の事後的補完により遡及的に有効とするかの決定が本人に委ねられるという。(9) 従って、代諾縁組が「追認を許す無効」となる場合に、子の能力到達時までは、代諾権者の意思にもとづかない縁組についてのみ代諾権者の無効主張が認められるが、能力到達時以降は、子のみが無効を主張でき、追認があれば爾後本人の無効主張も許されず、養親の効果意思も補完されるが、第三者は無効主張により本人の追認を妨げることははじめから許されないことになる。(10)

⑷ 形成無効説　身分行為の無効は、無効の判決によってはじめて確定されるもので、それまではすべての人が身分行為を有効なものとして取り扱うべきだとするのが民訴学者の一般的見解であることは周知のことだが、かかる形成無効の理論を支持する立場から、第三者が表見代諾縁組の効力を争う場合に、裁判所は、実体的審理にはいるまでもなく、当事者適格がないとの理由で請求を却下できるとする。(11)

（1） 山畠正男「判批」判例評論七七号（判例時報三九八号）八六頁（昭和四〇年）。したがって、養子自身が追認する場合に、無効原因すなわち代理権の欠如が認識されていることを要しないとする。
（2） 山畠・前出注（1）八六頁。ただし我妻栄「無効な縁組届出の追認と転換」法協七一巻一号八頁は、養子からの無効主張のみを認める。
（3） 我妻・前出注（2）九頁、山畠・前出注（1）八六頁。
（4） 滝沢律代「判批」法協九一巻七号一一九頁以下（昭和四九年）。

（5）　滝沢・前出注（4）一二一頁。それ故、無効な縁組の追認もその性質は財産行為における追認とほぼ等しく、したがって追認は代理権の欠如を認識した上でなされることを要する、とする（同一二六頁）。
（6）　谷口知平「判批」民商三六巻六号一六〇頁、滝沢・前出注（4）一二四頁。
（7）　谷口知平「判批」民商五二巻四号一二〇頁（昭和四〇年）（家族法判例研究一五二頁以下所収）。
（8）　川井健「代諾縁組」家族法大系一八四頁、同「他人の子を嫡出子として届け出た者の代諾による縁組の効力」家族法判例百選（新版）一三六頁（昭和四八年）。
（9）　川井・前出注（8）「代諾縁組」一八五頁。
（10）　川井・前出注（8）「代諾縁組」一八六頁。
（11）　山畠正男「虚偽の嫡出子出生届と養子縁組」民法の判例（第二版）二三〇頁がこの説の存在を示唆する。

二　虚偽の出生届による縁組の成否

虚偽の出生届による縁組の成立を認めるか否かという問題に関しては、これを肯定する説と否定する説とが数においてはほぼ互角に争っているのが今日の状況である。そこでこの問題については、以下通例に従ってそれぞれ積極説、消極説と呼び、論点ごとに両説の対立点をみていこう。

⑴　縁組意思の有無　　消極説の前提には、身分行為における意思表示は届出という形式によっ

てのみなしうるという伝統的な考え方が存在し、報告的届出である出生届には、親子関係を創設しょうとする意思の存在は認められないし、[12]届出の記載面からも、縁組当事者たる代諾者、養親(届出人とならない養母)の縁組意思が不明であって、[13]結局転換の基礎となる縁組意思は存在しないとみる。これに対して債極説は、届出は縁組意思と親子的生活事実に比し従たる要件にすぎないとの前提に立ち、転換が認められる典型的な場合には、実体的に、真実の親が代諾者として承諾し、戸籍上の親たるべき者にも縁組意思が存する場合であり、問題が形式の修正として転換が認められるかという点にある以上、縁組意思は、かかる実体意思があれば十分であり、出生届はかかる実体意思を包含するものと考えるのである。[14]

(2) 親子的生活事実の継続と縁組成立の時期　積極説は、出生届以降に親子的生活事実が継続した点を重視し、しばしばこれを要件として問題を肯定する。[15]このため消極説からは、どの程度の期間生活事実の継続があればよいか不明であり、したがって縁組成立の時期が不安定・不確実になるとの批判が加えられる。[16]この批判に応えて近時積極説のなかには、届出主義を前提として転換を論ずる以上、あくまで届出時における縁組成立の有無の問題として扱うべきで、生活事実の有無は縁組形成の要件としてでなく、縁組意思の有無についての判断要素とみるべきだとの主張もみられる。[17]

(3) 家庭裁判所の許可の潜脱　消極説からの強い批判として、虚偽の出生届の転換による縁組成立を認めることは、未成年者養子の保護の趣旨で設けられた家庭裁判所の許可(七九八条)の無視・潜脱を認めることになり、現在の養子法の趨勢から許されないと主張され[18]、これに対して積極説は、現在の家裁の許可制度は、単に養子の意思に反しないことに重点がおかれ[19]、私益的取消の対象とされているにすぎない（八〇七条）から[20]、子の福祉に積極的に機能しているといえず、この一点で転換の基礎が失われるとすることはできないと反論する。なお積極説は、前述のように右の縁組が取り消しうべき縁組となり、不当な取消権行使は、信義則、権利濫用、クリーン・ハンドの法理等によって阻止すべきものと構成するが、消極説からは、一方で転換による縁組成立を認めつつ、他方で取消を認めるのだとしたら、転換による救済の意味がないし、またすでに裁判所の判断で転換を認めた以上取消権の行使は認められるべくもなく[21]、さらに家裁の関与をはずしたままで通常裁判所の人事訴訟による縁組成立を認めることは、家裁の権限、機能につき重大な問題に直面することになる[22]、という疑問が提出されることになる。

(4)　戸籍訂正　現行戸籍法は無効行為転換論に対応する戸籍記載を予定していないところから、消極説はこの点をとらえて戸籍訂正が不可能と主張する[23]。これに対し積極説は、戸籍取扱上の難点を理由として転換を否定するのは本末転倒であり、養親子関係存在確認の審判・判決にもとづく戸籍訂正も絶対不可能ではないはずで、その方法を検討すべきだとする[24]。

(5)　離縁の手続　積極説は、離縁の必要が生じた場合に、前述の戸籍訂正により予め縁組に改めたうえで離縁請求をすればよいとする[25]。これに対して消極説は、そうだとしても、虚偽の公示であることを知らない養子の側は離縁による救済を利用しえないと主張する[26]。

(6)　戸籍の真実性　消極説からは、転換を認めると近親婚その他身分関係の混乱を招き、公簿としての戸籍の信ぴょう性を低下させ、虚偽の出生届の増加の危険性も大になる、との指摘がある。(27) これに対して積極説は、転換は一定の限定的範囲において、しかも事後的な救済論としての立論であるから、戸籍の混乱をとくに生ずるものではないし、(28) 消極説をとって届出を無効としても養親には不利益とはならない（かえって利益となる）から、虚偽の出生届が減少するという保証はなく、(29) 裁判上戸籍が問題となれば出生届は当然縁組届に転換されるという建前になれば、当初から正しい届出による方が適当であることを周知せしめる効果があろう(30) 等の反論を試みている。

(12)　福島四郎「虚偽の嫡出子出生届と養子縁組届の効果」関法一八巻五号二四頁。
(13)　前田正昭「判批」同法二〇巻二号四一頁（昭和四三年）。なお最判昭和四九年一二月二三日民集二八巻一〇号二〇九八頁の岡原昌男判事の補足意見（以下岡原意見として引用）もこの点を強調する。
(14)　滝沢律代「判批」法協九三巻八号一五四頁（昭和五一年）、岡垣学「虚偽の嫡出子出生届と縁組の効力」演習民法（親族相続）二一〇頁（青林書院、昭和四七年）。
(15)　我妻・前出注（2）二九頁、山畠正男・注釈民法(22)のⅠ六一一頁（有斐閣、昭和四七年）、泉久雄「判批」ジュリスト　五九一号一〇二頁（昭和五〇年）、中川淳「判批」法律時報四七巻二二号一三一頁（昭和五〇年）など。
(16)　岡原意見がこの点を強調した。

(17) 古くは糟谷忠男「判批」判例タイムズ二二四号七五頁が、これに近い立場を表明し、近時、岡垣・前出注(14)二一三頁、滝沢・前出注(14)一五五頁がこれを主張する。
(18) 松本輝男「判批」法律時報四〇巻一三号一一九頁、青山尚史「判批」法論四三巻一号一五四頁。
(19) 山畠・前出注(15)六一〇頁。
(20) 泉・前出注(15)一〇二頁。
(21) 久貴忠彦「判批」民商七四巻一号一一八頁(昭和五一年)。
(22) 深谷松男「身分行為に関する二三の考察」金沢法学一八巻一—二合併号七六頁(昭和五一年)、同「虚偽の嫡出子出生届と養子縁組の効力」民法の争点三六六頁(昭和五三年)。
(23) 福島・前出注(12)二三頁。
(24) 粕谷・前出注(17)七六頁、山畠・前出注(15)六一三頁、泉・前出注(15)一〇二頁、岡垣・前出注(14)二一一頁。
(25) 我妻・前出注(2)二九頁、糟谷・前出注(17)七六頁。
(26) 青山・前出注(18)一五三頁、岡原意見、深谷・前出注(22C民法の争点三六六頁。
(27) 岡原意見、小野幸二「虚偽の嫡出子出生届と養子縁組の成否」大東法学三号七一頁以下(昭和五一年)、深谷・前出注(22)民法の争点三六六頁。なお、大阪高判昭和四五年九月二八日判例時報六二二号八三頁もこの点を強調する。
(28) 中川淳・前出注(15)一三一頁。
(29) 泉・前出注(15)一〇〇頁以下、小川栄治「判批」金沢法学一八巻一・二合併号一一二頁(昭和五一年)。
(30) 滝沢・前出注(14)一五六頁。

第三節　今後の展望

一　虚偽の出生届と子の福祉

これまでにみたように、表見代諾縁組にしろ、虚偽の出生届にしろ、これを無効として長年積みあげてきた親子的生活関係を一挙にくつがえすのを認めることは、具体的妥当性に欠けることが、「子のため」の養子法の提唱とともに問題とされるようになり、これを救済することが近代養子法のめざす子の福祉にかなうものであるということが、新民法成立後の学説によって明確に意識されるようになった。かくして、その救済理論の構築の努力を、「子のため」の養子法の実現過程としてとらえることが今日までの一般的な見方となっていた。(1) この流れのなかで、表見代諾縁組については、追認による有効化という方向で判例・学説は足並みをそろえてきた。ところが、虚偽の出生届の問題に関しては、最高裁は一貫してその救済を拒否し、学説の提唱する転換理論も容れることなく、昭和五六年には、四たびその態度を確認する判決を出すに至っている。(2) このため、一方では、この問題に関して最高裁が「子のため」の養子法の実現を阻んでいるとする評価すら与えられてきた。ところが、他方では、前記昭和四三年東京高裁判決を契機に、最高裁の態度に同調する学説が増加傾向をみせ、しかも昭和四〇年代後半以降の子の監護をめぐる事件の激増、四八年の「菊田事件」を契機とする「子の利益」「子の福祉」に対する関心の高揚を背景に、これまで転換理論が前提としてきた子の利益が、近代養子法にいう「子の福祉」に当るのかという疑問が、それらの学説のなかから提起されるようになってきているのである。そこで最後に、虚偽の出生届の問題に関して、子の福祉という観点から検討し、今後の課題の考察にかえることにする。

（1）このことを強調するものとして、糟谷忠男「判批」判例タイムズ二二四号七四頁、中川淳「判批」法律時報四七巻一三号一三〇頁などがある。
（2）最判昭和五六年六月一六日民集三五巻四号七九一頁。

二　転換理論と子の地位の安定

すでにみたように、積極説において、虚偽の出生届の転換によって縁組の成立を認めることが、完全養子的意図と結合しており、近代養子制度実現の方向であることが謳われていたものの、この説が現実に救済しょうとしていたのは、典型的には、養子が成人後の相続争いにおいて、戸籍上の母や兄弟から出生届の無効を主張され、相続関係から排除されるといった場合についてであった。ところが、一産科医の大量の虚偽の出生証明書による虚偽出生届をめぐる菊田事件、虚偽出生届により養子に出した実母のその子の取戻をめぐる「未婚の母事件」などを経験し、このような形での縁組のあり方が問題とされた頃から、転換理論は、解釈による特別養子制度採用の試みであるとする位置づけが、むしろ消極説の側から起こり、特別養子制度との対比において転換理論の当否の検討がなされることになった。

ところで、今日近代養子法の一応の到達点として多くの国で採用され、わが国でも近時法制審議会に再び取りあげられている特別養子制度は、幼年者の養子縁組の成立を国家機関の許可にかからしめ、養子と実親との関係を断絶させ、養子の記載も身分登録から外すということを大よその内容として想定されている。(3) そしてこの制度のもとで、身分登録から養子としての記載を外すことの主要な目的は、実親からの取戻や、社会の不当な干渉を排除して、養親子関係に情緒的安定を与え、これによって幼年者の養育を十分に果させようとすることにあるといえよう。(4)

近時登場した前述の積極説への批判論は、その説が右の特別養子制度と同じものをめざしながら、これまでこの制度の眼目である養子が未成年者である問のその福祉について考えてこなかったことを問題にするのである。そして、虚偽の出生届の転換により縁組の成立が認められても、戸籍の記載から実親の縁組意思が確認されないので、実親からのこの点についての争いが生じ易いし、また何人も法律上は親子関係について秘密保持の責任を負わないから真実が容易に露見されるなど、きわめて不安定な関係が成立するにすぎないこと、(5) また養親からの無効の主張があった場合に、これを斥けて転換を認めても、爾後その親が親権者として養育義務を十分果すとは考えられないことなど、(6) 転換理論によっては、前述の特別養子制度の目的は達成できないことを指摘する。

たしかに、積極説は、もともと虚偽の出生届について一般的に縁組の効力を是認するものではないし、ましてや養子の地位の安定自体を目的として構成されたものではなかったのであり、右の批判論がいうように、「出生届を縁組届に切り替ることだけで、養親子関係の情緒的な人間関係の安定をはかることは、きわめてむずかしい(7)」ことといわねばならない。しかし、右の批判論が、虚偽の出生届を無効とみる消極説に立つかぎり、それが問題とする実親からの取戻については、その縁組を無効としておく方が取戻はより容易であり、かえって争いを誘発し易いこと(8)、養親の無効主張についても、縁組への転換を認めたうえで離縁をさせればよく、これを無効として同じく実親のもとに返すことと異ならないこと(9)、という積極説からの再批判に耐えうるものとは思われず、そのかぎりではかえって積極説の方が、未成年者養子の安定した地位を確保するうえにより多く貢献しうるとさえみることができるのである。

(3)　中川高男「特別養子制度（実子特例法など）の問題点」現代家族法大系3一七七頁以下（有斐閣、昭和五四年）参照。
(4)　中川高男「特別養子制度」家族－政策と法（2）一一七頁（東大出版会、昭和五一年）。
(5)　小野幸二「虚偽の嫡出子出生届と養子縁組の成否」大東法学三号七五頁、島津一郎「子の監護をめぐる二つのハード・ケース」ジュリスト六〇二号一二三頁（昭和五〇年）。
(6)　久貴忠彦「判批」民商七四巻一号一一七頁。
(7)　島津・前出注（5）一二三頁。

（8）　小川栄治「判批」金沢法学一八巻一＝二合併号一二一頁。
（9）　岡垣学「虚偽の嫡出子出生届と縁組の効力」演習民法（親族相続）二一四頁。

三　養子の財産的利益の保護

前述の批判論はまた、近代養子法においては、子の成長をもって縁組の第一の目的は果されたのであり[10]、「争いがおとなになって起きたばあいは、子の福祉はとくに問題にならない[11]」として、これまで主として養子の成人後の利益の保護を想定して構築された転換理論が、近代養子法のめざすところと一致しないとみる。そして、積極説が保護しょうとしてきた養子の利益は、「おとなの間の財産的利益の調整」の問題であり、そのような問題として処理すれば十分であると説き[12]、たとえば、自ら虚偽の出生届をした戸籍上の父もしくはそれに同意しまたその戸籍を承認してきた戸籍上の母や子の実母等が、後になって出生届の無効を主張するときは、裁判官は具体的事情のもとにおいて権利濫用として拒否するとか[13]、虚偽の出生届による子の人格的侵害を理由に損害賠償請求権を認めるとか[14]、あるいは事実上の養子縁組の成立だけを認め寄与分の控除を許すとか[15]、個々の事案ごとに具体的に妥当な解決を図りうるような構成を提唱する。

たしかに、積極説は、事後的な保護救済を与えるに価いする場合に転換理論の適用を限定し、多くの場合に成人後の養子の財産的利益の保護に関心を示してきたといえる。しかしその際積極説は、虚偽の出生届について、養子自身は一切関与していない―その意味で親たちの都合によってなされた―にもかかわらず、後に再び親の都合での無効の主張が許されることの不当性を問題とするのである[16]。この不当性は、子が未成年者の間でも成人後でも変らないのであり、養子は常に縁組の成立を前提とした扱いを受けるのが筋であると主張しているのである。近代養子法のはしりとされる一九二六年イギリス養子法のように、子の養育に第一の目的がおかれ、養子に相続権が認められない立法も当初存在したとはいえ、今日一般に想定される近代養子法においては、養子の安定した養育関係を確保すると共に、実親子関係と同様の法律効果を与えることも一つの目的とされ、両者がセットとなって養子の福祉が考えられているはずである。積極説が意図するのは、不安定な地位しか得られないかも知れない虚偽の出生届によって養子に出された子が、事実上安定した地位を得た場合に、養子の成年到達の前後を問わず、ここに養子縁組の成立があったものと認め、養親子関係と同様の法律効果を与えようとしているのであり、その限りで近代養子法の目的と一致すると考えられるのである。

このように、積極説のように、虚偽の出生届による養子の事後的救済をはかることが、近代養子制度の目的に外れるとは思われない。それ故、もちろん、成年に達した養子については、地位の安定は問題にならないとしても、縁組の成立を前提とした権利主張は当然に認められるべきであろう。したがって、たとえば前記昭和五〇年最高裁判決の事案のように、実質的には養子の有責事由にもとづく養親からの離縁訴訟とみられる場合であっても、養親側は相続開始前に、養親子関係を確認したうえで、離縁請求をするなり、相続人廃除の手続をとるなりすればよく、かかる手続的煩瑣は、虚偽の出生届をし、これを承認してきた者に負わせるべきであって[17]、「財産的利益の調整」が問題となるとしたら、かかる手続においてこそ、と解すべきであろう[18]。前記消極説の提唱する構成のように、問題の発端となった虚偽の出生届についての責任を問わないばかりか、養子の側の何がどれだけ保護されるかを不明確のまま権利濫用論で「調整」をはかり、あるいは養子の権利主張に他の諸要件を加重するなど、はじめから養子を不利な立場におくような構成は、やはり理由がないといわざるを得ない。

(10) 深谷松男「身分行為に関する二三の考察」金沢法学一八巻一＝二合併号七六頁。
(11) 小野・前出注(5)七三頁。
(12) 島津・前出注(5)一二一頁、小野・前出注(5)七三頁。
(13) 中川高男「判批」判例評論一九九号(判例時報七八三号)一二一頁(昭和五〇年)、小野・前出注(5)七四頁。
(14) 桑田三郎「判批」ジュリスト五九七号一六〇頁(昭和五〇年)。
(15) 島津・前出注(5)一二一頁。
(16) 滝沢律代「判批」法協九三巻八号一五七頁、山畠正男「虚偽の嫡出子出生届と養子縁組の成否」ケース研究一五〇号一三頁(昭和五〇年)。
(17) 久貴・前出注(6)一一九頁は、逆に、養子が自らの利益擁護をいうのであれば、養親との仲が戻った段階で（事案については第一節注（86）参照）正面から養子縁組締結へと話を進めることもできたから、養子の相続権喪失は決して不意打ではなかった、とするが、なぜ養子の側にかかる負担を強いなければならないのか疑問である。

(18)　島津・前出注（５）一二一頁は、養子縁組を有効とする場合は、養親が生きていれば当然に離縁を求めてくるから、かえって養子に不利な結果になることを示唆するが、裁判離縁が容認されるような有責の養子についてまで保護する必要はないし、養子が無責であれば当然、慰謝料ないし損害賠償の請求が認められるであろう。

四　転換理論の課題

以上のように、近代養子法における子の福祉の意義をめぐって提起された転換理論に対する批判も、この理論の構築の努力が近代養子法の目的に外れるものとして、これを否定するほどには説得力をもったものとは思われない。しかし、消極説が転換理論を否定し、前述のように成人後の養子の利益の保護の必要性を認めながらも、転換理論による救済を拒否しょうとする決定的な論拠は、転換を認めることによって、虚偽の出生届を助長することになるという点にあることがしばしば指摘され(19)、消極説の立場からもこのことは自認されている(20)。したがって、右にみた転換理論に対する近時の批判も、それが菊田事件にみられたような「無謀な『親選び』(21)」の正当化につながることへの警告とみることができるのである。しかも、そのことが、虚偽の出生届の背後にある血縁重視の特殊日本的家族意識の肯定につながることの危惧としても表明されている。[22]しかしこれに対しては、山畠教授の「法の適用を緩和すれば違法現象が増加するようにいうのも、離婚についての立法または司法を厳格にすれば離婚という社会現象（つまり夫婦破綻）が減少するというのと同断であって、明確な根拠にもとづくものではない」[23]という反論をもってすれば、当面は十分であると考える。

こうして私自身、虚偽の出生届の縁組届への転換を認めることが、なお「子のため」の養子法の実現の方向として、これを支持する。しかし、この説も前節にみた消極説からの反論にみられるように、戸籍訂正、離縁手続などの技術的難点のほか、親子的生活事実の解釈上の位置づけ、家裁の許可の潜脱との関係など、なお検討すべき課題を多く残しているといわざるを得ない。そしてこれらの検討にあたっては、転換理論が、今日立法化が問題とされている特別養子制度とは、その目的を異にすること、したがってその理論的発展のうえにこの制度を位置づけるべきでないことを確認しておくべきであり、またもしこの制度が採用された後もなお生ずるかも知れない虚偽の出生届による縁組についても、その救済理論として、これを活用させるべきかということも視野に入れておく必要があるといえるであろう。

(19)　小川・前出注（8）一二〇頁、滝沢・前出注（16）一五六頁。
(20)　久貴・前出注（6）一一九頁、深谷・前出注（10）七七頁、小野・前出注（5）七三頁。
(21)　許斐有「『子どもの福祉と家族』の法学的検討（序説）」ソキエダス八号三六頁（昭和五六年）。

(22) 深谷・前出注(10)七七頁、野田愛子「未成年の子の監護・養子縁組をめぐる紛争の処理と展望」ジュリスト五四〇号五一頁以下(昭和四八年)。
(23) 山畠・前出注(16)一三頁。

〔追記〕文中末尾でふれた特別養子制度も、昭和六二年に採用され、すでに一八年を数えるまでになっている。そして平成九年には、最高裁は、AY₁夫婦が、生後間もないY₂を夫婦の子とする出生届をし、長期にわたり実親子同様の生活を続けてきたところ、その後同夫婦の養子となったXが、Aの死亡後の相続争いを契機として、Y₂とAY₁間の親子関係不存在の確認を求める訴えを提起し、当事者が解消を望まず、かつその親子関係の不存在を二〇年前から熟知していた者による訴えが権利の濫用に当たらないかが争われた事案につき、「たとい実の親子と同様の生活の実体があったとしても、右出生届をもって養子縁組届とみなし有効に養子縁組が成立したものとすることができない」とするのが判例であることを確認したうえで、そのような「請求が権利の濫用に当たり許されないものということはできない」と判示して、五度目の「転換理論」否定の判決を出している(最判平成九年三月一一日家月四九巻一〇号五五頁)。そして、その理由として、ここでも「身分法秩序の根幹を成す基本的親族関係の存否につき関係者間に紛争がある場合に対世的効力を有する判決をもって画一的確定を図り、ひいてはこれにより身分関係を公証する戸籍の記載の正確性を確保する機能をも有するものである」ことが強調される一方で、あわせて、親子関係不存在の確認判決が確定した後に、「あらためてY_1Y_2間で養子縁組の届出をすることにより嫡出母子関係を創設するなどの方策を講ずることも可能であることにも鑑みれば」とする言及の存在が注目される。しかも、親子関係不存在の確認判決が確定することによって、「戸籍上の父母と同居し、実子として養育され、社会的にその存在を肯定された〝藁の上からの養子〟は、罪なくしてその身分を一挙に剥奪され、その相続分は〇となる。かかる不合理が法の当然に予定するところであるとは到底考え難い」とする一判事の補足意見は、最高裁判例が、転換理論には踏み込まないまでも、権利濫用論による調整を図る方向に向かう可能性も示唆するが、必ずしも明らかではない（松倉耕作「親子関係不存在確認請求と権利濫用」判例タイムズ九六五号七六頁（平成一〇年）、梶村太市「解説」判例タイムズ九七八号一二二頁（平成一〇年）参照）。

Ⅳ　子の虐待と法

第一章　一九八九年イギリス児童法

一　はじめに

イギリスでは、国連総会での『子どもの権利条約（The Convention on the rights of the Child）』採択の数日前の一九八九年一一月一六日に、『児童法（Children Act 1989）』が女王の裁可を受け、約二年の公布期間をへた九一年一〇月に施行された。

同法は、親責任（Parental responsibility）の概念を採用し、子を養育する主たる責任は親にあり、親としての地位はまさにこの責務に根拠づけられていることを明確にするとともに、地方当局に対しても子の養育について家族の支援を一般的に義務づけ、しかも当局はその支援を親との任意のパートナーシップのもとに遂行すべきこと、さらに子が親に虐待を受ける等の場合の介入に際しても家族の自治をみだりに侵害しないよう慎重な手続きにしたがうべきものとした。

わが国においても、近時子の虐待が注目されながらも、特に戦後まもなく制定された児童福祉法

（一九五〇年）について、そうした新たな状況に十分に対応できないことが気づかれ、ようやく今後の児童保護法制のありかたが模索されはじめたなかで、イギリス児童法は多くの有益な示唆を提供するものとして注目してよいと思われる。

しかし、右のように一見理想的なようにみえるこの児童法も、一九八〇年代の政治的・社会的状況の流れの中でみたとき、そこにはいくつかの問題点が浮かんでくるように思える。本稿は、同法のそうした問題点を探りだし、イギリスにおける児童保護政策を展望しようとする試みである。

二　家族責任の強化

一九七九年の総選挙で勝利したサッチャー夫人率いる保守党は、国家の役割のひき揚げ（roll back）および家族の安定と自助努力をむしばむ福祉政策の変更を約束して政権についた。彼らの口をついて出る政治的レトリックで強調されたのは、家族があまりにも国家に依存し過ぎるということであった。このため、ノーマルな家族が伝統的な価値をとどめる努力をむしばまれる一方で、アブノーマルな家族が乏しい財源を浪費し、失業と道徳的堕落の悪循環にとらわれるようになったと、彼らは主張した。(1)

こうして政府がとった方針は、国家が福祉から手を引くことにより家族の果たすべき機能を拡大させると同時に、家族に可処分所得を増大させることであった。彼らにとって家族は「ヴィクトリア的価値」の支配する場所であり、私的な安全性と緊密性をもち、かつ性の秩序も存在するこの世の天国であった。そのなかでは、両親は親としての責任をもって行為し、両者の不同意があっても、それは友好的に解決されうるし、外部からの介入を必要とするときも、裁判所でなく協調的な和解においてであると考えるのであった(2)。

このような家族生活の理想を政策の中心におく最初の試みが社会保障制度の見直しであった。その構想を打ち出した八五年の政府緑書は、「貧困の廃絶と権利としての給付」という、かのベヴァリッジのシューマに代えて、「個人と国家の間の新しいパートナーシップ」にたつ社会保障を唱え、個人にとって「仕事と蓄えをやり甲斐のあるものにする（make it more worthwhile for individuals to work and save)」ことを主張した(3)。その目的が、社会保障のコストをひき下げ、貧困化を個人の大きな責任としつつ、貧困化したときには資力テストを基礎とした用意をし、これによって給付の有害な影響に惑わされない「責任家族（responsible family)」を再構築することにあったことは明らかである(4)。

政府のこの試みは成功しなかったとする評価が一般的であるとはいえ、アドリアン・ウエッブ（Adrian Webb）が、八九年の時点で、八〇年代の社会サービスの総括にたちながら、「八〇年代末までに、政策が政治的レトリックに追いつきはじめた。すなわち社会政策における国家の役割および独占的供給者としての国家がサービスを提供することの正当性についての疑問が前面に出てきたのである」として、老齢者、身障者などへのサービスの新たなあり方を規定するコミュニティ・ケア法とともに児童法の制定の動きに着目をしているように(5)、児童法をこの流れの具体化として位置づけることは可能なのである。

しかし、そのことの当否についての検討はしばらくおくとしても、近時に至る家族関係立法においては、そのような国家の退却による家族の責任の強化の姿勢はますます鮮明となりつつあるといってよいように思える。すなわち、この四月に施行された児童扶養法（Child Support Act 1991）は、シングルマザーが父親に対して養育費を求める努力をしない、離婚の増加によって福祉予算が増大しているという九〇年七月のサッチャー首相の発言を受けて制定に向かったものであり(6)、従来、子の養育費の問題を管轄していた裁判所に代わって、非監護親（absent parent）の行方を探索し扶養義務を強制する権限を有する機関としての児童扶養エイジェンシィ（Child Support Agency）を設置し、年々増加する単身家族への生活扶助費用の大幅な削減をねらうものであった。また本年一〇月に施行予定の刑事裁判法（Criminal Justice Act 1991）は、子の非行について親にもっと責任を負わせるべきだとする年来の保守党の主張を具体化するもので、児童法と同じ「親責任（Parental Responsibility）」の語のもとに、子の刑事裁判手続に親を参加させ、子に科される罰金の支払いおよび非行児の適切な監護ないしコントロールを親に命ずる権限を裁判所に与えたのである。

三　児童保護政策の質的変化

保守党政府による社会保障政策の見直しのなかで、児童保護政策も質的に大きな変容をとげてきた。

ふり返ってみると、七〇年代までは、広範な国家福祉のプログラムによる経済の効果的管理と社会問題の克服の可能性が追求されてきた。そのなかで、児童保護における予防ワークの重要性を強調したイングルビー報告書（Ingleby Report 1960）、さらに家族をも含めたより総合的なケースワークの必要性を勧告したシーボーム報告書（Seebohm Report 1986）を経て、児童保護政策におけるソーシャルワークは地方当局の重要な役割となり、国家福祉の正当性のコンセンサスを背景に相当の発展を示していた。ことに六〇年代中葉からのラジカル化は、家族への物質的援助の増大、貧困者への福祉的権利の忠告と弁護、当局のケアのもとにある子の家族復帰の手段としての里子養育と施設ケアなどを通じて、予防ワークの視点を強化させたのであった(7)。

しかし、七三年のオイルショック以降の経済危機が、そうした児童保護政策の展開の経済的基盤を崩したのみならず、その政治的基盤をも蝕み、ニューライトの登場を促すことになった。そして、継父の虐待によるマリア・コルウエル（Maria Colwell）の死を「道徳的パニック」とするニューライトからの合唱の中で成立した七五年児童法は、ホルマンの言葉を借りれば、「家族から子を取り上げることを促進し、自然の親の権利を縮減することにもっぱら集中した。それは、収入維持のための用意を少しもなさず、困窮者の住宅取得の機会も与えず、地方当局にデイ・ケアの便宜を図る義務も課さず、自然の親との接触を促進する特別なソーシャルワークの用意もしなかった」[8]のであり、まさに児童保護政策の質的転換の予兆をなすものとなったのである。

このような七五年児童法のもとで、八〇年代には児童虐待問題がにわかに広い関心の対象となった。イギリスでこの現象をしばしば児童虐待の「発見（discovery）」と表現するように、単にこれを数のうえでの激増とか、多数の被害に対する人道的関心の反映とするのは皮相な見方というべきである。

サッチャー政府は、児童虐待を、フットボール・フーリガン、ピケット、麻薬患者などと同様に、六〇年代後半からの「寛容社会（permissive Society）」が生み出した社会問題として位置づけ、それがもっぱら不安定な家族のみに発生する現象として規定した。彼らにとっては、児童虐待に対する関心の高揚は、国家が危険におかれた子のいる家庭の敷居をまたぐことを正当化するとともに、同時に、単親家族、移民家族、失業者家族などを、「厄介者（scroungers）」と攻撃することを通じて市民に敵対する「やつら」と位置づけ、大多数の「よい」家族を「われわれ」として政府にアイデンティファイさせるのに役立つものであった[9]。

他方政府は、国家福祉の弊害を生んだ責任の多くを地方当局の社会サービスに帰し、これを槍玉にあげたが、とりわけソーシャルワークが、寛容社会を背景にアブノーマルな連中に対するソフトで許容的な態度を奨励したと主張した。こうした主張と衰退する経済の流れの中で、時間消費的なケースワークや広範な予防的プログラムに対する集中的な努力よりも、むしろ節約的で、「より良くするよりも害を少なくする」ことがベターであるとする考え方が次第に優位を占めるようになっていた。(10) 継父の虐待で死亡したジャスミン・ベクフォードの事件調査報告書(11)が、ソーシャルワーカーが予防、支援、カウンセリングなどに精力を費やし、親から子を引き離すための「安全な場所命令（Safety Place Order）」の申請を遅らせたと非難し、ワーカーは単に法の与えた権限の執行者になるよう勧告したことがこれを象徴していた。フリーマンがリーガリズム（legalism）と呼ぶこうした児童虐待の処理のあり方(12)は、八八年に保健省が発表した虐待問題解決のためのガイド(13)でも強調され、児童虐待登録、地域児童虐待委員会、およびケース・レヴューなど、この問題を、家族の監視と関係機関相互の作業の能率化という官僚的手法によって解決しょうとする態度の展開となって現れた。これと前後して公刊されたタイラ・ヘンリ、キンバリ・カーライルなどの児童が虐待で死亡した事件の調査報告書においても、機関相互のアレンジの問題が焦点になっており、児童虐待のほとんどが、あたかも意思疎通の欠如やメモの紛失によって起こったかのように扱われていたのであった。

児童虐待問題に対する以上のような対応は、従来の国家福祉の象徴としてのソーシャルワークの確信を後退させたばかりでなく、この問題の根底にある貧困問題等から人々の目をそらし、デイ・ケアや所得保障等のあり方についての議論を傍らに追いやる効果をあげたものということができる。

前述のベクフォード事件報告以降、安全な場所命令は顕著に増大した。すなわち八五年に約五、三〇〇件だったものが、八六年に約七、二〇〇件となり、八七年には八、二〇〇件までになった。そしてこれが、親に性的虐待の疑いがあるとして半年の間に約二一〇名もの児童を親から引き離したクリーヴランド事件（一九八七年）につながることになった。この事件の衝撃は、家族の中での子の被害の防止ばかりでなく、親の権利や家族のプライヴァシーとのバランスも必要であることを人々に印象づけ、これが一八九八年児童法のなかに色濃く反映することになったのである。

四　親責任と子どもの権利

ハーディング（Harding, L. F.）が、児童法には、①レッセフェーレと家父長主義、②国家パターナリズムと児童保護、③生来家族の保護と親の権利、④子どもの権利と解放、という四つの立場が混在していると分析するように[14]、同法は六〇年代以降福祉国家の正当性のコンセンサスが徐々に崩壊するなかで噴出したさまざまな児童保護のありかたについての議論を吸収しており、同法の規定について一つの原理をもって説明することが困難なことは確かなことであった。

しかし、前述のように同法が採用した「親責任」の概念は、最も重要なキーワードの一つとしてあげることができる。しかも、同法の公布と国連の『子どもの権利条約』の採択とがほぼ時を同じくし、また同条約が親の責任につき同趣旨の規定をしたという偶然が重なって、親責任の概念は子どもの権利に結びつけて理解されがちである。

たしかに、児童法は、子を親から引き離す新たな手段として採用された裁判所の緊急保護命令（Emergency Protection Order）の取消（discharge）の申立や当局のケア下にあるときの親との交流命令（Contact Order）の申請などを子自ら裁判所に提起できることを規定し（ss. 45 (8) (a), 34 (2)）、また訴訟において子の利害を代表する後見人（guardian ad litem）について、親との利害対立を前提としない当然の指名を原則とする（s. 41 (1)）など、一定の範囲での子の権利を承認していた。

しかしながら、親責任の概念には、法規程の上では依然として親の権利が含まれている（s. 3 (2)）うえ、貴族院での児童法案の審議において、大法官（Lord Chancellor）が、「子が親との関係で権利をもつとみる代わりに、われわれは、子との関係での親責任を強調してきた」と述べるように、親責任が子の権利に従属させられるというよりむしろ親の自発的な行使が期待されているものにすぎないのである。さらに、避妊処置を受けるにつき一六歳未満の子の自己決定権を一定の条件のもとに認めた八六年のギリック判決の原理（Gilick principles）を反映させることを主張してなされた子の養育に関する裁判における子の最終的な発言を認める改正動議に対しても、大法官は、子の希望と感情が争いの解決において考慮されることを保証すれば十分であることを示唆していたのであった。

他方、児童法では、子が虐待され、ケア手続き等の対象になり、あるいは非行に走るのを予防する地方当局の一般的義務が規定されるものの、そのために提供されるデイ・ケアやアコモデイション等のサービスを受けるには、その子が要保護児童（children in need）でなければならないとされるのである（s. 17（1））。このデイ・ケアにつき、希望する五歳未満のすべての子の利用を可能とするべく提出された衆議院での改正動議に対して、社会サービス大臣（Minister for Social Service）は、「政府の政策は、親が子の養育に責任があるという哲学にもとづいている。もし、親が援助を必要としあるいは欲しいのであれば、それができるときに、必要な手配をなし、その費用を払っておくべきである。たとえば子の幼少時に両親が働くか否かを、自己の状況に照らして決定するのは親の責任であり、国家がその決定に巻き込まれるべきではなく、かつ子の福祉はその決定につき至上の考慮事項（paramount consideration）となると考えている。しかし、要保護児童に対する助力は与えられるべきであり、それが、法案を貫く糸であると信じる」と述べるのである。

このように、国家の子に対する保護的役割は、家族が失敗し、明らかな「ニーズ」の証明がある場合にのみ呼び出されるにすぎないのである。かくして、通常の家族の中にいる子は良質のデイ・ケアに対する権利を否定されるばかりでなく、利用可能な用意にはどれもスティグマがともなう危険があるし、これを利用する親は親責任の遂行の失敗を自認することを強要されることになるのであって(15)、結局、親責任は親が子の養育に第一の役割をもつことを強調するための概念になっているにすぎないのである。そこには、明らかに家族は無条件に良いものとする仮定が存在しており、親責任はそうした家族の理想像の再生という圧力となって、子が助力や援助を家族以外に求めることに制限を加えること、いいかえれば子の一般的な権利という視点を失わせる方向で作用することになるのである。

以上のように、「親責任」は、親に対する子の権利を含意しないばかりか、かえって構造的には、子に対する責任が親にあることを強調することによって子の権利に制限を課すものとなっているのであって、子の養育について国家が手を引く代わりに、親の責任を強調するという、まさに前述のサッチャー政府の意図に沿ったものにほかならなかったのである。

五　家族自治の尊重と児童保護政策の展望

フリーマンは、児童法はニューライトの家族観の産物であるとともに、その家族観が左派のそれを都合よく吸収できたことが、この立法の実現が成功した秘密とみる。すなわち国家の家族介入の主な対象である労働者階級にとっては、児童法が「威圧的な介入を減らし、法令集から『監護するにふさわしくない生活の慣習ないし形態』といった階級的な概念を除去し、援助を強調した」ことは称賛に値いしたし、ことに地方当局の援助における親とのパートナーシップを強調し、介入の必要性を減らすための援助（デイ・ケア、家族センター、財政援助）を規定したことが、左派の心をとらえるのに十分であったとするのである。(16)

このように八九年児童法は、家族の自治を尊重するとともに、地方当局のサービス提供の計画における親とのパートナーシップを謳う。そして後者によって、まさしくすでに排斥されつつあったはずの予防ワーク、すなわち家族の悪化ないし究極的には裁判所の介入の契機となる状況を予防するサービスが想定されているかのようにみえるのである。

しかし、予防ワークの前提としての地方当局の援助には、前述のように「要保護児童」という枠がはめられていた。もっとも、これについては、児童法自体が、サービスがないと相当の水準の健康・発達を維持できないか、もしくは害される子、または障害児という三つの範疇で定義を与え（s. 17（10））ながらも、保健省の通達もいうように、各地方当局は児童法の目的に異なる定義を与え、あるいはどれかを除外することはできないが、「管轄地域内で要保護児童へのサービスをどう組み立て、どの程度のレベルにするかの決定は独自になしうる」のである。それゆえ、要保護児童のなかに、たとえばエスニック・マイノリティ、貧困な子といったカテゴリーを含ませることによってこれを拡大することは許容され、現に労働党が優勢な地方当局を中心にそうした広範な活動が展開されようとしているのである。そして、政府の公式ガイダンスでさえも、そのような運用を前提としたスティグマの排除を強調していたのであった。(17)

しかしながら、福祉予算の増加分のほとんどが失業手当の支出に吸収されているといわれている今日の状況において、ひとたび地方当局の財政が悪化すれば、要保護児童の範囲が狭く解され、まさに法の与える定義内にこれが限定されてしまうこともありうるのであり、そのときには、前述のように親責任のみが強調されることが当然のなりゆきとして予測できるのである。

他方、児童法はパートナーとしての親に種々の権利を承認する。親は、たとえば任意に提供されたアコモデイションに住む子に関する決定につき当局からの相談を受けることになっているし、そこから予告なしに子を引き上げる権利さえ認められている（s. 20 (7), (8)）。しかし、八九年のある調査は旧法のもとでの困窮と子がケアに入ることとの連環性を指摘し、それがほぼ今日の定説となっていることを考えると、[18] 困窮化が、親のパートナーとしての能力、すなわち子の福祉の考慮に立って判断することのできる能力をむしばんでいることが考えられる。しかも八〇年代には貧困が顕著に増大しており、ミラーによれば、平均収入の半分以下の生活をしている人々が、七九年に五〇〇万人（全人口の九・四%）であったのに対して、八八年には、一、一七五万人（全人口の二一・六%）に達し、そこに含まれる子の数は、七九年の一六〇万人から、八八年の三〇〇万人に増加しているという。[19] 政府の政策が困窮者を増大させたとする非難がしばしば聞かれるゆえんであり、児童法が、このような状況を配慮することなく、無条件に親とのパートナーシップを期待しているとしたら、それは文字どおりの画餅に堕する可能性をもつのである。

フロストとスタインは「財源不足の時代には、福祉サービスの実務は緊急サービスになり、児童保護は家族から子を引き離す警察サービスになる危険がある」と警告する。[20] 先進国イギリスにおいて、家族自治を高らかに標榜して制定された児童法も、今日の国家経済の低迷がなお長期にわたって続くかぎり、家族に対する社会的経済的抑圧を緩和できないままに、ただ家族からの子の引き離しを、予算不足を理由に躊躇させることのみに作用するおそれがあり、その場合には、安全でない家族に多数の子どもが滞留し、虐待死等が続発するといった最悪の事態も決して空想ではなくなる。

他方で、同法は、地方当局による子の引き離しに厳格な司法審査の基準を設け、その事前調査にさえ司法の許可を要求しつつも、裁量による子の引き離しの権限が例外的に承認されている警察当局の協力があれば司法手続きの一部の回避も可能になるなど、その厳格性の緩和を導く余地も残している。かくしてイギリスの児童保護政策は、右のような最悪事態の現実化を契機に再び頻繁な国家の家族介入の方向に導かれる危険にさらされているということができるのである。

(1) Smart, C., Securing the Family?, in M. Loney ed., The State or the Market, Sage, 1987, p. 100.
(2) Freeman, M. D. A., Children, their Families and the Law, Macmillan, 1992, p. 5.
(3) Department of Health and Social Security), Reform of Social Security' ,vol. 1, Cmnd. 9517, 1985, para. 13. 1.
(4) Smart, op. cit., p. 104.
(5) Webb, A., Personal Social Services, in P. Catterall ed., Contemporary Britain: An Annual Review, 1991, Blackwell, 1991, p. 314.
(6) Bird, R., Child Maintenance, Jordan, 1991, p. 20.
(7) Frost, N. & Stein, M., The Politics of Child Welfare, Harvester Wheatsheaf, 1989, p. 36-38.
(8) Holman, R., Inequality in Child Care, CPAG, 1980, p. 29.
(9) Frost & Stein, op. cit., p. 48.
(10) Parton, N., Governing the Family, Macmillan, 1991, p. 201.
(11) London Borough of Brent, A Child in Trust, 1985.

(12) Freeman, op. cit., p. 109.
(13) Department of Health, Working Together, HMSO, 1988.
(14) Harding, L. F., Perspectives in Child Care Policy, Longman, 1991, pp. 9-10.
(15) Smith, R., Parental responsibility and an irresponsible state?', Childright, No. 71, 1990, p. 8.
(16) Freeman, op. cit., pp. 5-6.
(17) Department of Health, The Children Act 1989, Guidance and Regulations, vo1. 2, HMSO, 1991.
(18) Department of Health, Patterns and Outcomes in child Placement Messages from current reserch and their Implications, HMSO, 1991, pp. 6-7.
(19) Millar, J., 'Bearing the Cost', in S. Becker ed., Windows of Opportunity, CPAG, 1991, pp. 25-7.
(20) Frost & Stein, op. cit., p. 55.

第二章　被虐待児童の児童養護施設への入所（家事審判例紹介）

一　施設入所を承認した事例（三件）

審判例①　横浜家裁平成一二年一月五日審判（平一一年（家）一三六号・児童の里親委託又は福祉施設収養の承認申立事件）家裁月報五二巻一一号五七頁―中立承認〔確定〕

【審判要旨】　児童（生後九か月）の里親委託又は福祉施設収容の承認申立事件において、児童が負った頭蓋骨骨折、上腕骨骨折、右鎖骨骨折や鼻腔内への異物挿入が保護者らの虐待行為によるものとまで認めることはできないが、いずれも父母及び祖父母との生活中にその支配下で発生したものであることは否定できないとして、児童に対する父母等の監護養育が適正になされていなかったものというべきで、児童の養育監護を父母に委ねることは著しく児童の福祉を害するとして児童の乳児院又は児童養護施設への入所を承認し、併せて、審判後は父母が児童相談所による継続的助言や指導を受けつつ適正な養育知識等を積極的に獲得するよう努力し、そのため児童相談所と互いに

緊密な連絡を図る必要がある旨指摘した事例

【事実の概要】　平成一一年九月、Aは、生後一か月検診を受けた際に、両上腕骨骨折、右鎖骨骨折が発見されて即日治療のため入院となり、第三者が人為的に発生させた怪我であると判断した病院は、児童相談所長Xと警察に通報した。そこで、Xは、このままAを退院させて帰宅させることは相当でないと判断し、療育相談センターに一時保護した。骨折の原因について、母Mは、数日前に三〇センチメートル程の高さのソファーから転落したこと、夜就寝中の寝返りの際に下敷きにしたのかも知れないこと、抱き方が悪かったこと、着替えの際に力を入れ過ぎたのかも知れないこと等しか思い当たらないと述べたが、診断した医師は、骨折状態からそれら原因はいずれも当たらないと判断している。

この措置について、Aの父方祖父母G・Hから、父母F・Mが故意にやったものでなく、かつ怪我が治癒しているのに、一時保護を続けることはF・Mに与える悪影響が大きいとして、強く引取り要求がなされ、G・HがAを責任をもって監護するとの申出に、Xは、G・H方に数回の外泊訓練を経た上、一時保護を解除してAを引き渡し、児童福祉司の指導とした。

同年一二月には、Aの鼻孔内に異物が挿入されていることが発見された。異物の除去にあたった医師は、異物は人工材料で、体外から侵入したものであり、第三者が挿入したものであると説明したが、F・M・G・Hは、そのことについて、思い当たることがないと述べている。

更に、平成一二年一月に、Aは、上記療育相談センターにおける定期検診の際、頭蓋骨骨折が発見され、即日同所に入院することになった。骨折の発生原因についてFは、F・MがG・H宅に泊まった際、FがAを抱いてあやしていたとき、頭部がこたつの綾にぶつかったことがあったが、激しくぶつかったわけではなく、その時Aが余り泣かなかったのでその事実は忘れていたと述べている。

数日後、G・Hからの強い引取り要求があったけれども、Xは、Aの安全確保の必要上、再度療育相談センターに一時保護した。その上で、Xは、生後間もない乳幼児であるAが親権者及びその援助者親族の支配内において、短期間に重篤な怪我を二回及び異物挿入の被害を一回受けているということは、到底Aが適切な監護の下で養育されているものとはいえず、Aの福祉を著しく害する不適切な養育環境に置かれているもので、Aの保護と健全育成のため早急に適切な施設に収容する等の相当な措置をとるべきであるところ、Aの親権者らはこの相当な措置に同意しないからとして、本件の措置承認を申立てた。

【裁判理由】「本件において、Aの身体上に起こった上記の重大の怪我等がF・M等の保護者による虐待行為によるものとまで認めることはできないけれども、前記の怪我等の経緯からすれば、同児童相談所において、F・Mらに暴力的虐待があったものと疑った、としても止むを得ない状況にあったものというべきであり、いずれの怪我等もF・M及びG・Hとの生活中に、かつその支配下で発生したものであることは否定できない。とすれば、少なくとも、Aに対するF・M等の養育監護が適切になされていなかったものというべきであって、Aの養育監護をF・Mに委ねることは著しくAの福祉を害することになるものといわざるを得ない。」「Aの安全な生活を確保する利益を優先させるべく、保護者の意に反しても、当面の間（F・M等の保護者において、Aの適切な養育体制が整うまでの間）、Aを乳児院または児童養護施設に収容することはまことに止むを得ない措置といわざるを得ない。以上の次第で、当裁判所はXがAに対し、児童福祉法二八条所定の措置権を行使するのが相当であると認める。」

「なお、当裁判所は、現時点でF・MがAに対して必ずしも適切な監護をなしていないものと認め、当面はAを乳児院または児童養護施設に収容して健全な成育を試ることが相当であると判断したわけである。しかしながら、本来、Aは両親と生活しながら両親の豊かな愛情に育まれ、安全かつ健やかに成育していくことが望ましいことはいうまでもない。したがって、一刻も早く、Aが愛情溢れる両親のもとで安全で良好な生活をおくれる養育環境を整備することが緊急不可欠である。そこで、F・Mは児童等保育の専門機関である児童相談所による継続的助言や指導を受けつつ、適正な養育知識及び良質な養育環境整備に関する知識を積極的に獲得するよう努力する必要があると考える。」「そのためには両親とXとは本件によって生じた不信対立関係を解消することに努め、Aの健全成育を目指して互いに緊密な連繋を図ることが、結局Aの健全発達につながるものと考える。」

審判例②　高知家裁安芸支部平成一二年三月一日審判（平成一一年（家）第一七五号・福祉施設入

所承認申立事件）家裁月報五二巻九号一〇三頁―申立認容〔確定〕

【審判要旨】　児童（一一歳）の福祉施設入所の承認申立事件について、父は、関係機関の助言を受けていながら、児童に対し生後間もないころから暴力を継続するなどしており、母も父の児童に対する処遇に対する有効な手だてを持たずに経過していることなどから、父母に適切な監護養育を期待し難いとして児童養護施設への入所を承認した事例。

【事実の概要】　昭和六三年一一月一四日に未熟児として出生した事件本人Ａは、発育状態が余り良くないことから、父母Ｆ・Ｍの養育能力に不安がもたれていた。父Ｆは土木作業員等として稼働していたが、Ａの頬に内出血や青あざが認められるなどしたため、ＦのＡに対する暴力行為が発覚し、またＦが母Ｍに対しても暴力を振うこともあり、保健婦、役場の福祉担当者及び小児科医等が種々Ｆに関わったものの、ＭおよびＡの保護は難航していた。

平成二年二月頃、ＦのＡに対する暴力虐待を主訴として、児童相談所に養護相談がなされ、Ａが、同年七月から一〇月までベビーホームに収容されたこともあったが、その後もＦは、児童相談所等の助言・指導を受ける中で、Ａに対し殴ったり、煙草の火を押しつける等の暴行を続けていた。また、Ａに心身の発育の遅れも見られたことから、Ｆ・Ｍの養育能力には疑問がもたれていた。

Ａは、平成七年四月に小学校に入学したが、Ｆは、Ａに能力以上の学習を強要しては理解できないＡを棒で殴る等し、また、仕事が切れるとＡに辛くあたるなどしていた。そして、平成九年には、Ｍが入院中の約一か月間、児童相談所においてＡを一時保護したことがあった。

父の顔色を窺いながらの生活を余儀なくされていたAは、学校生活の中でも虚言等が見られるなどしたため、学校関係者も、F・Mに対し、Aの監護について助言・指導を行うとともに、その知的能力を慮って障害児学級を勧めるなどしていたが、Fの了解が得られず、指導・監護が難航していたところ、平成一一年四月、父の了解を得るに至り、障害児学級を新設し、Aの能力に応じた学習指導体勢を整え、Aも情緒的に落ち着きつつあった。

ところが、同年一〇月に、Fが、Aを利用して、自宅近くの児童を自宅に呼び寄せ、わいせつ行為を繰り返していたことが発覚し逮捕されるとともに、Aについて、警察署から児童相談所長Xに対し、虐待及びAの上記事件への関与等から、保護者であるF・Mに監護させることは適当でなく、Aを児童養護施設に送致することが相当であるとして、児童通告がなされた。

そして、右通告を受けたXにおいて、Mの同意を得てAの一時保護を行うとともに、Fの認識の甘さやこれまでの虐待の経緯等から、Fの下で生活させることは不適当であり、Mも、Fの暴力をおそれてFの行為を制止できずに経過してきていること等の事情を考慮し、AをF・Mのもとで監護させるのは不適当であるとし、Aの福祉のため、早急な施設入所が必要と判断し、F・Mに対し、この措置についての同意を再三求めたが、F・Mはこれを頑なに拒否しているため、本件申立に至った。

なお、Fは、同年一二月二二日、強制わいせつ罪等により、懲役三年、四年間刑執行猶予、保護観察付の判決を受けて帰宅し、Mと、生活保護を受けながら生活している。また、Aは、児童相談所に一時保護されたのち、同年一一月八日から養護施設に一時保護委託されて同所で生活しており、同年一二月一一日、同園を無断外出してＭに電話をしたことがあったものの、その後は同様の行為はなく、同園で落ち着いて生活しつつあり、学校生活も安定しつつある。そして、Ｆ・Ｍ共に、Ａとの同居生活を強く望んでいるが、Ａは、Ｍとの生活は望んではいるものの、Ｆを恐れ、Ｆとの生活は望んでいない状況にある。

【裁判理由】「現在ではＦ・Ｍがこれまでの監護養育状況を省みて今後は適切な監護に努める意向を有しているとしても、Ａの生後間もないころから関係機関の助言指導を受けていながら、ＦのＡに対する虐待や精神的圧迫は必ずしも改善されず、ＭもＦのＡに対する過酷な処遇に対する有効な手だてを持たずに経過してきていること及びＦ・Ｍの知的能力並びに感情の抑制が困難なＦの性格等上記認定の諸事実に照らすと、Ｆ・Ｍに、Ａに対する具体的状況に応じた適切な監護養育を期待し難い。また、Ａは、Ｍには親和し、Ｍの下で生活したいとの希望を有しているものの、Ｍが今後もＦと同居して生活することが見込まれる現状においては、ＡをＭの下に戻すことは、その意に添わないＦとの同居も余儀なくされる結果となり、今後のＡに対する心身に対する影響も看過し得ない。

これに、Ａが、養護施設で情緒的に安定しつつ、学校生活を送りつつある現状を合わせ考慮すると、この際、Ａを児童福祉施設に入所させ、情緒的に安定した状況の下で生活することがその福祉に叶うというべきであると思料する。」

審判例③　横浜家裁横須賀支部平成一二年五月一〇日審判（平成一二（家）第一四二、一四三、一四五号・児童養護施設入所承認申立事件）家裁月報五二巻一一号六五頁―申立承認〔確定〕

【審判要旨】　児童ら（六歳、四歳及び二歳）の児童養護施設入所の承認申立事件において、児童らが、母から、長年にわたり身体的・心理的虐待を受けていたとして、児童らを母に監護させることは、著しく児童らの福祉を害するとして児童福祉施設への入所を承認し、併せて、母は児童相談所の指示に従い、児童相談所も母に対する指導や母子関係の調整について、より一層の働きかけに努めるよう指摘した事例

【事実の概要】　事件本人Aは、平成六年八月（生後五か月）から平成八年二月まで、生傷、あざ、脱水症状、けいれん及び骨折などで通院や入退院を繰返していたこと、平成八年一〇月に、事件本人B（生後八か月）の頭部打撲及びAの顎骨の打撲による化膿が医師から報告されたことから、児童相談所Xにおいて母Mによる身体的虐待が疑われていた。

平成九年一月には、B（生後一年）は、顔にⅡ度の火傷を負って入院したことから、Xは、Bを一時保護するとともに、立入調査を実施し、Aにも、右目周囲の出血班、眉上の裂傷、上下三本の歯の欠損、背中両腕の打撲症・出血班等があったことから、同児を一時保護した。その後、M及び父であるFは平成九年二月児童福祉施設入所を同意し、AとBは児童福祉施設に入所した。

Mは、平成九年九月に、事件本人Cを出産し、平成一〇年二月には、親権者をMと定めてFと調

停離婚をし、その直後に、Mは、体罰は夫婦不和のストレスによるもので、離婚により原因は解消したと主張し、親権者としてAとBの引取りを要望した。そこで、Xは、約一年にわたり母子関係の改善調整を図り、面会、外出や外泊等も実施した上で、平成一一年三月AとBにつき児童福祉施設入所から児童福祉司指導に措置変更し、Mに引き取らせた。その際、Xは、Mに対し、Aらの保育所利用、家庭訪問の受け入れ、定期的な来所、児童精神科の嘱託医との面接の四点を条件とした。同年六月、Aらが利用していた保育園で、Aらに青あざがあることが発見されたが、Mは転んだものと説明した。

その後も、Cを中心に事件本人らに、あざ、火傷、擦過傷・こぶ、歯形等が多数回にわたり発見された。Mは、これらについても転んだものと説明し、虐待を否定していた。

Mは、平成一二年二月、風呂上がりのBに対し、言うこと聞かず反抗的態度を取ったとして、はえ叩きで同児の背中や背部を着衣の上から叩き、あざをつくった。Mがはえ叩きを使った理由は、手でたたくと痛いからとのことであった。保育園では、Bの上記あざを見つけ、連絡を受けたXは、Bを一時保護した。また、約二週間後にCのあざを見つけ、連絡を受けたXは、Cを一時保護するとともに、Aも一時保護した。

Xは、Aらを児童福祉施設に入所させることを提案したが、Mや祖母Hは反対し、特にMは、一部に体罰の行き過ぎがあったことは認めるが、Xや保育園に対する不満を強め、X等の関与しない自由な育児を要求しており、現在でもAらを児童福祉施設に入所されることに反対し、これに同意していないとして、本件申立に及んだ。

【裁判理由】「以上の認定事実によれば、Mは、長年にわたり、しつけによる体罰と称して、Aらに対し、身体的虐待を加えて精神的な後遺症を残し、さらにこれを基礎にして身体的・心理的虐待を続けていたものといわざるを得ず、その背景には、離婚問題や育児等のストレスがあったものと推認される。」

「したがって、これらの諸事情を総合考慮すると、AらをMに監護させることは、著しくAらの福祉を害するものであって、Aらの健全な精神的身体的な発育成長のためには、相当期間にわたって、Aらを児童福祉施設に入所させる措置を取るのが相当というべきである。加えて、Aらの心身の状況を考慮すれば、XがMに対して面会や通信などAらとの交流について制限するのは当然のことであり、Mは児相の指示に従うべきである。一方、XもMに対する指導や母子関係の調整について、より一層の働きかけに努めるべきである。」

【分　析】

一　近時、親権者等の保護者による児童の虐待は顕著に増大しており、つい先ごろも、親の虐待による子どもの死亡事件が数日をおかず連続発生し、世間を震撼させた。

児童福祉法二八条は、保護者が、その児童を虐待し、著しくその監護を怠り、その他保護者に監護させることが著しく当該児童の福祉を害する場合において、都道府県が、その保護を図るため、第二七条一項三号に規定する里親等への委託、または養護施設等への入所の措置をとろうとしても、親権者等がそれに反対するときには、家庭裁判所の承認を得ることによって、これらの措置を採ることができる旨を規定する。ここで紹介するのは、いずれも、このような知事の権限を同法二三条にもとづいて委任された児童相談所長から申立てられた二八条の承認に関する審判例である。

まず、紹介ケースの事実関係の推移の理解に資するため、児童福祉法において、二八条の規定が、どのような事実経過の中で適用が予定されているのかをたどってみよう。

すなわち、保護者に虐待されている疑いのある児童がいる場合に、児童相談所長は、これを発見した者からの通告（同二五条参照）により、あるいは当該児童の関係者からの直接の相談等を受けることによって、これを知ることになる。また、同様の通告ないし相談等が福祉事務所に寄せられ、福祉事務所において後述二七条の措置を要すると判断された場合には、福祉事務所からの送達（二五条の二第一号）を受けることになる。そして、このいずれの場合においても、児童相談所長は、当該児童について後述二七条の措置を要するか否かを判断し、その必要性を認めるときは、これを都道府県知事に報告することになる（二六条一項一号）。しかし、虐待が、保護者の無知や無理解に起因し、適切な助言や在宅指導によりその解決が可能であり、それが当該児童の福祉に資すると考えられるときは、児童又はその保護者を児童福祉司等の指導に委ねることもできるのである（同項二号）。

児童相談所長は、また、必要があると認めるときは、知事への報告等の措置を採るまでの間、みずからまたは適当な者に委託して、児童を家庭から一時引き離す等の一時保護を加えることができるし（三三条一項）、知事の側からも、児童のそのような一時保護を児童相談所長に指示することができる（同条二項）。

虐待の疑いのある児童について、右のような児童相談所から報告を受けた都道府県は、⑴児童または保護者への訓戒、誓約書の提出、⑵児童福祉司による指導、⑶里親・保護受託者への委託または養護施設等への入所のいずれかの措置を採らなければならないとされる（二七条一項一～三号）。

しかし、⑶の措置（三号）をとるについては、親権を行う者又は後見人の同意を得ることが求められており（二七条四項）、どうしてもこの同意を得られない場合に、都道府県知事より、二八条に基づいて家庭裁判所の承認が求められることになるのである。なお、前述のように、この知事の権限は、通常児童相談所長に委任されているから、このための申立は、児童相談所長からなされるのが普通である（千葉家佐原支審昭四八・八・七家月二六・一二・一一三は、知事から申請があった唯一の公表ケースである）。

二　児童相談所長が、家庭裁判所に措置の承認を求めることができるのは、保護者の虐待、著しい監護の懈怠、その他保護者による監護が著しく児童の福祉を害する場合である。そして、虐待と著しい監護の懈怠は、監護が著しく児童の福祉を害する場合の例示と一般に解されているが、立法以来の経緯から見て、「主に虐待の場合をさすと考え、具体的には虐待の定義と関連してどのような場合が著しい児童の福祉の侵害に当たるかを見ていけば足りる」とする見解が主張されうる（桑原洋子・田村和之編・実務注釈児童福祉法（一九九八年）一八一頁（許末恵＝旧説））。

確かに、近年においては、虐待の定義として、身体的暴力、心理的虐待、性的虐待、養育放棄があげられ、平成一二年に施行された児童虐待防止法も、ほぼこれにならって、⑴児童の身体に外傷が生じ、または生じるおそれのある暴行を加えること、⑵児童にわいせつな行為をすること又は児童をしてわいせつな行為をさせること、⑶児童の心身の正常な発達を妨げるような著しい減食又は長時間の放置その他の保護者としての監護を著しく怠ること、⑷児童に著しい心理的外傷を与える言動を行うこと、を「児童虐待」として定義づけている（児童虐待防止法二条）ように、この定義をもってかなり広範なケースをカヴァーすることができる。

しかし、本稿で紹介する三つのケースをみると、ケース③だけが、離婚問題や育児等のストレスを背景とする母親による身体的・心理的虐待の存在を認定し、母親に監護させることが著しく児童らの福祉を害するとしているにすぎない。そして、ケース①では、数度にわたる児童の身体に対する傷害を保護者らの虐待行為によるものとまで認められないとし、それにもかかわらず、このようなことが保護者らとの「生活中に、かつその支配下で発生した」ことから、児童の養育監護を父母に委ねることを著しく児童の福祉を害するとしているのである（同様に、浦和家審平八・五・一六家月四八‐一〇‐一六は、頭部傷害、栄養失調、脱水症状、意識傷害等の致命的な傷害をうけた状態で入院した児童につき、「各傷害が両親のいずれかの行為に直接起因するかは別として、両親が本人の監護を怠ったことは明らかであり、このまま本人を両親の監護に委ねると、同様の事態が生ずることが充分に予想され、本人の福祉を著しく害する結果となると推認せざるを得ない」とする。また、広島家審平一〇・一・

五家月五〇-六-一〇四は、呼吸停止状態で緊急入院した児童につき、首を絞めた等が原因と推認され、これに同居者以外の第三者が関与したことを窺わせる事情も存しないと認定しながらも、虐待と断定することなく、この「虐待ともいうべき事態」は、両親のもとで監護されていた日常生活の中で発生し以上、自宅に戻せば再び同様の事態を生ずるおそれがあるとして、承認を与えている）。さらに、ケース②では、父親の子に対する生後間もないころからの虐待や精神的圧迫の継続を認定しながらも、母親がこれに対する有効な手立てを持たないこと、児童本人が望む母親のもとでの生活により余儀なくされる父親との同居が児童の心身に及ぼす影響を看過しえないことを、虐待と同程度に重視しながら、養護施設入所の承認を与えているのである。

もっとも、平成六年から八年までの二八条の承認に関する五一件の審判例を分析した釜井判事は、「虐待があったと言い切った例が意外に少ない」ことを指摘したうえで、その理由として、虐待を窺わせるような傷痕等があっても、親権者等が、あるいは児童本人が、暴行等によることを否定するような場合の虐待事実の認定の困難さから、むしろ「二八条に規定する児童福祉機関の措置権を行使すべき事態にある」かどうか等の認定に重点を移す結果ではないかと推測し、実質はやはり虐待ケースであることを示唆する（釜井裕子「児童福祉法二八条一項一号の家庭裁判所の承認について」家月五〇-四-一九以下）。しかし、子どもが長期欠席中で、たえず窃盗事件等を繰り返すなど、むしろ子どもの行動や状況が要保護性を決定づける場合もあり（福井家審昭和三〇・一一・一一家月七-三-一一）、無理に虐待の範疇に当てはめる必要もないといえるであろう。

また、この「虐待」という枠組みによって、承認を求められている措置が、保護者のみならず当該児童の権利にも大きな影響を与えることから要請されるところの慎重な判断を担保することも考えられる。確かに、そうした枠組みがないと、学校への長期欠席の児童につき、知的遅滞のある父母が子を盲愛し、その基本的生活訓練さえもできないというだけの理由で福祉施設入所の承認申請が出される可能性はありうる（大津家審昭和五〇・一〇・一五家月二八‐八‐七七参照）。しかし、この事例において、家庭裁判所は、両親が虐待放任するわけでなく、逆に強い愛情をもち、子の方も家庭あるいは父母に対して親和感や帰属感をもっていて、親子としての結びつきは強く親密で、一個の家庭として相互の情愛には欠けるところがないとする認定に加えて、「なお指導の如何によっては施設収容によらなくても改善の余地があるかもしれないという考えのもとに、……相当長期間にわたり経過を観察し、調査を継続」した結果、長期欠席の解消、両親の若干の自覚など、事態はかなり改善されたとして、この申請を却下している。後に述べる承認事項の特定の問題にも関連するが、承認の審判においては、家庭裁判所の独自の調査にもとづく法的判断は不可欠であり、「慎重な判断」の担保は、申請のいわば「入口」の規制によってでなく、「中身」において問題にすれば正当かつ十分というべきであろう。

そうだとしたら、むしろ、保護者の監護につき、文字通り虐待を一つの典型としつつも、これに類する著しい児童の福祉の侵害となるかどうかを一般的に判断することでよいように思われる。南方教授は、審判例の分析から、「親権者が子どもを虐待しているとか十分適切な監護をしていないなどの親権者の行為、子どもの行動や状況、そして親権者のもとで生活するよりも施設に入所させることが子どもの福祉に合致している実状にあること」などの客観的要件と、「子ども本人の意思、親権者の意思、さらには親族などの関係者の意思」、「子どもや親権者の施設入所の希望」等の主観的要件を、総合的に判断し、子どもの福祉実現の観点から施設入所が承認されているとする（南方暁・民商一〇六巻四号一三九頁以下）が、妥当な方向というべきであろう。

三　家庭裁判所は、承認の審判をするにつき、児童福祉法二七条一項三号に掲げる措置のいずれをとるかを特定することを要するか、それとも包括的な措置承認を与えるべきかが問題とされる。古い審判例には、主文で、特定施設名をあげて養護施設入所の承認を与えた事例がある（福井家審昭和三〇・二・二家月七－三－一三）一方で、二七条一項三号の措置を包括的に承認する事例も存在する（仙台家審昭和三二・五・一三家月九－五－七六、大阪家審昭和三三・八・二〇家月一〇－一一－六五、長崎家審昭和四六・一〇・二家月二四－一〇－一一〇）。しかし、その後は、「養護施設への入所」あるいは「教護院への入所」など承認する事項を特定した承認が一般的であったが、福岡家審昭和五六・三・一二家月三四－三－二五は、二七条一項三号掲記の施設は、「心身に障害のある児童や、保護者のない児童等、福祉上の保護を要する児童について治療や養（教）護を行なう施設であり、具体的にどの施設でこれを行なうかは、専ら医学的、心理学的、教育学的及び精神衛生法上の見地からなされるべきで、その分野の専門機関である児童相談所の判断に委ねるのが相当であり、……家庭裁判所が施設の指定をすべきでない」として、中立の趣旨が養護施設への入所であったにもかかわらず、主文で包括的な措置の承認を与える審判をした。ところが、その抗告審である福岡高決昭和五六・四・八家月三四－三－二三は、掲記される措置はかなり多様なもので、いずれの措置がとられるかによって児童やその親権者らに対して生じる影響も自ら異なるのであるから、二八条一項にいう家庭裁判所の承認が、知事にいずれをとるかをすべて承認するようなものであるとはいえないのみならず、知事はいずれの措置をとるべきかを判断し、当該具体的な措置について家庭裁判所に対しその承認を求めるのが原則であり、その当否について親権等の後見的機能を果すべく調査機構を備えた家庭裁判所の審査が及ばないと解する理由はないとし、原審判を変更してあらためて養護施設への入所を承認している。

本稿の紹介事例では、②は、「福祉施設入所」を、③は、「児童養護施設入所」を、それぞれ主文で特定し、申立の趣旨どおりの承認を与えている。しかし、①は「里親委託又は福祉施設収容」という包括的な承認を求める申立に対し、「里親委託」を除外して、「乳児院または養護施設入所」を特定した承認を与えている。里親委託をはずした理由について述べていないが、「適切な養育体制が整うまでの間」の親子の分離の必要性を認めつつも、一刻も早く、「愛情溢れる両親のもとで安全で良好な生活をおくれる養育環境を整備することが緊急不可欠」であり、そのための両親と児童相談所との「不信対立関係の解消」と、「互いに緊密な連繫」の確立の必要性が強く意識されたためであろう。

同様に、前掲平成八年浦和家審も、二七条一項三号の措置の包括的な承認を求めた申立に対し、頭部傷害、栄養失調、脱水症状、意識傷害等の致命的な傷害がもたらされるようなこれまでの欠陥状態の養育により心身に受けた傷から本人を回復させるためには、親族も含む里親的な家庭での個別処遇がもっとも望ましく、養護施設であってもできるだけ少人数の施設できめ細かな個別処遇が望ましいとして、教護院入所を特に除外して、里親委託又は養護施設への入所を承認している。

二七条一項三号に規定される措置の多様性、そしてそれぞれの目的や機能の相違等が、前掲福岡家審がいうように、いずれを選択するかの判断につき児童相談所のもつ専門性を要請するとしても、前掲福岡高決がいうように、いずれの措置がとられるかにより児童やその親権者らに対して生じる影響も異なる以上、家庭裁判所の司法審査までも排除する理由とならないのである。また、包括的承認を肯定する見解は、判断の対象となるニーズや状況の刻々たる変化に即応できる児童相談所の専門的技能を強調し、家庭裁判所の承認に求められるのは、「個々の子の要保護性についての判断」であって、「具体的な保護処置の選択についての判断」ではないこと（鈴木隆史「里親制度の改革と方的対応について」石川稔ほか編『家族法改正への課題』（一九九三年）四三三頁）、あるいは、承認が「親権者等の同意を代替する」にすぎないとする解釈論を展開する（古畑淳「家庭裁判所の承認と福祉の措置の決定」山梨学院大学法学論集四六号九一頁）。しかしながら、二八条が家庭裁判所の承認を必要としているのは、子の福祉のための措置とはいえ、本来未成年の子に対して監護・教育の権利義務を有する親権者等の意に反してとられるべき措置であるうえ、同時に、この措置により児童は家庭で親から保護養育を受ける権利を制約され、身柄の拘束も伴うなど、児童の人権に関わることである、という趣旨も含むことを看過すべきではなかろう（許末恵「児童福祉法二八条による施設入所等の措置」吉田恒雄編『児童虐待への介入・その制度と法〔増補版〕』（一九九九年）五九頁以下）。

そのような観点から、ケース①のように、家庭裁判所が、親権者や児童の手続的権利保障の要請等も考慮に入れて承認を与える措置を特定することは妥当というべきであろう。また、ケース①のみならず、ケース③も、児童相談所ないし保護者の今後のあり方について、裁判所としての判断を付言するが、右に述べた二八条の承認の趣旨を生かすうえでも望ましいことといわなければならない（古畑・前掲九七頁は、児童相談所の専門性が確保されていない現状への一つの手当てとして、こうした付言の重要性を指摘する）。

二　代理によるミュンヒハウゼン症候群虐待

宮崎家裁都城支部平成一二年一一月一五日審判（平一二年（家）一四二号・福祉施設収養の承認申立事件）家裁月報五四巻四号七四頁―申立承認〔確定〕

【審判要旨】　児童相談所長が、一時保護した児童の母親に、児童の病を故意に作り出すなどの「代理によるミュンヒハウゼン症候群」が強く疑われるとして、児童の福祉施設入所の承認を求めた事案において、母親が児童の病状について過大申告をした結果、入院生活を長引かせ、危険を伴う検査が行われるなどして、児童が過度の身体的負担を受ける事態が生じ、そのことが一種の虐待行為といわざるを得ないうえ、両親が今後の養育態度を改める姿勢を示していないことなどから、施設への入所を承認した事例。

【事実の概要】　事件本人Kは、生後約一か月の平成七年八月二七日から四歳六か月の平成一二年二月一六日までの間に二五回にも及ぶ入院歴がある児童で、原因不明の発熱や下痢のほか、時には生命の危険さえ伴った敗血症を度々起こしたが、それらの原因は特定されなかった。しかし、その間に、点滴チューブ中に異物（便）発見、血液中に腸内菌検出、排出便中に錠剤発見などの事実があったほか、母親Mに中途退院の二日後にケーキを食べさせ、医師の絶食指示下でジュースを飲ませるなど症状悪化をもたらす行為があったことが確認されていた。

一四回目の入院中の平成九年九月一六日に、N国立病院のA医師から児童相談所に対し、Mの態度が不自然なので、Mから分離して経過を診る方法につき相談があり、Mは、ほぼ一日中病院内で過ごし、介護態度はなおざりで、虚言癖もあって病院のスタッフとのトラブルが絶えず、便の量の過大報告をしたり、難病で余命が残り少ないと吹聴したりすることもあり、また、退院が近くなると不満そうになり、その後体調が悪化するとこれを嬉しそうに報告することがしばしば見られた等が語られたため、児童相談所は、「養護」の相談種別で受理し、Mに対する面接など指導活動をとったが、七ヵ月後に指導を終結した。

しかし、平成一〇年一一月に、Kが当時入院中のU大学病院のB医師は、Mが故意に病状を作り出すことには半信半疑だが、下痢量が母親の申告の四分の一から三分の一程度であることが実測により確認されたことから、ＭＳＢＰ（代理によるミュンヒハウゼン症候群）の疑いを抱くようになった。また、Ｍの養育態度も、口では心配そうにしながら、しばしば数時間も外出し、トイレットトレーニング等の基本的なしつけも全くしていないなど、非常に違和感をもたせるものであることなどから、他の患者等に迷惑をかけ、病院側の指示を守らないことを理由にＭを説得し、平成一一年八月一日からＭの付添いを停止してＫの経過を観察する措置を採ったところ、翌々日から普通便を排出するようになり、食事制限をすべて解除しても下痢はほとんどなく、発熱が見られることも非常にまれで、敗血症は一度も起こさない等、それまでの症状が劇的に回復するに至った。

そこで、Ｂ医師は、Ｍの虐待（ＭＳＢＰ）の疑いありと判断するとともに、普通に退院させても、症状悪化で入院する事態となることが予想され、最悪の場合に生命の危険さえあることから、退院の見通しが立った同年一〇月一八日、児童相談所に連絡した。児童相談所は、Ｍに対する指導活動を開始し、両親に虐待の告知をして施設入所の同意を得ることが必要との結論をえて、Ｋを児童養護施設に一時保護委託したものの、両親からの同意が得られないため、児童相談所長から本件施設収容許可の申立がなされた。

【裁判理由】「Ｍは、ほぼ常に下痢量を過大に申告していたものと認められ」るし、「母子分離後の症状改善」も医学的に説明できないうえ、Ｍによる病状の過大申告により、Ｋにつき「入院生活が長引いたり、時には危険を伴う全身麻酔下での検査などまでが行われて過度の身体的負担を受けるといった事態が生じたことは明らかというべきところ、これは、一種の虐待行為であるといわざるを得ない」。そして、Mは、「度重なる入院の都度その付添いをするなど、一見したところでは『一生懸命な母』という印象を与えるものがある反面」、ケーキやジュースを与えて「本当に事件本人のことを心配していれば到底できないと思われる行為に及んでいる」うえ、「病室にいる時でも一緒に遊ぶ姿が見られることは少なく」、「検査や治療に対しては非常に積極的で、全身麻酔を必要とするような検査については副作用を心配したり父親の意見を聴いたりする母親が多いのとは対照的に、侵襲的で過酷な検査や治療についても、何らのためらいも見せることなく、すぐに同意し」、「難病を抱えた母」として「自分がいかに悲しんでいるか、いかに愛情深く子どもを見守っているかということを盛んに述べ」るなど、「Mの性格ないし行動傾向は、これまでに報告された『代理によるミュンヒハウゼン症候群』の母親に見られる性格等と重なる部分が多い」等からして、「Mによる虐待（MSBP）が極めて強く疑われる」。しかし、「最も重要な問題は、今後いかに事件本人の監護養育に取り組むのかという点であるところ」、Mに反省の態度はなく、「殊に父親Fについては、その心中には相当複雑なものがあるにしても、MSBPの疑いという重大な問題を有する母親をもつ子どもの父親としては、はなはだ心もとない限りの対応ぶりである」。よって本件申立は理由があるから、これを容認する。

【分　析】

患者が自らについて虚偽の症状を訴える症例については、「ほら吹き男爵」で知られるドイツの実在人物の姓ミュンヒハウゼン（Munchhausen ―同人については、ビュルガー編（新井皓士訳）「ほらふき男爵の冒険」（岩波文庫）巻末の訳者解説を参照）を借りたミュンヒハウゼン症候群（Munchausen Syndrome=MS ―英語読みでは、マンチョウゼン）の名称で、一九五一年にイギリスの医学雑誌に初めて報告された（Asher R, Lancet 1951）。そして、一九七七年に、成人（通常は母親）が児童につき虚偽の症状を医師に告げる場合について、「代理によるミュンヒハウゼン症候群（Mun-chausen Syndrome by Proxy=MSBP）と名づけ、新しい形態の児童虐待として紹介がされた（Meadow R, Lancet 1977）ところから、一般の注目するところとなった。

本件がＭＳＢＰの事案としてわが国で登場した初めてのケースとはいえ、英米等の状況を考えると、わが国でも、現在多数例が進行中との想定も決して杞憂とはいえず、緊急な対応策の必要性が示唆されるうえ、本件事案が英米等の研究においてＭＳＢＰの兆候として指摘される点を多く含み、その意味では典型事例として、本稿では事案の紹介の方に重点をおき、コメントは、紙数の関係からも最小限にとどめることとする。

ＭＳでは、患者が虚偽の病状の申告等により自損的に自らに苦痛を招くのに対して、ＭＳＢＰは、苦痛を受ける役割を子に代理させる結果、子に対する虐待の様相を呈することになる。しかし、かつては、親が「『哀れな病気の子』の親としての同情やいたわりを誘う」ことが目的で、子どもへの危害は親の意図にはなく、むしろ結果として生じたとする見解（D. Smallwood,［1996］Fam Law 478, 482）もあったが、病状の作出や、嘔吐誘発剤の使用、薬物の過剰投与等による病状の誘発の例が多数報告され、何者かの関与を疑わせる子の窒息や病原細菌の血中侵入による中毒症状である

「敗血症」がＭＳＢＰの典型例（K. A. Hanon, FBI Law Enforcement Bulletin 1991）とされる今日では、右の理解は古典的見解として退けられている（J. D. Mason, Emergency Medicine 2001）。現に、本件でも、母親に関し、点滴チューブへの異物混入や子への錠剤投与が疑われているし、飲食により子の症状の悪化を招く行為や子に痛みの伴う治療・検査に対する歓迎的態度も問題とされている。

もっとも、児童虐待については、子どもの健康と安全が脅かされている状況があれば、「加害者の動機・行為の質」は問わない（吉田恒雄編『児童虐待への介入　その制度と法』〔増補版〕（一九九九年）六頁）とすれば、右のいずれの見解に立っても、ＭＳＢＰを虐待とみることに異存はなかろう。本審判が、母親の疑わしい行為等について検討はしているものの、虐待との判断に際して、病状の「過大申告」の意図につき必ずしも明確にしないまま、直接的には、「結果として」、「実際に」生じた長期の入院や検査等による「過度の身体的負担」という事態を問題にしているのも、まさにその趣旨であろう。

本件でも、ＭＳＢＰ虐待と断定されるまでに四年半近くの時間が経過しているように、この虐待形態は、犠牲者に高度の危険が伴うことに比し発見がきわめて困難である。英米では、その兆候や犠牲者の特徴的な症状など、発見の手がかりについての研究が進み、病室の隠しビデオによる監視の当否や医学スタッフ、児童・社会福祉関係者等の連携による調査の必要性等についての議論も盛んである。わが国においても同様の研究の展開が期待されるところである。

三　代理によるミュンヒハウゼン症候群虐待が疑われた事例

札幌高裁平成一五年一月二二日決定（平成一四年（ラ）八七号　児童福祉施設収容承認申立審判に対する抗告事件）家裁月報五五巻七号六八頁―抗告棄却〔確定〕

【決定要旨】　四歳児の母親について、「代理によるミュンヒハウゼン症候群」であると認定することは困難であるが、これまでの父母の監護養育方法は、少なくとも客観的には適切さに欠けており、児童の福祉の観点からは、児童を児童養護施設へ入所させることが相当であるとした審判に対する即時抗告審において、児童は一時保護された後順調に回復し、母も精神科医のカウンセリングを継続的に受けるようになったものの、さらに関係機関の指導、援助の下に監護養育方法を点検、改善していく必要が認められるとして、即時抗告を棄却した事例。

【事実の概要】　事件本人Aは、生後七ヶ月の平成一〇年一〇月に、突発性発疹と難治性下痢でS病院に入院したが、原因不明の下痢や発熱が続くとともに、経口摂取も不良のため、中心静脈カテーテルによる高カロリー輸液が開始された。Aの姉Bも難治性下痢や敗血症のため二歳六か月で死亡していたため、検査と治療のため転院したT病院では、何らかの遺伝性疾患や免疫不全症が疑われ、消化管機能や免疫機能の検査及び治療が実施されるとともに、付添い看護には主に母Mが当たってきた。

しかし、検査の結果、他の原因による感染と判断されたが、細菌や真菌等が体内から侵入する部位は認められず、点滴回路からの経静脈的感染との結論が出された。そして、その時点で、Mの「代理によるミュンヒハウゼン症候群」（Munchausen syndrome by proxy—以下、MSBPと略す）の可能性が疑われたが、医学的診断が難しく、証拠もないことから、父Fには告知されず、再入院したS病院の医師に伝えるにとどめられた。

再入院後の平成一一年秋ころから、発熱等は続くものの、状態が比較的安定したため、点滴を条件に、週末の外泊が認められるようになったが、原因不明の下痢やカンジダ菌を含む複数菌を同時に検出する敗血症の状態は持続した。しかし、同一三年八月ころから、外泊からの帰院後間もなくAの症状の悪化が認められるようになり、担当医師は、抗生剤を使用しながらの複数菌の同時検出の持続は医学的に極めて異常なうえ、腸管や免疫機能に異常がなく、点滴回路からの複数菌の経静脈的体内侵入の可能性があり、死亡したBも異常な敗血症であったこと、付き添いのMの既往歴等から総合して、MによるMSBP虐待を疑うようになり、同年九月七日、北見児童相談所に対し児童福祉法二五条に基づく要保護児童の通告をした。

平成一三年一一月、外泊の原則中止等の申渡しに、F・MがAの退院を匂わせたため、S病院はAの生命への配慮から、児童相談所への再度の通告とMによるMSBPを強く疑う一二月七日付診断書を作成した。他方、児童相談所では、処遇会議の開催、プロジェクトチームの編成、担当医師や関係部局との今後の対応等の検討の結果、本件は児童虐待と判断されるが、死の危険も考え、早急に母子分離が必要として、一二月一二日にAを一時保護し、医療機関に保護委託した。そして委託直後からAの症状は急激に改善し、定期的な通院治療訓練で対応可能となったため、平成一四年三月五日には児童福祉施設に入所変更された。

以上の児童相談所等の対応に対し、F・Mははじめから納得せず、MによるMSBPも虐待も強く否定してAの引取りを主張し、平成一四年二月五日、Fは一時保護の取消しを求めて北海道知事に不服申立てをした。そこで、児童相談所は、母子分離からの急激な症状の改善はMによるMSBPの可能性を更に強く疑わせ、F・MにAの監護を委ねることはその福祉を著しく害すると判断し、同年二月一五日の受理処遇会議及び同月二〇日の北海道社会福祉審議会児童福祉分科会児童処遇部会において、児童養護施設入所と、そのための家裁への承認申立が適当との意見を得て、同年三月四日に本件申立てをした。

原審判は、担当医師や児童相談所が、MによるMSBPの可能性を疑ったことは、「相応の理由があった」ものの、それは、「あくまでも推測にとどまり、目撃証拠その他の客観的かつ確実な証拠が存在するわけではな」く、これが「そもそも非常に希な精神的疾患であり、その診断は医学的にも容易ではない上、その認定にも慎重を要することに鑑みれば」、本件に関し、「医師の診断の当否を判断し、MがMSBPであり、これに起因してAが前記症状を呈していたと認定すること」は困難であること、しかし、父母の監護のもとでの入院等では「特異な症状が改善する傾向は見られなかった」のに、一時保護後の症状は「極めて短期間のうちに著しく改善され」たこと等の諸事情に鑑みれば、「Aに対するこれまでの父母の監護養育方法は、少なくとも客観的には適切さに欠けていたものといわざるを得ず、Aの福祉の観点からは、今後相当の期間、Aを父母から分離し、安定した養育環境の下で、医療的措置を続けるとともに、心身ともに健全な育成を図る必要性が高いものというべきである」として、本件申立てを承認した（釧路家裁北見支部平成一四年五月三一日審判）。

これに対しF・Mが即時抗告をしたが、高裁は、本決定によりこれを棄却した。

【裁判理由】「Aは一時保護された後、順調に回復し、また、抗告人Mは精神科医のカウンセリングを継続的に受けるようになったが、本件においてはこれらを踏まえ、更に関係機関の指導、援助の下にF・Mの監護養育方法を点検、改善していく必要が認められるから、その間はAを児童養護施設に入所させておくのが相当であり」、本件抗告を棄却する。

【分　析】

ＭＳＢＰ虐待が疑われた二件目の公表事案である。

先行事案の審判（宮崎家裁都城支審平一二・一一・一五家月五四-四-七四）では、ＭＳＢＰ虐待の疑いがほぼ認定されたのに対し、本件原審判では、それは、医師の「推測」だけで、「客観的かつ確実な証拠」はなく、「非常に希な精神的疾患」として、診断は「医学的にも容易ではない」ことに鑑み、裁判所による認定は困難として認定そのものは拒否され、しかし、これまでの父母の監護養育方法が「少なくとも客観的には適切さに欠けていた」ので、子の福祉の観点から施設入所が相当とされ、抗告審の本決定もこれを支持する。しかし、このような判断に接すると、児童虐待事件処理過程に関与する諸機関の役割について改めて考えさせられる。

一般的な説明によれば、児童相談所は福祉機関として「在宅指導を中心とする福祉的援助」を受け持つため、親子分離が必要な場合でも、援助から一転しての施設入所等の措置では機能的に矛盾するし、被援助者の信頼も損なう。それにもかかわらず、子どもの最善の利益を守るための国家介入は必要であり、そこで、児童相談所の中立で、第三者機関としての家庭裁判所に措置権行使の妥当性や親権行使の違法性の判断を委ね、親子分離の当否が決定されることになるとされる（吉田恒雄編『児童虐待への介入　その制度と法〔増補版〕』三八頁以下参照）。

ＭＳＢＰ虐待に特徴的なのは、これが認定されれば直ちに介入を必要とする点である。しかし、その評価の方法、症状の解釈等に争いがあることは確かだとしても、原審判は、これを精神疾患と決めつけた（D. Smallwood,［1996］Fam Law 478は、精神異常でないとするなど、これ自体に争いがある）うえで、家裁での認定は困難かつ慎重を要するとして認定そのものを拒否してしまう。ただし、一時保護後のＡの症状の著しい改善からみて、これまでの父母の監護養育方法は適切でなかったとして、親子分離を相当とするのである。

しかし、ＭＳＢＰ虐待の疑いは、医師や児童相談所が一定の手続のもとに検討を経てきた結論であり、虐待の有無を判断する手掛りであるはずである。これを「推測」として片づけるのは、たとえば医師の診断書も、単なる児福法二五条による虐待発見者の通告の証拠であり、その経緯だけを調査すればよいと考えるからであろうか。もちろん、裁判所が専門領域に踏み込み、あるいは、MSBP虐待に定義を与え、一律にその該当性の有無を判断する方向をとるべきだ主張しているわけではない（本件では、「MSBP虐待の疑い」を申立理由としたため、かえってMの行為についての実質的検討が無視されてしまった）。しかし、家庭裁判所が前述のような役割を果たすためにも、診断書を含む専門的な報告や証拠について、改めて、別の専門家の助けを借りるなどして、これを精査・検討する必要はないのであろうか。制度上このような手続がない上、あたかもこれを避けているかに見える原審判には疑問をもたざるをえないのである。

再び一般的説明にしたがえば、被虐待児を親の意思に反して分離するなど、行政による強制介入の場面では、子どもの保護をめぐり国家と国民との利害が対立し、とりわけ子を育てる親の権利および親に養育される子どもの権利が侵害の危機にさらされるところから、これを処理する手続や制度の適正さの確保が要請され、対立が先鋭化し紛争に至ればその解決は司法判断に委ねられ、そこで、子の保護にとって公的介入が不可欠とされてはじめて、国家は強制力をもって親子関係に介入することになるである（吉田・前掲参照）。

このように国民にとって重大な意味を持つ親子分離を承認するのであれば、家庭裁判所としては、その事実関係から虐待を発見していることが不可欠である。つまり、母親の行為につき、MSBP虐待と名づけるかどうかはともかく、それが子の健康と安全を脅かす状況を生んだことを明確にし、爾後の子にとっての危険度の評価と母親の変化の可能性等を把握したうえで、施設収容を含む子の将来のあるべき処遇を考えるべきなのである。いかに緊急の事態とは言え、一時保護の前後の子の症状の比較だけで親子分離の決定が承認されるとしたら、その基準が曖昧になるだけでなく、それなりの根拠をもつ児童相談所による一時保護がなされさえすれば、常に親子分離が正当化されかねないし、収容施設からの子の開放の展望も開けてこなくなることが懸念されるからである（なお、ＭＳＢＰ虐待に関する裁判所の判断における専門家の役割についてのイギリスの実情については、Vera Mayer et al., Munchausen syndrome by proxy -Legal aspects, in M. Eminson & R. J. Postlethwaite ed., Munchausen syndrome by proxy Abuse: A Practical Approach, Arnold 2001. 参照）。

事項索引

〈著者紹介〉
川田　昇（かわだ　のぼる）
1942 年　桐生市に生まれる
1965 年　東京教育大学文学部法律政治学専攻卒業
1972 年　同大学院博士課程単位取得中退
1998 年　博士（法学）東北大学
1998 年　第10回 尾中郁夫家族法学術賞受賞
現　職　神奈川大学法学部教授

〈主著・論文〉
『イギリス親権法史』（1997，一粒社）
『民法序説』（2002，御茶の水書房）

親権と子の利益

2005年3月30日　第1版第1刷発行
5580-01010：p 368；p 5200E；b 011

著　者　川　田　　昇
発行者　今　井　　貴
発行所　株式会社信山社
〒113-0033 東京都文京区本郷 6-2-9-102
Tel 03-3818-1019　Fax 03-3818-0344
info@shinzansha.co.jp
Printed in Japan
神奈川大学法学研究所叢書22

印刷・製本／松澤印刷・大三製本
出版契約 NO. 5580-01010
ISBN4-7972-5580-3 C3332 分類324.601（親族法）
5580-0101-012-100-010